JN419305

차이나 디퍼런트

CHINA
차이나 디퍼런트
DIFFERENT

신형관
지음

변하는 중국
달라질 투자

들어가는 말

중국 경제 본연의 문제,
그리고 중국 경제를 보는 사람의 문제

언제는 안 그랬나 싶긴 하지만 요즘에는 어디서든 중국 경제 비관론 일색이다. 지금까지 경제 금융의 도시 상하이에서 20년 동안 일하면서 항상 고민한 문제는 '중국 특유의 경제 현상을 어떻게 해석할 것인가'였다. 요즘도 현지 경제 '지낭(智囊,싱크탱크)'을 만나면 어떤 틀로 경제를 보는지 항상 묻고 배운다. 틀은 프레임이라고도 할 수 있겠지만, 우리말에서 사람이나 배움이나 틀이 잘 잡혀 있어야 한다는 의미에서 더 적확한 말이라고 생각한다. 그러나 설사 그 틀이 있다고 해도 복잡다단하고 빠르게 변화하면서 그 틀까지도 넘나드는 경제 현상, 특히 중국 경제를 이해하는 것은 나뿐만 아니라 모든 이에게 전에도, 지금도, 앞으로도 어려운 문제가 아닐 수 없다. 이래저래 귀동냥을 하면 좀 더 눈을 뜰까 기대하면서 대가들과 여러 가지 방식으로 교류를 하려고 노력한다. 나는 조지프 슘페터의 "경제 연구는 이론과 통계 그리고 역사를 통하는 세 가지 방법이 있다"라는 말을 좋아한다. 적어도 어려운 길을 길게 잘 갈 수 있도록 틀을 잡아주는 말이라서 그런 듯하다.

그 세 가지 중에서 역사의 측면에서는 "중국은 인류 21개 문명 중 유일하게 본디의 모습을 유지하고 있는 통일된 문화"라는 토인비의 말 속에서도 일정한 답을 찾을 수 있을 것이라고 믿는다. 그러나 이론과 통계를 스스로 만들어낼 역량이 부족하므로 중국 경제에 평생을 바쳐 연구한 중국과 해외 석학들의 지식을 빌리는 것이 현실적인 대안이다. 대안이라고 한 것은 중국 경제를 제대로 해석하는 한국의 학자가 누구인지 알지 못하기 때문이다. 이렇게 말하는 것이 나의 좁은 식견이나 오만함일 뿐 사실이 아니었으면 더 좋겠지만, 적어도 아직까지는 그런 것이 사실이다.

거의 한평생 해온 일이다 보니 중국의 최고 지도자들에게 정기적으로 직보도 하는 내로라하는 이코노미스트가 누구인지 듣고, 또 몇몇은 알기도 해서, 가끔 그들의 인사이트를 빌려가면서 스스로의 부족과 결핍을 채우면서 수십 년을 중국 자본 시장에서 보내고 있고, 월급쟁이 생활을 접은 이후부터는, 또 그만큼 오랜 시간을 미뤄두었던 중국의 첨단 산업과 기업을 보고, 리서치하며 시간을 보내고 있다.

나는 여전히 중국의 경제와 투자, 그리고 미래의 변화에 관심이 많기 때문에, 모르는 것이 너무도 많다. 그래서 배우고 공부해야만 한다.

귀동냥으로 청해 듣고, 눈치껏 보기도 하지만, 그래도 나름대로 자기 소개를 할 때 '4321'이라는 숫자를 빌린다.

'4321'이란 중뿔난 것이 아니고 중국어와 중국 문화를 40년 넘게 공부해오고, 30년 넘게 금융투자업에 종사해 왔고, 20년이 넘게 중국 땅에서 살아오면서, 오로지 중국 한 가지만 보고 있다는 알량한 자존심이라 말하고 싶다.

그래서 중국을 연구하는 세 가지 방법에 내가 겪고 살고 있는 생활 속의 중국을 더하면 조금은 더 이해를 도울 것 같다는 생각을 해서, 이 책의 집필 방향을 네 가지 방향으로 정리해 보고자 한다. 이론적인 개념, 통계를 통한 이해, 역사적인 접근, 그리고 생활적인 검증으로 하나하나 펼쳐보다 보면 모자란 점과 바로잡을 사항들이 속속들이 드러날 것이다.

개인적으로 어떤 경제를 보는 것은 마치 자연경관을 보는 것과 비슷하다고 생각한다. 다만 자연은 예측하지 않고 있는 그대로를 보지만, 경제는 변하면서 사람들의 이익에 영향을 준다. 시인 소동파의 "봉우리는 원근 고저에 따라 달리 보인다(横看成岭侧成峰, 远近高低各不同)는 〈서림사(西林寺) 담장에 부쳐(题西林壁)〉의 시구처럼, 중국 경제도 어디서 어떻게 보는지에 따라 다른 것이 당연하다. 따라서 보는 눈들이 다 달라야 하는 것이 정상인데, 참 이상하게도 한국에서 중국 경제를 해석하는 시각은 대동소이하다.

사회주의, 공산주의, 계획 경제, 공동 부유, 국유 기업, 부동산, 지방 정부 부채, 이런 문제들에 대해 어찌 그리 문제만 제기를 하는지 답답하고 한심하기도 했지만 또 입장을 바꿔서 생각해보면 이해가 되기도 한다. 그런 문제를 제기하는 사람들의 수준으로는 중국을 제대로 알고 공부하기 어려운 것이야 말로 바로 중국의 문제이다. 이것을 좀 풀어서 말한다면 자극적인 문제 제기 외에, 틀이 전혀 다른 중국 경제 및 사회 현상을 깊이 들여다 볼 역량이 없는 이들이 중국의 발전을 인정하기 싫어하는 특정 대중의 요구에 결을 맞춘다는 것이다. 이들은 대학 겸임교수 또는 중국 전문가라는 모호한 타이틀로 여러 미디어에서 중국 정치, 경제, 군사, 외교 등 전 분야를 논하지만, 이들의 진짜 문제는 어느 하나 깊이 아는 것이 없고, 또 급변하는 중국을 쫓아가지 못한다는 점이다.

더 큰 문제는 역시 중국에 있다. 가장 투명하다고 할 경제와 자본시장에서도 안과 밖의 정보 비대칭 문제가 존재하고 있다. 외국인들이 실제로 중국시장, 특히 자본 시장에서 자유롭게 일하고, 영어로도 충분히 연구할 환경이 된다면, 앞에서 말한 파트타임 중국 전문가들에 의해 발생하는 미시적 문제들은 줄어들 것이다.

그럼에도 불구하고 내가 살고, 내가 겪고, 내가 알아가는 중국에서는 변하지 않는 것이 없다는 것만이 불변의 사실이다. 사람, 산업, 회사, 심지어 공산주의 제도와 사회주의 체제도 과거의 것들과, 아니 우리가 아는 것과 많이 달라지고 있는데, 오히려 변하지 않는 것은 우리의 오래된 박제 같은 중국에 대한 인식이다. 그래도 별 영향이 없다면야 몰라도 이제부터는 과거와 비교가 안 될 쓰나미가 올지도 모른다. 그 정도로 그들은 강해지고 변해가고 있다는 것은 극명한 사실이다. 이걸 애써 모르는 체하고 무시하는 사람들이야말로 어쩌면 후세에 더 큰 짐을 지우는 것이다.

그걸 바꿀 생각도 능력도 이유도 없다. 그저 내가 바라보는 중국 경제란 풍경을 갈무리하고자 이 책을 쓴다.

끝으로 자기 의지가 없던 어린 시절에 아빠를 따라서 오게 된 중국에서 올곧게 자라, 자기 의지로 육군 군악대와 해병대 복무를 마치고 곧 학교로 돌아갈 나의 자부심인 두 아들, 그리고 언어의 장벽과 인식의 편견, 그리고 두 달의 코로나 감옥 등 결코 녹록치 않았던 타국 생활 속에서 항상 곁을 지켜 온 아내에게 감사의 마음을 전한다.

Contents

Part 3 ↘ 생활로 보는 중국 경제

Part 1

역사로 보는 중국 경제

CHINA DIFFERENT

01

삼국지연의와 중국

특히 오늘의 중국이 있기까지 '개혁'을 빼놓고는 중국을 말할 수 없다.

중국 고전의 백미라고 할 수 있는 소설 『삼국지연의』 처음은 이렇게 시작한다. "천하의 대세를 논하자면, 흩어짐이 오래되면 필히 합쳐지고, 합침이 오래되면 필히 흩어진다(话说天下大势, 分久必合, 合久必分)." 매우 의미심장하고, 철학적인 말이기도 하지만, 개인적으로는 최고의 명문이라고 생각한다.

왜 세상은 '찢어지면 다시 붙고, 붙으면 다시 찢어질까?' 이건 중국만 그럴까 아니면 온 세상이 다 그런 것인가? 이런 류의 질문은 도전적인 학술적 문제로서도 흥미롭다.

그리고 중국사 최고의 전문가 중 한 사람인 프레드릭 웨이크먼Frederic Wakeman은 이런 질문이 바로 서양과 동양 역사의 '구분점'이라고 보았다.

중국과 유럽은 모두 오래전에 부족국가에서 도시국가로 진화했다. 동방의 춘추전국시대는 서방의 고대 그리스와 시기를 같이 한다. 공자가 천하를 돌며 유세할 때, 피타고라스는 이탈리아 남부에서 기하학을 가르치고 있었고, 맹자가 태어났을 때 아리스토텔레스는 소년이었다. 동방에서는 기원전 359년에 상앙(商鞅)의 개혁이 일어났고, 서방은 기원전 336년에 알렉산더 제국이 등장했다. 한무제(漢武帝)가 제국을 열었을 때, 카이사르는 공화제를 열었다. 기원전 2세기부터 기원후 3세기까지 동양과 서양 두 세계에는 한과 로마의 양대 제국이 우뚝 솟아 있었지만, 기원후 184년에 한제국은 내란에 빠진 후 400년 동안 양신 남북조 시대를 맞이했으며, 로마제국도 이민족의 침략으로 무너진 이후 동양과 서양은 전혀 다른 길을 걷는다. 중국은 589년에 다시 통일된 후, 다시는 장기간 분열된 적이 없었지만, 유럽은 암흑의 중세시대의 긴 봉건제를 겪고 나서 다시 통일된 적이 없었다. 굳이 말하자면 1999년에 '유로'라는 통화의 통일을 이루었을 뿐이다.

프레드릭 웨이크먼은 "세계 최초의 제국인 로마와 한이 붕괴된 후, 유럽과 중국의 역사는 왜 달라졌을까?"라는 질문을 던졌고, 스스로 "통일은 중국의 일종의 문화다"라는 답을 냈다. 아널드 토인비는 《역사의 연구》에서 "중국은 유일하게 오늘날까지 이어져 온 사회"라고 썼다. 그의 통계에 따르면 인류 역사 전체 스물한 개 문명 사회 중 문명의 특성이 가장 완전하게 보존된 실례가 중국이라고 했다. 그리고 그것은 "통일의 문화"에서 비롯되었다. 그래서 통일은 숙명적 중국 문화이며, 모든 통치의 궁극의 목표가 되기도 한다. 중국인들이 가장 두려워하고, 제일 싫어하고, 절대 용납할 수 없는 것이 바로 "분열"이다. 그러므로 대만 문제를 서방세계만의 눈으로 보면 도무지 답이 없는 것이다. 이건 시진핑이라는 지도자의 취사 선택의 문제가 아니며 모든 중국인, 심지어 적지 않은 대만인들조차도 그렇게 느끼는 것일 수 있다.

개인적으로 이전에 원자바오(温家宝) 총리(제6대)의 경제 정책과 능력은 그의 전임인 역대 최강의 능력과 권한을 가졌던 주룽지(朱镕基)만 못하다는 생각을 했었다. 하지만 어느 해의 연두 기자회견에서 한 언론이 대만 문제를 질문했고 그에 대한 원자바오의 답변을 듣고 이 거대한 나라의 지도자는 아무나 하는 것이 아니구나 라는 생각을 갖게 되었다. 그는 도발적인 한 외신기자의 질문에 단호한 목소리로 "대만과 단절된 지난 50년의 시간이 5,000년의 역사를 바꿀 수는 없다"고 말했다.

이 말처럼 이 땅을 살다 간, 또 살고 있고 앞으로 살아갈 모든 중국인의 자의식과 무의식 속에 수천 년 깃들어져 있는 통일 또는 하나라는 것을 외부의 세력이 변경시키려면 그에 상응하는 대가가 무엇일까, 하고 반문하게 된다. 물론 통일 자체가 경제의 발전과 정치의 안정을 보장해주는 것인지는 잘 모르겠다. 토인비도 "통일이 그 자체가 '목적'인지, 아니면 '목적을 위한 수단'인지를 확신할 수는 없지만, 통일 국가의 성공적인 부상은 궁극적으로 난세를 종결시켰다"라고 했다.

02

배우와 무대

모든 선택에는 대가가 따르듯이 '통일(統一)'도 예외가 아니다. 이 한자 조합을 뜯어보면, '통(統)'은 종합, '일(一)'은 '획일(劃一)'이란 뜻이니 그런 영향으로 인해 이곳 사람들은 상대적으로 전제나 독재와 관련된 이슈에 우리보다 조금은 덜 민감한 것 같다. 그리고 그 속에는 독재, 전제라는 괴물이 숨어 살고 있을 수도 있는 것이다.

어찌 되었건 중국의 역사 속 모든 사건은 '통일과 중앙집권'을 둘러싸고 일어났다. 다만, 같은 집단들이 비중만 바뀌면서 반복해서 등장한다. 이것을 역사의 무대 속 배우라고 비유한다면 중앙과 지방정부, 유산계급과 무산계급의 네 집단 간 헤게모니 싸움이라는 틀에서 보면 이해하기 쉽다.

그림 1

그림 1처럼 네 계급의 헤게모니 쟁탈전은 일정한 패턴이 있다. 현실 속 중국에서 시대를 불문하고 중앙정부가 강하면, 지방정부는 약해지고, 무산계급은 늘어나고, 유산계급은 줄어들었다. 강한 중앙정부는 초기에는 국가를 안정시키지만, 장기적으로는 결국 부패와 폭정, 기아로 지방 세력들이 곳곳에서 봉기하고, 중앙은 쪼그라들고, 그 혼란의 틈에서 부자가 늘어났다. 지방이 득세하면, 중앙은 다시

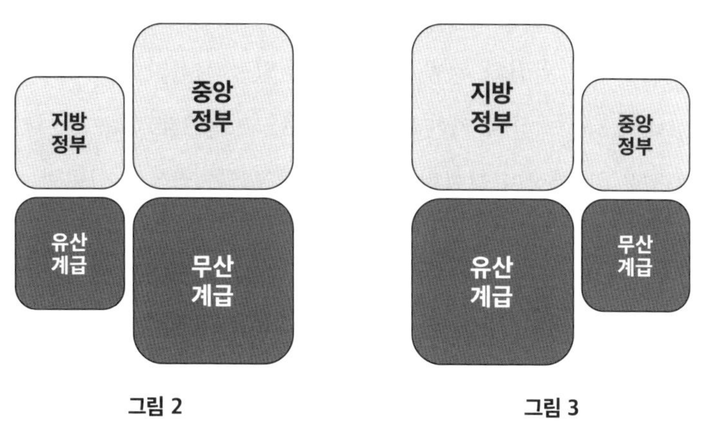

그림 2 그림 3

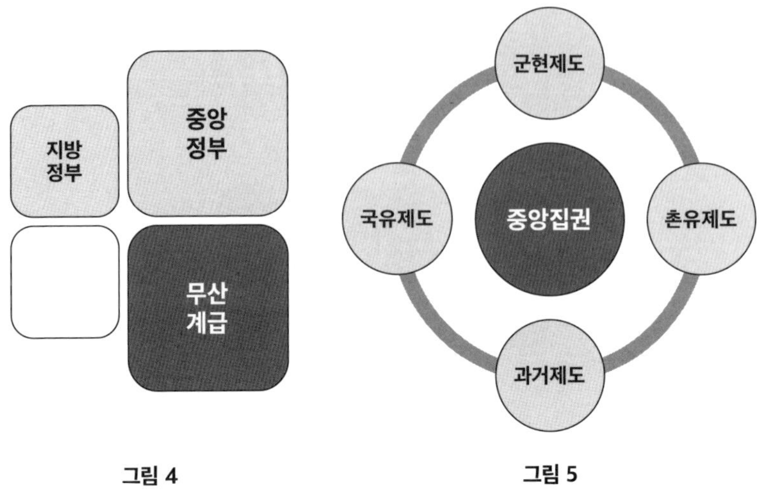

그림 4　　그림 5

쪼그라들고, 그 혼란을 틈타서 돈을 버는 부자가 늘고, 가난한 자들의 불만은 다시 변화의 에너지가 된다. 중국 왕의 성씨는 24번 변했지만, 네 집단의 싸움과 그 승패는 위 두 가지 구조로만 수렴했다.

단 한 번의 예외가 그림 4처럼 유산계급이 완전히 사라진 1949~1978년의 30년이다. 폐쇄적 중앙정부의 완벽한 통제 하에서 벌어진 대약진, 문화혁명 등 기괴한 사건들로 대륙의 모든 사람들은 극빈 상태에서 거의 완전한 평등을 이루어 내었던 시기였다. 공산주의가 말 그대로 공동재산에 의한 완전한 평등을 이상으로 하는 것이라면, 그 30년은 그 이상이 실현된 유일한 시기였다는 역설이 성립할 수도 있다. 하지만 너무도 충격적인 그때의 상흔 효과는 아직도 치유되지 않았을 뿐만 아니라, 그 때문에 중국에 대한 부정적 이미지는 지금까지도 깊이 각인되어 있는 것이다.

03

중국 특색 경제의 선구자 관중

흔히 덩샤오핑 이후의 중국 경제를 일컬어 '중국 특색의 사회주의 시장 경제'라고 한다.

제(齊)나라의 재상 관중(管仲)은 이를테면 케인즈를 2,500년 넘게 앞선 천재적 경제학자이자 인류 역사상 최대의 수익을 낸 'CEO'라고 할 만한 인물이다. 중국 개혁의 시작이자 지금까지도 이어지는 국유기업의 창시자는 제(齊)나라 재상 관중이다.

진나라의 천하 통일 이전인 기원전 8세기 무렵의 황하 유역에는 봉건시대 왕이 후손 및 공신들에게 땅을 나눠서 형성된 제후국가가 1천여 개가 넘게 존재하고 있었다.

그 중 춘추 오패(五霸)인 제(齊)나라 왕은 스스로를 색(色), 식(食),

땅(田)을 좋아하는 삼호선생(三好先生)이라 부른 환공(桓公)이고, 그를 보좌한 재상은 사업을 세 번이나 말아먹고, 성품도 옹졸한 탈영병 관중(管仲)이었다.

하지만 그저 그래 보이는 이 두 사람이 만든 제도가 당대의 중국을 넘어서 훗날 동북아시아 전체에까지 막대한 영향을 준다. 비즈니스도 크게 실패하고, 경제학이란 것을 결코 접한 적이 없었을 관중은 도대체 무슨 방법을 써서 단 한 세대만에 변방의 볼품없는 작은 나라를 경제 초강대국으로 만들었을까? 당시 제나라는 춘추시대 초기 동쪽 해변가의 작은 나라였다. 땅도 곡식을 재배하기에 적합하지 않은 알칼리성인지라 백성 수도 적었다. 농경시대에는 당연히 황하 유역의 비옥한 땅에 백성이 많아야 부국이 된다는 것은 상식이었다.

관중은 기존에 없던 중국 역사상 첫 번째 혁신을 단행했다.

이 혁신은 비록 실패했지만, 비즈니스맨 출신인 관중은 특히 두 가지를 강조했다.

첫째, 나라 곳간에 먹을 것이 있으면, 예의를 차리고 뺏지 않는다. 곧 '등 따시고 배부르면' 된다는 것이다.

둘째, 백성들이 매일 힘들게 일할까 봐 걱정이고, 가난하여 무시당할까 봐 두려운 것이니, 백성들이 자손을 번성하게 하는 것이 더 많은 것을 얻는 정치의 목적이라고 했다.

곧 그는 훗날의 유가(儒家)와 같은 인의(仁義)를 전혀 따지지 않았고, 배불리 먹고, 편한 세월을 사는 것, 두 가지를 중시했다. 맞는 말은 예나 지금이나 공감이 간다.

그 당시의 중국 대륙에서 제나라는 중앙에서는 떨어져 땅은 척박하고, 인구와 자원이 부족했다. 개혁과 경제 건설은 자원보다는 관념과 개념이 더 중요한 요소이다. 종종 자원이 부족해도, 관념과 사상에서 변화가 더 큰 일을 만들어낸다.

그리고 매우 직설적인 이 중국의 제1세대 개혁 사상가에게는 기업가 정신이 있었다.

해변가의 소국에 불과했던 제나라를 원톱one top으로 만든 비결 다섯 가지가 있다.

첫째, '사농공상(士農工商), 사민분업(四民分業)'이다.

그의 이 분업은 업종별 스페셜리스트를 만든 것이다. 국민을 군수업, 농업, 제조업, 도소매업으로 구분하고 동일업종의 사람을 한 지역에 강제로 거주하게 했다. 서로 자주 보니 능률이 오르고, 어릴 때부터 가족들에게 배우면서 최고의 기술자, 즉 장인으로 자라났다. 제나라의 선진적 제조업 수준은 중국 초기 과학 기술에 대한 강의를 쓴 최초의 전문서 『고공기(考工記)』라는 책에 기록되어 있다. 예컨대 옛날 고위 관료가 쓰던 모자인 관대(冠帶)의 최상품은 모두 제나라에서 수입했다. 자주 접하니까 서로 능률을 높이고, 수입을 늘리는 것을 고민한다. 다 같은 일을 하기 때문에, 다른 것을 볼 수 없으니 영원히 같은 일을 한다. 어려서 관모를 짜는 할아버지와 아버지를 보면서 배우는 사민분업으로 전문화 수준이 높아졌다. 역사학자 자오강(趙剛)은 중국의 사회 기능의 분업은 유럽보다 1천 년 빨랐고, 주요 전통 생산 기술은 800년이 빨랐다고 분석했지만 내가 볼 때는 산업화와 자본의 축적이 없다는 중국의 고질적인 문제의 시작이기도 하다.

둘째, 작은 것은 풀어주고(放活微觀), 큰 것만 통제(管制宏觀)했다.

"미시경제는 활성화하고,거시경제는 통제한다"는 것이다.

제나라는 인구 2백만 명도 안 되는 작은 나라인데 세상의 모든 상품과 사람들이 와서 거래를 해야 번영할 수 있다는 것을 알았다. 남은 것은 어떻게 할 것인지가 문제였다.

무역 원가를 낮추기 위해 당시로서는 혁신적인 단일 세제를 시행한다. 다른 나라 상품들이 제나라에 오면 세금을 관문에서 징수한다. 한 수레의 땔감이 들어왔을 때 1, 2%로 요즘 중국의 영업세 5%보다 훨씬 더 낮았다. 온 나라에 이런 저율의 단일세를 적용한 것은 요즘 말로는 "자유 무역지대"로 만들어 원가를 낮추는 등 비즈니스 환경을 확 바꾸려는 큰 그림이 있었다. 1978년 중국의 개혁개방 초기에 광둥과 저장성 등은 아무런 자원도 없었지만 제도를 바꾸고, 내부적으로 인센티브를 제공하자 돈이 흘러들어오고 또 늘어나게 했던 것과 똑같은 이치다.

매 30리 간격으로 객사(여관)을 만들고 음식, 말 먹이, 물류 창고를 설치하여 외국 상인은 몸만 오면 되었다. 30리(12km)길은 반나절 걷는 거리로 객사 주변에는 자연스럽게 장이 들어섰다. 그 객사에서는 외국 상인이 빈 수레 1대로 오면 공짜 식사를 제공했고, 빈수레가 두개면 말 먹이를, 세 수레면 부리는 몸종까지 무료 식사를 제공해 주었다. 우호적 환경으로 장사치들이 찾는 플랫폼을 만든 결과는 대성공이었다.

수도 임치(현재 산둥 성 즈보어淄博)에 기방을 개설했는데, 이 기녀들은 최초의 정부가 공인한 엔터테이너들이다. "여창(女閭)"이라고 불린 기방이 300창이었는데, 1창은 25개, 총 7,500개로, 업소마다 기녀가 4, 5명이었다고 가정하면 수만 명에 달하고, 술과 음식, 악사,

의복 등의 연관 산업을 포함하면 그 당시 최대의 내수 산업이었을 것이다. 이것은 그냥 두었다면 아무 일도 하지 않았을지도 모르는 미시적 경제 주체의 경제 활동 활성화다.

물론 지금 잣대로는 비난할 수 있지만 그때는 일자리 창출과 소비 활성화를 위한 신성장 동력이었다. 그래서 이후 2천 년 동안 이쪽 밤 문화 업계의 사람들은 모든 사업장마다 사실상 시조인 관중의 상을 모셔두고 수호신으로 섬겨왔다.

반면 백성의 민생과 관련된 거시적인 것은 철저히 통제했다. 가장 주요한 상품인 식량 관리를 위해 농업세를 부과했는데, 세율은 풍작이면 15%, 중간이면 10%, 나쁘면 5%, 아예 흉년에는 전액 면제해 주었다.

자기 사업은 다 말아먹었던 실패한 비즈니스맨이었지만 흉년이면 어김없이 투기꾼이 나타나서 물가를 교란시켜 민심이 흔들린다는 것도 잘 알았다. 개인적인 실패의 경험이 국가 경영에서 발현된 것이다. 역사상 최초로 국가 식량 저장 시스템을 만들어 식량 가격은 물론 민심까지 관리했다.

국가가 자체 식량 창고를 건설하여 식량을 그곳에 비축하고 아주 중요한 곳에 식량을 저장하여 식량문제를 안정시켰다.

관중은 가격 조정 방식을 매우 잘 사용하고 가격을 지렛대로 사용하여 전체 국제 무역을 조정했다. 오늘날에도 소위 경제 시스템 개혁은 가격, 재정 및 세금 개혁인데, 이미 2천여 년 전에 가격과 세수로 중국의 경제 관리를 통제하기 시작했다.

셋째, 소비로 경제를 키웠다. 그의 "부자의 사치로 빈자가 일한다"는 말 때문에 훗날 그를 맹렬히 비난한 유가는 이 말을 매우 싫어했다. 관중 스스로는 계란 껍질에 조각을 한 후에 삶아 먹었고, 땔감도 예술 작품처럼 조각을 한 뒤에야 태우게 하는 극단적 소비를 했다. 자기처럼 여력 있는 사람들이 그렇게 소비와 사치를 해야 가난한 사람들이 일할 기회가 생긴다는 것이 이유였다. 그는 모든 사람이 검소해서 옷 한 벌을 10년 입으면 통화 가치가 떨어지고, 상품 경제는 하락하고, 국가 경제는 약해진다고 믿었던 것이다. 그 시대에 이런 경제적 통찰을 가질 수 있었다는 것은 놀라운 일이다.

넷째, 무역으로 전쟁을 막았다. 춘추시대 이후 국가 간에 경쟁이 등장했다. 사민분업으로 당시 제나라는 200만의 인구에 병사 3만 명의 강한 나라였지만, 그는 상업으로 전쟁을 멈추고 상업적 경쟁을 통해 전쟁을 막을 수 있다고 믿었고 또 실천하였다.

인접국인 여나라와 래나라는 제나라와 마찰이 자주 있었다. 이 두 나라의 특산품 자색 풀(紫草)은 끓이면 천의 염료가 될 수 있었다. 그는 먼저 자초를 대량으로 사들인 다음 사신을 보내 제나라가 생산하는 모든 자초를 구리를 주고 사겠다고 했다.

제나라의 구리는 당시 최첨단 무기인 검의 원료가 되었다. 구리가 나지 않는 이들 두 나라는 식량 생산까지 기꺼이 줄여가면서 자초를 생산하고 공급했다. 그러나 제나라는 3년 뒤 자초 수입을 전면 중단해 버렸고 곡물 값이 37배까지 치솟자, 결국 두 나라는 항복하며 사실상 제나라의 경제적 속국이 되었다.

또 이들보다 훨씬 큰 노나라와 양나라도 유사한 방법으로 굴복시켰다.

다섯째, 소금과 철의 국유화(鹽鐵專營)를 시행했고, 이것은 중국 대륙에 오늘날까지 이어지는 매우 길고 광범위한 영향을 미친 대사건이다.

여러 사서에 제환공과 관중 두 사람의 국가 경영에 관한 많은 기록이 남아있다.

제나라 환공(齊桓公)은 "나라에 돈이 없으니 인두세(人頭稅)든 뭐든 더 많은 세금을 거두라"고 했지만, 관중은 "숨겨서 모르게 걷어야, 백성이 노하지 않는다"(取之于無形, 使人不怒)라는 경제 통치 철학을 끝내 관철하고, 세금 대신 사업, 즉 소금과 철의 국가 전매제(鹽鐵專營)를 시행하였다. 그 대신에 산을 둘러치고, 바다를 막자고 제안했다. 산에는 철광석이 있고, 바다에는 소금이 있으니, 그걸 국유화하면 불만은 줄이고 수입은 커진다는 역발상이었다.

백성들은 철과 소금 없이는 못 산다. 철은 농경과 수렵, 베를 짜는 등 생산을 위해서, 소금은 삶과 건강을 위한 필수 불가결한 물건이다. 매일 쓰는 물건을 국가가 적정가격에 판다면 수요는 물론 백성들의 반발도 조절할 수 있다는 것이다.

이후 천 년 동안 지속한 소금과 철의 국유화는 중국 경제의 특색이 되었다. 중국의 제대로 된 국유기업은 후일 한무제 때부터 시작되었지만, 그 아이디어와 실행 방법은 관중의 자산 국유화를 통한 민간 생산 일괄 매입 일괄 판매, 즉 소금과 철의 국유화에서 비롯된 것이다. 관중은 산을 봉쇄하고 바다를 막는 법령을 공포한다. 산속의 광석은 모두 국가의 것이며, 누구도 들어갈 수 없고, 혹독한 법으로 관리했다. 국유 물품을 민간에서 생산하도록 했다. 모든 농민이 소금을 끓이는데 소금은 국가에 정해진 값에 팔아야 한다. 철도 생산은 민간이 하되, 국가가 30%를 지금의 소득세나 법인세를 당시에는 이런 식으로 변형해 걷은 것이다. 관중은 국가가 생산하면 효율이 매우 낮으므로, 민간이 생산하고 국가는 판매 경로만 관리하면 된다고 말했다. 양 극단에서 중간의 자원과 판로, 가격을 통제하는 것을 다 간파한 것이다. 이런 소금과 철의 국유화는 훗날 중국 재정과 조세 방식이 서방과 완전히 달라지는 중대한 분기점이다. 관중의 혁신으로 중국 역대 중앙정부는 기본급인 세금과 국유사업 배당금의 두 개의 돈주머니를 가지게 되었다. 한무제의 술, 조조의 연지분, 건륭제의 대외무역이었고, 지금의 공산당 아래서는 통신, 에너지, 희토류 등 절대 망할 수 없는 국가 독점 사업으로 존재하고 있다.

이처럼 2,500년 전의 모습을 담고서도 여전히 작동하고 있는 것이 중국 특색의 경제 시스템이다. 이것을 겨우 250년 남짓한 서구 경제학 이론으로 풀어내려면 뭔가 다른 노력들이 더 필요하지 않을까 생각한다.

현재 국유자산감독관리위원회 산하에 98개 국유기업이 있으며, 관중은 그 국유기업의 시조다. 관중은 자유로운 상품 경제를 숭상한 사람이지만, 또 이때부터 강력한 중앙집권 사상이 싹트기 시작했다.

남성의 평균수명이 40세도 안 되던 시대에 관중은 80세까지 살면서 제나라를 40년 동안 다스렸고, 그 40년 동안 회맹천하(여러 나라의 왕을 초청하는 연회)를 아홉 번이나 열었고, 그때마다 논의를 거쳐 세율을 통일했다. 당시 수도의 인구는 30만 명으로 당시 전 세계에서 아테네는 5만 명에 불과할 정도로 중국의 도시화율은 매우 높았다.

관중 사망(645년) 2년 뒤에 제환공은 내란으로 그가 총애하던 간신들에 의해 왕궁에 갇혀서 산 채로 굶어 죽었고 제나라는 쇠락하기 시작했다.

경제적으로 관중은 세 가지 의의를 가진다. 첫째, 관중의 시기에 가격, 재정, 세금 개혁을 통해 처음으로 국가 경제의 체계적 관리를 형성했다.

둘째, 그것이 형성한 소금과 철의 국유화는 오늘날까지 영향을 미쳤다.

셋째, 제나라의 경제제도는 중국의 고전적 시장 경제 체제였다.

2,500년 전 실패한 사업가와 놀고 먹기를 좋아했던 제환공의 연대는 제나라를 매우 혁신적인 국가로 만들었다. 과연 국유기업이 존속된 2,500년간 누적된 배당금은 얼마나 될까 궁금해졌다. 물론 관련 데이터는 없을 것이다. 다만 1990년 중국에 주식시장이란 게 생긴 이래 33년간 A주 시장의 총 누적 배당금은 어림잡아 3,000조 원이다. 이를 근거로 약간의 가정을 가미해서, 대략 연간 100조 원, 2,600년이면 26경 원, 이걸 만약에 복리로 계산하면…. 물론 정답은 없다. 하지만 나는 관중이야말로 인류 역사상 최대 수익사업 모델을 창조한 CEO라고 생각한다. 또한 그는 앞서 언급한 중국의 통일과 중앙집권 체제 유지의 일등 공신이다. 만약 그가 없었다면 우리가 알고 있는 지난 중국의 역사는 상당히 많이 달랐을 것이다.

04

마오쩌둥이 존경한 청년 혁명가

중국 역사에 20대의 젊은 피를 가진 개혁가에 의한 급진적으로 경제를 혁신한 사례는 진나라의 효공과 상앙(商鞅), 서한의 한무제 유철, 청말의 광서제 등이 있다.

21세에 왕위에 오른 효공은 인재 구인 모집으로 30세 위나라 사람 상앙을 등용했다. 이 두 사람의 23년간의 강력한 국가 개혁이 없었다면 훗날 진시황의 천하 통일은 불가능했을 것이다.

제나라의 관중과 진나라의 상앙 두 사람은 중국 경제 개혁의 역사에서 극우적 시장주의자와 극좌적 국가 자본주의자의 기준선 또는 한계선을 그어 둔 사람이다.

상앙의 변법은 모든 것을 전쟁을 염두에 둔 국가 강화로 이루어졌다.

관중의 변법은 "창고가 가득 차야 예절을 알며 사람들이 돈을 벌고 밥을 먹을 수 있어야 세상이 평화롭다"고 했지만 원조 법가인 상앙은 "나라가 평화로우면 전쟁을 하지 않고, 독서와 예술에 몰두하면 강해질 수 없으며, 나라가 부유해도 전쟁을 하지 않으면 내부적으로 예악, 시서, 효제, 성실, 정직, 인의의 여섯 문제가 생기고 이는 군사력을 약화시키고 전쟁을 방해하는 여섯 마리 이와 같다. 전쟁을 통해 이 여섯 마리 이가 다른 사람들에게 가버리면, 자신의 몸은 나쁜 것이 없어서 강해진다. 강해진 국가가 만약 전쟁을 하지 않으면(国富而不戰), 이 여섯 마리의 이가 다시 자라나서 강한 나라를 갉아먹는다"라고 말했다.

한마디로 상앙은 국가가 가난해도 전쟁을 해야 하고, 부유해도 전쟁을 해야 한다는 것이다. 모든 백성들이 전쟁에 나가게 만들고, 국가를 공포의 전쟁 기계로 만들기 위한 것이었다.

농사가 잘 되면 곡식이 많아지고, 배가 불러야 전쟁을 할 수 있다. 봉건시대의 정전제(井田制)는 평평한 땅을 '정(井)'자 모양의 바깥쪽 8개는 100묘씩 분배를 하며, 가운데는 공전(公田)으로 여덟 집이 공동 관리하는 도덕적인 농사 공동체이니, 경사지의 땅은 방치되었다. 상앙은 모든 농지를 활용하기 위해 정전제를 폐지하고, '간령(簡令)'으로 빈 땅을 찾아 경작할 것을 독려함과 동시에 장사를 하는 인구를 농업으로 돌리기 위해 상업 활동을 제한했고, 모든 자원을 농업과 전쟁 준비에만 집중하도록 했다.

농경 시대의 가장 중요한 상품인 곡물 거래를 금하여 상인의 일자리를 없애고, 중과세를 통해 상업 경제를 축소하는 데 노력하였다.

장사치를 말하는 '상고(商賈)'란 말의 '상(商)'은 좌상(坐商)을, '고(賈)'는 행상(行商)이다. 즉, 가게에서 상품을 파느냐, 다른 지역으로 운반해서 파느냐에 따라 그 운반을 막기 위해 호적의 등록을 강제하여 상인들의 이동을 제한했다.

호적 등록제를 확립한 것이 바로 상앙이다.

현대 사회의 자유 중 하나인 '자유 이동의 자유'를 제한하는 것인데, 사설 여관업도 금지해서 사람들이 여행할 때 국가 운영 여관에 신분증을 제시해야 했다. 이것도 상인들의 활동 비용을 증가시켜 상업을 억제하는 조치였다.

또 하나의 강력한 조치로 화폐를 없애고 물물교환을 한다. 화폐가 없으면 상품 유통은 더 느려진다. 정책 시행 3년 만에 적응한 백성들은 큰 불만을 제기하지 않았다고 『사기』는 적고 있다. 모든 사람이 전쟁에 참여하도록 '군작제(君爵制)'라는 개혁 조치를 도입하였는데, 이 제도 역시 매우 큰 영향을 미쳤다.

주나라 때의 봉건제도는 왕이 토지를 나누어 주고, 그 땅에서 자손 대대로 지배할 수 있도록 하는 것이었지만 군작제는 전쟁에서 공을 세운 사람에게만 작위와 혜택을 부여 함으로써 모든 사람이 전쟁에 참여할 동기를 부여하였다.

기존의 귀족 체계는 공, 후, 백, 자, 남 등 지위와 계급이 자손에게 세습되었지만, 그는 이 세습체계를 완전히 해체해버린다.

귀족도 전쟁의 공이 없으면 자손에게 신분 세습이 안 되게 하고, 공을 세운 사람은 평민, 노예라도 신분 상승이 가능하게 하였다.

작위를 20등급으로 나누어 가장 가벼운 공적은 적병 한 명을 죽여 그 머리를 가져오면 한 등급의 작위를 받고, 토지를 받았고, 두 명을 죽이면 매년 100석의 곡식을 받는 관직, 대장은 8천 명을 죽여야 한다.

또 묘지에 심는 나무의 수를 전공과 연동시켜 한 명당 한 그루, 천 명을 죽이면 천 그루의 나무를 심어 후손들이 알 수 있게 하였다.

이로써 "왕후장상의 씨는 따로 없다"(王侯將相寧有種乎)는 완전한 인센티브 사회로 변화되는 엄청난 영향을 주었다.

이런 창의적이지만 극단적인 정책은 중국 역사 최초의 큰 충돌을 일으킬 수밖에 없었다.

당시 형벌은 고위 관료나 귀족에게는 예외를 두었지만 그는 똑같이 적용하였고 그 중 법을 어긴 태자 대신 태자의 스승을 감옥에 보내거나 얼굴에 문신을 새기고 코를 베었다. 회수(淮河)에서 열린 법 토론회에서 귀족 학자 700명이 반대하자 이들을 모두 죽여 회수의 물이 모두 붉게 물들이자 이후엔 반대하는 사람이 없었다.

모든 사람이 농부 아니면 군인이어야만 했고, 이를 위해 발명한 또 하나의 제도가 '연좌제'이다. 호적 등록된 모든 사람들을 다섯 가구를 한 단위로 묶어 그 중 어느 한 집이 죄를 범하면 나머지 네 집도 연좌제에 걸려들게 하여 자기 자녀뿐 아니라 이웃집 아이도 잘 교육해야 했다. 군대에서도 한 명이 도망치면 나머지 네 명이 처형당했다. 이웃의 잘못을 고발하지 않으면, 동일범으로 허리를 자르는 잔혹한 형벌을 행했다. 진나라가 이런 제도를 10년 동안 시행한 후에는 길거리에 물건을 잃어버려도 가져가는 사람이 없고, 도둑이 다 사라졌다. 다른 나라의 병사들은 출전할 때 철 갑옷을 입었지만, 진나라 병사들이 무거운 갑옷을 입지 않고 앞다투어 적의 목을 베기 위해 달려들었다. 전공으로 받는 인센티브를 위해 가벼운 맨몸으로 전쟁에 임했다. '호랑이와 늑대의 나라'라는 별명을 가질 만큼 진나라 사람들의 야만성과 전투 본능은 이렇게 생겨난 것이다.

진나라는 거대한 군사 국가지만 민간 경제가 결합된 형태로 발전했다. 정전제를 폐지하고 새로운 토지 제도를 도입하여 대규모 황무지와 경작되지 않던 산지까지 개간했다.

보통 진시황이 천하를 통일하며 도량형을 통일했다고 배우지만, 실제로는 상앙변법 시기인 140여 년 전에 이미 시작되었다.

주나라 봉건제도로, 주왕이 천여 개의 작은 나라들을 분봉하여. 각 나라의 인구는 많아야 10만여 명이었다. 춘추 말기에는 1천여 개의 나라가 160개로 줄었고, 전국 시대에는 7개의 강국만 남았다. 봉건제도를 계속 유지하려면 각 지방으로 나누어 통치해야 하지만 상앙은 봉건제를 폐하고 군현제를 시행하여 나라를 31개의 현으로 나누어 현령, 현장, 현위를 파견하여 지방을 통치하게 했다.

현령은 더 이상 귀족이 아니었고, 세습할 수도 없었다. 전쟁에서 새로운 영토를 점령하면 면적과 인구에 따라 새로운 현을 만들어 확장했다. 오늘날까지도 여전히 유지되는, 중앙과 지방의 권력 분배 제도도 역시 그 시기에 확립된 것이다.

거시 경제 관리 모델은 중앙집권 국가의 명령형 계획 경제였다.

2000년간의 경제 변천사에서 중국은 오랫동안 고전적 시장 경제 모델을 유지해 왔다. 국가 직접 경제를 통제하는 계획 경제 모델은 국가의 거시적, 미시적 통제 능력이 매우 강했다는 것이며, 이 또한 중국의 경제를 이해하는 키워드가 된다.

그중 상앙 변법은 명령형 계획 경제의 극단으로, 23년간 이어지면서 진나라를 역대 최고의 전투 능력을 가진 '호랑이와 늑대의 나라'로 만들었고, 진시황의 통일까지의 141년 동안 진나라는 108번의 전쟁, 즉 거의 매년 전쟁을 하면서 중국 통일의 제도적 기초를 마련했다.

진효공이 죽자 황제로 즉위한 태자는 과거 자기 두 스승의 얼굴에 문신을 세기고, 코를 베었던 상앙을 잡아 죽이려 했다. 가족과 함께 도망치던 상앙은 본인이 만든 법 때문에 여관 투숙을 거부당한다. 그는 두 팔과 두 다리를 네 마리 말에 묶여 찢기는 거열형을 당했고 가문은 멸문지화를 맞이했다. 사마천은 "백성은 그를 불쌍하게 여기지 않았다"고 『사기』에 적었다. 그러나 진나라의 모든 군왕들은 상앙의 변법에 따라 폭력적으로 나라를 통치했고, 이는 천하를 통일하는 기초가 되었다. 지난 2,000여 년 동안 이 나라를 다스린 군주는 모두 나라를 강하게 만들고 싶어했지만 각자의 이론과 사상에 따라 그 방법은 달랐다.

'균빈부((均貧富'라는 말은 춘추시대에 이미 등장하는데 당시 정전제로 모든 사람이 균등한 땅을 가져 특별히 부유하거나 가난하지 않았다. 그 뒤 이어진 전쟁과 경쟁으로 빈부 격차가 커지기 시작했다. 사실 춘추시대의 네 대 사상가인 유가, 도가, 묵가, 법가는 각각 빈부 격차 해소 방법상 다른 견해를 가진다. 유가(儒家)는 "부족함보다 불평등을 걱정하라. 가난보다 불안을 걱정하라" 곧 유가는 빈부 격차보다는 불평등과 불안을 더 큰 문제로 여겼다. 도가(道家)는 사람들이 먹고 사는 것이 딱 좋을 정도로만 있는 것을 이상적이라고 했다. 묵가(墨家)는 빈부 격차가 존재하는 것이 정상이며, 국가에는 가난한 사람도 부자도 있어야 하며, 똑같을 수는 없지만 중앙집권제의 국가가 부유해야 하고, 국가가 재정을 통제하여 다시 분배해야 한다고 말한다. 법가는 전쟁과 농업을 통해 강력한 국가를 만들려고 했으며, 백성이 약하고, 겁이 많고, 무지해야 국가가 평화로울 수 있다고 말했다. 상앙은 가장 좋은 상태는 집에 하룻밤을 넘기는 양식이 없고, 항상 배고픔과 노력 상태를 유지하는 것으로, 다음날 일을 하지 않으면 먹을 것이 없는 상태의 유지이고, 국가의 가장 좋은 상태도 항상 긴장 상태에 있는 것이라고 생각했다.

지난 2,000여 년 동안 중국은 발전과 안정 사이에서 계속해서 균형을 맞춰 왔다. 역사적으로 중국은 표면적으로는 유가를 내세우지만 실제로는 법가의 '유표법리(儒表法里)'다.

경제 관리에서는 '국강민안(國強民安)'이다. 많은 중국의 통치자들은 강한 국가와 평안한 백성이 좋은 통치라고 생각했다. 안(安)은 먹을 것이 있고, 굶어 죽지 않는 상태를 말한다. 이상적인 '국강민부(國強民富)', 즉 국가도 강하고 백성이 부유했던 적은 중국 역사에서 단 하루도 없었다. 아니, 전 세계적으로도 없는 유토피아가 아닐까 생각한다.

상앙의 시대에도 중국 역사를 관통하는 4개 이익집단(중앙과 지방정부, 유산과 무산계급)의 싸움이 관찰된다.

그의 개혁으로 중앙정부는 매우 강해졌고, 지방정부는 약화되었으며, 무산계급(농민과 군인)은 커졌고, 유산계급(상인, 지주 등)은 사라졌다.

또 거시 경제는 안정되었지만, 민간 활력은 완전히 상실된 경직된 국가가 되어버린다. 상앙을 죽인 혜왕을 비롯한 역대 진나라 왕들과 기득권층이 아이러니하게도 상앙의 지시(?)를 충실히 이행함으로써 진시황 천하 통일의 초석을 만들었다. 만약 상앙이 없었다면 중국은 통일국가가 아니라, 비슷한 면적을 가진 EU처럼 스물일곱 개 나라로 쪼개졌을지도 모른다. 그래서 마오쩌둥이 중국의 가장 위대한 정치가로 상앙을 첫손가락에 꼽았을 것이다.

상앙의 변법은 후대에 끼친 영향은 더 크다.

첫째, 전국시대 이후 2천년간의 중국의 경제 생태계를 확립하였다. 군공작제(성과급 제도), 호구제도(인구유동 통제), 도량형 통일(이른바 'China Standard'), 토지 사유화 등은 오랜 시간 동안 뿌리내리면서 오늘날에 이른다.

둘째, 기원전 4세기에 상앙은 약 300년을 먼저 산 관중과 중국 경제 양극단의 기준을 만들었다. 관중이 상업과 무역을 위해 모든 규제를 풀고, 인프라를 구축하여 제나라를 부유하게 만든 중상(重商)주의자였다면, 상앙은 상업 거래를 금하고, 식량 자급자족과 전쟁으로 진의 천하 통일의 초석을 닦은 중농(重農)주의자였다.

중국 2,600년 역사 속의 십여 차례의 개혁은 두 사람이 정해 둔 양극단 사이에서 시계추처럼 좌우로 움직였다.

05

한무제가 심은 중국 문제의 씨앗

천하를 통일한 진나라의 인구는 2,600만 명이었는데, 70년의 문경의 치세를 거치며 한나라 무제 시기에 인류 역사상 최초로 인구 5천만의 나라가 되었다. 이 거대한 나라를 무려 54년간 집권한 황제가 바로 한무제(漢武帝) 유철(劉彻)이다. 그는 '진황한무(秦皇汉武)'로 불리는 중국 역대급의 황제이다. 중국인은 역대 왕조의 특징을 줄여서 부르는데 패진(霸秦), 강한 (强漢), 성당(盛唐) 이 세 왕조는 그들의 자부심이고, 후대 왕조는 그보다는 못하다고 생각하는 경향이 있다. 그러나 한나라 초기 황제 유방 때는 같은 색깔의 말을 못 구하고 왕후가 소가 끄는 수레를 타고 다녔을 정도로 가난했다.

유방, 혜제, 문경제 70년 동안 '민생 안정'을 목표로 하여 대대적인 감세 정책이 실시되었다. 특히 농업세는 삼십취일(三十取一) 곧 3.3%로 낮추었다. 춘추전국시대에는 통상 10%에 이르던 농업세가 완전 면제된 것은 2천 년이 지난 뒤인 2006년의 일이었다. 중국에서 수천 년간 부과되던 당연세인 농업세를 없앤 공산당이지만 토지, 보다 더 정확히는 도시 부동산의 개발로 소외된 대다수 농민들은 공산당에 복잡한 양가 감정을 가질 수 밖에 없다.

기원전 140년, 경제(景帝)가 죽고 아들 유철(劉彻)이 즉위하여 54년간 황제로 재임하며 오늘날 후세에까지 영향을 미친 중앙집권 제도를 확립했다.

첫째, 중앙 권위의 재건이었다. 지방 세력을 제거하기 위해 지방의 모든 왕들에게 아들들에게 강제로 땅을 나눠주게 하는 추은령(推恩令)을 공포하였는데, 이것은 특혜가 아니라 한 세대 뒤에는 세력과 재력이 뿔뿔이 흩어져 중앙에 맞설 힘이 사라지게 하는 신의 한 수였다. 이후 지방정부의 힘을 더 확실하게 제거하기 위해 '삭번책(削藩策)'을 시행하자, 이에 대한 반발로 7개 나라가 중앙에 무력으로 대항했다.

둘째, 사상 통일을 위해 동중서의 '독존유술(獨尊儒術)' 사상을 받아들였다. 한무제는 과거 상앙 방식의 억압만으로는 안 된다는 걸 알았기에, 지식인 중에서 가장 순종적인 집단인 유가를 선택하여 군신, 부자, 충효와 예의를 강조하며 반란을 일으키지 않는 사상을 가르치며 국민 사상을 통일하려 했다. 이는 유학이 오늘날까지도 중국 사상 체계로 자리 잡게 된 결정적 배경이다.

셋째, 문경지치(文景之治)의 대외 화친 정책을 포기하고, 전쟁을 시작했다. 내부 갈등을 해결하는 가장 좋은 방법 중 하나는 외부 전쟁이다. 한무제는 서쪽 흉노, 동쪽 고조선, 남베트남을 공격하였다.

그를 도와 개혁을 한 그 사람이 중국 역사상 최고의 재테크의 귀재이자 천하 제일의 수학 천재 상홍양(桑弘羊)이다. 그는 재벌가 출신으로 십 대에 돈을 기부하는 방식으로 조정에 들어가서 평생 한무제를 따른다. 상홍양은 그 어려운 산업, 유통, 조세라는 경제개혁의 트리플 크라운을 단행했다.

소금, 철주조, 술 등의 중국 역사상 진정한 첫째 국유기업을 세웠다. 산업 개혁의 중점은 국유화였다. 술과 같은 상품의 국유화는 중독성이 있기 때문이었다. 일단 마시고 나면 중독성있어 다시 찾게 되니 지속적으로 돈벌이가 된다. 차, 술, 담배 모두 같은 맥락이다. 특히 소금은 청나라까지 중앙 재정의 큰 비중을 차지했다. 상홍양은 국유기업을 운영하면 백성이 쉽게 부유해지지 않으며, 국가 유지를 용이하게 해주는 국유기업의 상업적 비밀을 이미 간파하고 있었던 것이다.

제나라 관중은 국가가 소금과 철 자원을 통제하도록 했다. 백성들이 직접 생산하고 국가는 구매와 판매를 맡았다. 한무제는 중국 역사상 최초의 국유기업을 설립하여 철을 만들었다. 전설 속의 상나라는 솥(鼎) 공장도 운영했다고 하지만 이것은 민간이 아니라, 황실의 소비를 위한 것이었다. 제나라 관중은 민간은 생산하고, 국가가 사는 구조였지만, 한무제 때는 국유기업이 직접 철을 만들었고, 국유 '방산업체'의 철로 제작한 최첨단 고성능 무기는 한나라 병졸 하나가 흉노 병졸 다섯을 상대하는 것을 가능하게 했다.

유통분야의 개혁이 균수(均输)와 평준(平准)이다. 각 지방은 중앙에 조공을 바쳐야 했는데, 강제로 구매하며 운송 과정에서 유실이 빈번했다. 도성에 보내오는 특산물을 선별하기 위해서 중앙은 각지에 사람을 보내 직접 구매하고, 구매 후 도성 또는 팔 곳에 바로 운송한다.

각 지역 양질의 특산품들을 국가가 통제하여 전국에 유통하면 엄청난 이윤을 남길 수 있다. 평준은 국가는 운송 과정에서 물가를 통제하여 지방의 가격 결정을 허용하지 않았고 당시 물자부, 즉 물가 관리위원회로 중요한 소비형 상품을 통제했다. 그래서 전형적인 명령적 계획 체계는 전체 인플레이션을 짧은 시간에, 효과적으로 통제할 수 있었다. 균수와 평준 시행 후에 1년만에 중앙과 지방의 모든 양곡 창고가 가득 찼고, 당시 화폐였던 구리와 동일하였던 비단 견포가 황궁 후원에 가득했다.

돈을 숨긴 자를 고발하면 발견된 돈의 절반을 주는 고민령(告緡令)으로 중국 전역의 중산층 이상 가정이 모두 파산했다고 사마천은 기록했다.

또한 "그 이후로 백성들은 저축을 하지 않고 돈이 생기면 바로 소비해 버린다"(自此民偷甘食好衣)라고도 적었다.

한무제가 명령형 경제 정책을 시행한 이후로, 민간과 정부 사이에는 신뢰의 계약 관계가 형성되지 않았고, 이런 관계는 오늘날까지도 이어지고 있는 중국 경제의 뿌리깊은 고질적 문제가 되고 있다.

정부가 언제 재산을 압수할지 모르니 사람들은 더 이상 저축을 하지 않게 되었고, 중국 역사에서 자산을 가진 사람이 그 자산을 빼앗기는 것은 역사적인 관행으로 2000여 년 전부터 계속된 일이었다.

정권은 항상 자산 소유자와 대등한 계약 관계를 맺지 않았고, 반복적으로 자산을 탈취하니 모든 자본이 피해를 입었다. 그래서 자산을 가진 사람은 소비를 하고, 집을 짓고, 구첩(九妾)을 두고 재산을 축적하려 하지 않았다.

중국은 한나라부터 만청까지 사회와 기업의 자본 축적이 없었다. 오늘 가진 돈으로 오늘만 살았다. 유명한 진상(晋商)의 표호(票号)가 나중에 은행업에 밀려 사라진 이유 중 하나가 바로 자본 축적의 부재였다. 100년 동안 큰돈을 벌어들였지만 돈을 모두 나누어 가지고 남기지 않았던 이유는 돌변하는 정부를 믿을 수 없었기 때문이다. 아마도 그래서 오늘날 사람들도 부동산에 투자하거나, 금을 사들이고, 마지막 수단으로는 해외 이민을 가려고 하는 것이다. 중국에서 기업가에게 요구하는 도덕성의 기준이 우리보다 낮은 것은 이런 역사적 배경이 있다. 그걸 알고 보면 현상도 어느 정도 이해된다. 한무제가 20% 재산세를 걷으려 하니 가장 강력하게 반대한 사람은 대농령(현재의 농업부 장관)인 염희라는 사람이었는데, 한무제는 '복비(腹非)' 즉, 마음속으로 비난한다는 이유로 그를 처형한다.

이걸 우리식으로 표현하면 궁예의 관심법이라고 할 수 있을 것이다. 역사상 최초의 복비죄 적용은 주변 사람들을 두렵게 만들었다. 상홍양의 개혁도 중국 역사에 큰 영향을 미쳤다. 이전에 살펴본 관중과 상앙 변법은 기껏해야 몇 백만 명 규모의 인구를 대상으로 한 개혁이었지만, 상홍양의 관리 능력은 이전 두 선배들보다 뛰어났고, 제도적 설계도 매우 정교하여 산업 및 세금 정책, 유통 분야의 통제 등 모든 것이 촘촘히 설계되었다.

한무제 유철과 상홍양 콤비 중앙집권 체제 하의 경제 관리 제도를 확립함으로써 중국의 중앙집권에 필요한 네 가지 기본 제도 중 한무제는 세 가지를 완성했다.

군현제를 고수했고, 유학을 기준으로 세웠고, 엘리트의 사상적 통제를 했다. 물론 과거제도는 이후 수당 시기에 정착되었다.

이런 개혁으로 한나라의 국력은 세계 최고였고, 경제 규모도 가장 컸다.

한무제의 국유 기업은 철공장을 운영하면서 무기의 정밀도를 세계 최고 수준으로 만들었으며, 이것이 흉노를 물리칠 수 있었던 이유다.

하지만 국유기업에 대한 평가는 긍정과 부정이 섞여 있다.

첫째, 민간 경제가 전례 없이 침체되었다. 한 초기에 형성된 모든 상업 가문들은 점차 쇠퇴하여 수익을 낼 수 있는 큰 산업들은 모두 국가 소유로 넘어갔다.

둘째, 그의 국유 전매 정책은 유가의 격렬한 반대에 부딪혔다. 유가는 백성이 부유해야 군왕도 부유할 수 있다고 믿었고, 백성이 부유하지 않다면 군왕도 부유할 수 없다는 것이 기본 사상이다. 한무제의 정책은 유가의 이러한 사상과 충돌했으니 유학자들은 반대하기 시작했다. 동중서는 한무제에게 세 가지 방법을 제안했다. 세금을 낮추고, 농업을 중시하고, 인의로 천하를 다스리라는 것이었다.

물론 한무제와 상홍양은 "이 세 가지를 잘할 수 있었다면, 왜 국유 경제 변혁을 하겠는가?"라고 생각했을 것이다.

중국 유가의 의(義)와 이(利) 사이의 혼란은 명나라 때 왕양명의 '의와 이익의 병행(义利并举)'의 개념을 제창할 때까지 오랜 시간 동안 지속되었다. 중국 역대 왕조에서 국가 재정을 담당하는 사람은 유가의 방식을 따르는 대신 사실상 관중, 상앙, 상홍양 같은 법가(法家)의 치국을 배워 실천했다. 그래서 중국에서는 겉으로는 치국의 합법성 확보에 유리한 유가를 표방하지만, 세부 방법론은 법가를 차용하는 '외유내법'(外儒內法)이었다. 사실상 모든 역대 집권 세력들은 모두 유가의 방식만으로는 국가를 효과적으로 통치할 수 없다는 것을 알았던 것이다.

무제(武帝) 말년에는 도적들이 곳곳에서 일어났다. 국유기업이 점점 커지고, 민간 경제는 위축되어 수요와 공급의 침체를 초래하며 국유기업도 위축된 것은 역사적으로 여러 번 반복된 상황이다. 기원전 89년, 한무제(漢武帝)는 '죄기조(罪己詔)'를 내려 자신의 잘못을 인정했는데 이는 중국 역사상 황제가 작성한 첫째 반성문이었다.

한무제는 16세에 즉위하여 한 시대를 풍미한 위대한 황제였지만, 말년에 이르러 "내가 잘못했다, 내가 즉위한 이래로 나라를 거칠게 다스려 천하가 고통받았고 이를 후회할 수 없다. 지금까지 백성들에게 상처를 입혔으니 이 모든 것을 탓할 만한다"고 고백했다.

중국 역사는 "일세이생, 일세이쇠(一世而生, 一世而衰)"라는 8자 규칙, 즉 자신의 대에서 국가가 절정에 달하지만, 자식의 손에서 국력이 쇠하는 바 후대의 위정자들이 경계해야 할 무서운 논리이다.

한무제 사망 6년 후인 기원전 81년에 제국의 조정에서 큰 논쟁이 벌어졌다. 이는 중국 역사상 처음으로 국유 경제 정책에 대해 대면 토론을 한 사건이다.

이 논쟁은 당시 횡관이라는 사람이 기록하여 오늘날까지 남아있으며, 이 책이 바로 그 유명한 『염철론(鹽鐵論)』이다.

상홍양 파와 각지에서 선발된 유생들간의 20여 일간의 격렬한 논쟁을 담은 것으로 국유 경제 정책에 대한 많은 논점들이 그 오랜 옛날에 상세히 논의되었다는 것은 매우 흥미롭다. 반대자들은 국유

경제의 세 가지 큰 단점을 지적한다.

첫째, 민간과 이익을 다투고 자원을 독점하게 되면, 민간 경제와 충돌하여 경제 침체를 초래할 수 있다는 것이다.

둘째, 국유기업은 생산과 경영의 문제가 있다. 예를 들어, 농부들이 필요로 하는 농기구는 부적절하거나, 생산 품질이 매우 낮거나, 판매가 안 되면 강제 판매하는 문제가 있다는 논리로, 여러 시대에 반복되었다.

셋째, 염철 국유화 정책으로 인해 국유기업을 관리하는 사람들은 모두 철관이거나 그 자손이 된다.

즉 국유기업의 단점은 민간과 이익을 다투는 것, 효율이 낮은 것, 권위주의 경제라는 것이지만, 상홍양은 백성들이 세금 증가를 느끼지 않으면서도 국가가 풍족해지는 것이라고 주장했다.

상홍양은 유가 학자들에게 "만약 우리가 외부의 적과 끊임없이 싸워야 하고, 내부적으로는 천재지변이 빈번한 상황에서 중앙 재정을 어떻게 해결할 것인가? 세금을 늘리면 민란이 일어날 것이다. 따라서 국유화 정책을 통해 세금 부담을 느끼지 않게 하면서도 국가의 수입을 늘려야 한다."라고 말했고 유가 학자들은 이에 대한 명확한 답을 내지 못했다.

소금과 철의 전매(鹽鐵專賣) 독점도 해제하여 민간에 개방되었고, 유통세 감면으로 상인들이 전국을 돌아다니며 활발히 활동하는 등 상인들이 몇 십 년 동안 자유롭게 고속 성장을 할 수 있었던 최초의 시기로 민영 경제가 매우 발달했고, 지방이 강해지자, 중앙정부는 약해지면서 중앙과 지방 간의 긴장이 초래되었고, 경제적 번영이 가져온 빈부 격차 확대와 금권 경제Crony Capitalism가 나타났다.

관료들과 상인들이 결탁하여 이익을 나누니 중앙 정부는 매우 위험한 상황으로 중국 역사상 최초의 중앙과 지방 정부 사이에 권력 분배의 갈등이 생긴 것이다.

06

당의 태평성세와 송의 마지막 개혁

광무제 유수(光武皇帝 劉秀)는 동한(東漢) 정권을 수립했다.

그는 토지 겸병을 금지하고 노예를 해방하려 했지만 사족들의 강한 반대에 부딪혔다. 결국 유수는 물러서니 그의 세력은 약해지고, 사족들의 힘은 점점 강해졌다. 각 지방 주군들은 세습이 시작되었고, 지방 호족들이 이미 중앙의 명령을 무시했다. 동한 말년에는 연이은 전쟁으로 인해 전국의 경제가 크게 쇠퇴하고, 백성들은 화폐를 믿지 못하고 물물교환을 했다.

동한 말년 인구는 7,200만 명에서 진나라(晋朝)가 건국될 때는 2,400만 명으로 3분의 1로 급격히 줄어들었는데, 이는 많은 사람들이 죽었다는 것이 아니고, 과다한 인두세를 피하기 위해 식구들을 숨기고 줄여서 보고했을 가능성이 크다. 학교도 사회 보장제도도 없었던 시절에 세금 부담을 덜기 위해 이것보다 더 나은 방법은 없었을 것이다. 불과 십수 년 전 벌금을 피할 목적으로 호적에 올리지 못한 '어둠 속의 아이(黑兒)'들이 실재했던 것과 같은 이치다. 이 시기에는 경제와 정치가 모두 악화되었다. 특히 경제개혁이 전혀 없었기 때문에 실정과 전쟁으로 삶이 파탄이 나서, 백성들은 차라리 전쟁 없는 원시 사회로 돌아가기를 바라며 "태평 시절의 개가 난세의 사람보다 더 낫다(寧做太平狗, 不做乱世人)"는 말을 입에 담고 살았다.

중국 역사에서 당나라는 성당(盛唐)의 태평성세로 불렸다. 당나라가 강성했던 이유는 여러가지가 있겠지만, 그중에서 중요한 것이 과거 제도를 성공적으로 계승하고 발전시켰기 때문이다. 과거제도는 하층 민중에게 상향 이동의 통로를 제공하였고, 이들 엘리트가 더 이상 사회의 반대 세력이 아니라 집권의 중추 세력이 되었던 것이다. 또 당나라 초기에는 정경 분리를 이루어 장사치들의 정치 참여는 철저히 막았다. 곧 사업을 하려면 관직을 포기해야 했고, 관직을 원한다면 사업을 버려야만 했다.

또한 의복으로 사람들의 신분을 구분하기 시작했다. 벼슬아치 5품 이상은 자주색, 6품 이하는 녹색, 그 이하 하급 관리는 청색, 일반 백성은 흰색, 군사는 황색, 상인은 흑색으로 구분했는데, 상인의 검은 복색은 특별히 비하한 것이다. 상인의 지위를 고의로 낮추는 목적은 금전 중심의 가치관이 형성되는 것을 막기 위한 것이다. 이를 통해 상인과 정치 사족(士族)들의 정경유착을 차단해 사족 경제는 쇠퇴하기 시작했다. 과거제도와 정경 분리 덕분에 사족들은 결국 돈도 권력도 없는 상태가 되었고 사족들은 점차 신사 계층으로 전환되었고, 부를 세습되지 못하게 되었다.

당고조 이연(李淵)은 이전 왕조에서 국가가 독점했던 소금, 철, 술 등을 모두 민간에 개방했다. 농업세는 1/50(2%)로 낮아졌으며, 강제 노역도 매년 20일로 줄어들었다. 상인들의 지위는 낮아졌지만, 상업세는 거의 면제되었다. 요즘 미국 트럼프가 하려는 국내의 법인세의 감세와 같은 조치가 이미 당나라에서 시행되었던 것이다. 이러한 조치는 상품 유통의 번영을 이루는 기초가 되었다.

그러면 여기서 근본적인 의문이 생긴다. 이전 왕조에서는 많은 세금을 걷었고, 국유기업을 통해 재정을 확보했는데, 당나라는 거의 세금을 걷지 않고, 민영화를 하고도 어떻게 더 잘 살았을까? 사실 당나라의 최대 지출 항목도 당연히 관료와 병사의 급여와 유지 비용이었을 것이다. 당나라는 관료 수를 줄여서 중앙에 6개 부서만 두었다. 당태종 이세민(唐太宗 李世民)의 정관(貞觀) 연간에는 중앙 문무백관이 몇 백에, 전국 관리 수는 7,000명, 가장 많았던 때에도 18,000명에 불과했다. 당시 세계 최대 국가의 정부 규모로는 작아도 심하게 작은 정부였다. 지금 중국의 행정 공무원은 700만 명, 2025년 1월 현재 퇴직자까지 포함하여 국가 재정 지원 인원은 8,000만 명을 훌쩍 넘는데, 이들과 관련된 통계는 국가통계국의 제5차 경제 센서스 데이터로 2023년에 공개되었다. 2021년 세수는 약 17.2조 위안(한화 약 3,440조 원) 중 재정 지원 인원 연봉 총액은 약 70.4조 위안(한화 약 1,408조 원)으로 세수 대비 약 41%에 달한다. 중국 정부가 왜 지속적으로 "정부 기관 간소화"를 추진 중인지를 이해할 수 있다. 재정 지원 인원의 급여가 국가 세수의 상당 부분을 차지하기 때문이다.

당나라는 이렇게 적은 정부 관리 조직으로 어떻게 태평성세를 이루었을까? 비결은 당나라의 관리는 토지 영업전을 받아들였고, 부유한 사람들에게 특별 재산세를 징수하여 관리를 부양했다. 당나라는 직접 세금을 걷지 않고, 대출을 제공하여 이자를 지불하게 했다. 사실상의 강제 대출이며, 그 대출이자로 관리를 부양한 것이다. 상인이 특별세를 낼 때 기초 관직을 제공하는 공해전(公解錢)이라는 제도로, 처음 대출 이율은 100%였으나 점점 낮아졌고, 강제 대출 액수도 줄어들면서, 매년 20일의 강제 노역을 면제하는 것으로 대체하기도 했다. 이 자금의 원천은 세금, 몰수품 등을 포함하며, 지방 또는 중앙 관청에서 관리하였고, 사용에는 엄격한 규정이 따랐고, 당나라 때 비교적 성숙해져 정부 운영과 관리들의 생활을 유지하는 데 중요한 역할을 했다.

군비도 지방의 각 방진에서 지방 재정으로 부담했기 때문에 군비 지출도 없었다. 물론 결국 어떤식으로든 하층민에게 부담이 전가되었을 것이라는 논란은 있었지만 그럼에도 불구하고 이러한 조치는 상대적으로 청렴하게 진행되었다.

당의 도시화율은 1970년대 중국과 비슷한 20%에 달했다 당시로서는 세계 최고수준의 상품 경제로 발전하였다. 훗날 남송 시대의 도시화율은 22%에 달했는데, 이는 1980년대 중반이 되어서야 돌파되었다. 당나라는 계획된 상품 경제로, 시장 관리자가 상품 가격을 정한 후 거래가 이루어졌다. 거래 시간도 제한하였고, 거래 장소도 정부 지정지에서만 이루어졌고, 상점도 정부가 가격을 제한하여 가격 인상을 금지했다.

당의 장안(長安, 지금의 섬서성 서안), 낙양(하남성 落陽)은 인구 50만에 달했고, 양주, 청도, 소주 등도 유럽 어떤 도시보다 번화했던 계획된 상품 경제였다.

하지만 결국 이런 당나라의 번영도 양귀비와 안녹산 두 사람에 의해서 결딴이 났다.

당 현종은 여색에 빠져 점점 더 혼미해지고 안록산을 중용하여 그를 삼진 절도사로 삼았는데, 군권과 재정, 민정을 모두 통제하는 천하의 3분의 1을 넘긴 것이다.

당나라의 병사를 부양하도록 한 것이 바로 약한 중앙, 강한 지방의 구도를 만들어서, 세력이 강한 지방 절도사가 반란을 일으키면 사실상 중앙은 대응할 방법이 없었다. 안녹산의 난 이후, 당나라는 재정 회복을 목적으로 한무제가 했던 부유한 상인들에게 20%의 재산세와 무역세까지 걷었지만 재정은 여전히 부족했고, 이에 당 숙종은 이미 민영화된 소금의 국가 전매제도를 재도입했다. 민간이 생산하고, 정부가 매입한 후 상인이 판매하는 과거 관중의 방식을 차용한 것으로, 10년 만에 소금 수입이 15배가 늘면서 재정 수입의 절반을 차지하였다. 중당 시대에 당 덕종이 지방 방진을 없애려 했으나 실패하고, 소금과 철의 전매권도 빼앗긴 이후 관직을 팔아 생계를 유지하는 소위 거지 재정으로 전락한다. 성당(盛唐)은 완전히 사라진 것이다. 당나라 멸망 이후, 5대 10국의 전란이 이어지면서 발달했던 공상업은 사라져 버린다. 당나라의 공상업의 발달했지만, 역시 자본 축적 단계에는 이르지 못했다는 것은 중국 입장에서는 뼈아픈 점이다. 이들은 돈을 번 후 기본적으로 권리를 가진 관리들과 친분을 쌓고, 토지를 구입하거나 사치품을 소비하고, 고리대금업에 사용했다.

일부 자본이 축적되어도, 산업 자본으로 전환되지 못하였다. 과거의 중국은 역사상 최고의 전성기 시절조차 자본주의까지는 아니어도 순수 상품 경제를 발전시킬 수 없었다.

당이 망한 이후 송나라 때의 왕안석의 변법은 중국 봉건사회의 마지막 변법이었다. 왕안석은 천하의 모든 책을 다 읽었고, 시와 문에서 독보적인 당송팔대가 중 한 사람으로 당대의 천재로 재정에 능통하고, 재물과 여색을 밝히지 않았던 덕과 재능을 겸비한 보기 드문 사람이었다.

송나라 이전의 중국은 그래도 자신감이 넘치고, 개방된 사회이면서, 싸움마저 잘하는 호방한 나라였다고 평가된다. 송나라는 경제와 문화 측면에서는 중화 문화의 정점으로 평가받기도 한다.

중국 4대 발명 중 세 가지(나침반, 화약, 인쇄술)가 송나라에서 완성되었고, 상공업이 발달하여 초기 형태의 주식회사와 최초의 지폐가 나왔고, 무엇보다 인류 최초의 1억 인구를 가진 세계 최대의 내수 시장이었다.

태조 조광윤이 황제에 오른 후 군사 권력의 해체를 추진하였다. 이때 중앙이 군을 완전 장악한 후 천 년 동안 지방이 중앙을 위협하는 상황은 거의 사라졌다. 송나라는 140만의 군사를 둔 대국이지만, 전쟁을 하기만 하면 만방으로 깨지는 중국 역사상 최고로 나약한 군대로 평가받는다는 것은 참 이상한 일이다. 실제로 송나라는 거란, 서하, 여진, 몽골 등과의 전쟁에서 연전 전패했다. 송나라는 정부 관료의 장사를 허용하였고, 토지 투기도 억제하지 않았고, 허가만 받으면 산업 독점권도 가질 수 있었다. 그러니 부자가 되는 지름길이었고, 일인지하 만인지상의 재상은 당대 최고 재벌이었다. 또 송나라의 장군들은 무역, 숙박, 부동산 사업을 하고, 군대를 동원해서 장군 개인 사업의 물건을 운송하는 등 권력으로 모든 짓을 해도 되는 사회였다고 할 수 있다. 그래서 송나라의 문신들은 나라를 다스릴 줄 몰랐고, 무장들은 전쟁을 할 줄 몰랐다고 한다. 반면 송나라의 국가 자원 관리는 매우 체계적으로 구축되어, 외부 공모를 통해서 특정 상인에게 소위 특허 경영권을 허용했다. 이 특허 경영 면허증이 민간에서 거래되기도 했다. 오늘날의 토지 매매와 같은 개념으로, 정부는 이를 통해 먼저 이익을 확보하고, 상인들이 그 뒤에 백성을 착취하였을 것이다. 관료들도 참여하던 특허 경영으로 인해 중국 대륙에는 사실상 '정경유착 경제Crony Capitalism'가 공식적으로 형성되었다. 부패한 관리들이 매우 많았지만 송나라 역대 황제들은 수백 년간 이를 방치하였다. 관리가 부패하건 말건 그 관리들의 이익을 보장해주는 대신 오로지 황제 자신만 제거하지 않으면 된다는 생각을 했던 것이다. 그들은 돈을 벌기 위해 온갖 방법을 동원했고, 시간이 지나자 관료들이 황제보다 더 부유하게 되었다. 전국의 절반 이상의 토지를 몇몇 가문이 소유했고, 재정 수입은 재정 지출을 감당하지 못했다. 이런 문제를 해결하고자 송나라 신종은 재능과 대담함을 겸비한 왕안석을 중용하였다.

왕안석은 고도의 중앙집권화된 국가주의 개혁을 주장했고, 사마광은 지출을 줄이고 민간을 부유하게 해야 한다고 서로 반대되는 정책을 주장했다. 사마광도 사대부였기 때문에 자신의 이익을 지키려는 보수 세력의 영수로서, 왕안석의 개혁에 대한 저항자였다. 중앙집권을 원하는 황제의 지지를 받은 왕안석은 대대적인 개혁을 시작했다.

국가는 통일 계획 경제 시대로 돌아갔고, 빈부 격차를 줄이기 위해 농업대출을 시행했고, 국고는 늘었지만 많은 산업에서 정부가 민간과 이익을 다투었다.

왕안석의 경제 정책의 의도는 순수했고 이상을 담으려 했지만, 부패한 관리들에게는 그저 치부의 수단으로 변질되었다. 왕안석의 변법을 반대한 사람들을 모두 수도에서 쫓아냈고, 사마광도 낙양으로 쫓겨나서 15년 동안 절치부심하면서 집필한 책이 그 유명한 『자치통감』이다.

송 신종이 마흔 살이 안 되어 죽자, 왕안석의 실각으로 무려 17년간 추진한 변법도 모두 폐지되었다. 그리고 사마광이 다시 중용되자, 왕안석은 홧병으로 곧 사망하였다. 이런 왕안석 변법의 실패는 중국 역사의 한 획을 그었다고 할 수 있다. 천재적 재능에 덕과 이상을 모두 겸비한 사람이 실패하고 나라를 망쳤다고 평가를 받자, 이후의 중국은 어떤 개혁도 시도할 자신감을 잃게 되었다고 할 수 있다. 그 이후 중국은 새로운 시도와 개혁이 완전히 사라진, 현상유지형의 폐쇄형 국가로 변해가면서, 사상은 더욱 보수적으로 변하여 나라의 갈수록 문을 걸어 잠근다. 송나라 이후 1300년부터 1800년까지 500년 동안 중국의 1인당 GDP 성장은 '0'이며, 변한 것은 오로지 황제의 성씨뿐이다. 중국은 안정이 모든 것을 압도한다고 강조하지만 변화가 없는 사회에서 안정은 가난뿐이다. 변화를 거부한 사회는 당연히 변화를 수용한 사회의 도전을 받는다. 같은 시기 유럽 이탈리아에는 자유로운 도시 피사는 도시 자치와 상업의 자유가 싹트기 시작했고, 최초의 자유 대학인 볼로냐 대학이 설립되었고, 자유 상업과 자유 사상이 유럽에서 뿌리내리기 시작했다. 영국은 13세기 대헌장Magna Carta으로 왕과 귀족의 관계, 더 나아가 시민사회까지도 대등한 관계가 확립되기 시작했고, 그 뒤의 유럽은 이 500년 사이에 신대륙을 발견하고, 왕실과 시민사회의 관계를 평등하게 하고, 산업혁명을 완수하였으며, 머지않아 세계를 접수하게 된다.

07

안정 지상주의 명청과 제국의 몰락

명청 시대 500년 동안 중국의 1인당 GDP 증가율은 0%였다. 반면 유럽은 르네상스, 지리적 대발견, 산업혁명이 일어났고, 삼권분립을 주요 특징으로 하는 현대 국가들이 탄생했다.

전 세계가 10배, 100배의 성장을 하는 동안, 중국은 500년을 잠들어 있었다가 서구 열강의 총포로 문이 열리기 전까지 오랜 시간 동안 깨어나지 못했다. 물론 한국도 그랬었다. 명청 시대에 통치자들이 정체된 사고를 가진 이유 중의 하나가 바로 송나라 왕안석의 변법 실패로 체제 내 혁신의 힘과 동기, 용기가 완전히 사라졌기 때문이다. 남송과 원나라 200년을 지나 명나라는 더 이상 확장을 원하지 않았고 체제의 안정의 논리는 모든 것을 압도하였다.

역사학자 황런위(黄仁宇)는 명나라 주원장은 체제의 유지 이외에 경제 발전에는 관심이 없었다고 말했다. 중국은 세계의 중심으로, 농업적 특징을 유지해야 하며 상업과 대외무역을 발전시키지 않아야 한다는 것이었다. 대외적으로 영토 확장을 추구하지 않았고, 1억 인구로 충분했고, 안정을 위해 세계와의 교류와 연결을 최소한으로 줄이는 것이 안정을 유지하는 방법이라고 생각했다. 이후 500년은 안정이 모든 것을 무너뜨리는 과정이었다. 앞서 언급한 4대 기본 제도로 볼 때 명청 시대의 전제화 정도는 한당 시대보다 훨씬 더했다. 일부 학자들은 전제라는 단어가 명나라에서 시작되었다고 주장하며 그 전의 중국은 전제 국가가 아니었다고 말한다. 명의 주원장은 재상제를 폐지했는데 한나라 이후 재상권과 왕권 사이에 항상 긴장감이 있었지만, 재상제가 폐지되고 대학사 제도를 도입했다. 이후로 중앙은 지방에 더 큰 통제를 시작했고, 황제 한 사람의 생각이 바뀌면, 중앙의 제도도 따라서 따라서 바뀌는 일은 명청 시대부터 형성되었다.

두 번째는 전민 사상 통제 모델이다. 명청 시대에는 『영락대전』과 『사고전서』를 편찬하여 정부가 텍스트를 통해 사상을 정리하기 시작했다. 이단 사상으로 간주한 것들은 모두 불태워졌고, 전민 사상은 '사서오경' 90만 자에 의해 통일되었다.

사회 경영 모델을 강화하고 과거제를 통해 중국 지식인들은 90만 자 외에는 아무것도 생각하지 못하게 되었다. 세 번째는 거시경제 제도다. 국가는 강력한 방식으로 거시경제를 통제했다. 대외적으로는 국제 무역을 억제하고, 대내적으로는 남경여직(男耕女織 남성은 농사, 여성은 베짜기) 방식으로 경제를 운영하며, 안정이 모든 것을 압도하는 사고방식으로, 쇄국 정책으로 외부 위협을 해결하려는 것이었다. 명 건국 후 처음 한 일이 북쪽에 만리장성을 쌓았고, 남쪽으로는 바다를 통제했다. 당시 세계에서 가장 강력한 해군을 보유했던 명은 3대 영락제(永樂帝)때 1405년 부터 위구르족 출신의 환관인정화(鄭和)의 대원정으로 먼저 바닷길을 열었으나, 1492년 쇄국정책을 선포함으로써 스스로 문을 걸어 닫았다.

바닷가 백성이 두 개 이상의 돛대를 가진 어선을 건조하면 반역죄로 간주되면서, 어쩌면 그 당시의 첨단산업이자 규모의 경제를 이룰 수도 있었을 조선업을 원시 사회로 퇴보시켰을 뿐만 아니라, 세상을 지배할 도구인 세계 최고의 해군력을 황실이 스스로 포기해버린 어처구니없는 짓을 한 것이다.

같은 해인 1492년은 콜럼버스가 '지리적 대발견'을 한 해이니, 동서양의 운명은 이를 기점으로 완전히 달라졌다. 똑같은 일이라고 해도 어떤 지도자가 어떻게 그 목적과 방향을 선택한 후, 먼 훗날 얼마나 다른 결과가 나올 수 있는지를 극명하게 보여주는 역사적인 사례라고 할 수 있다.

본디 동북 지역이 고향인 청나라는 건국 이후 명나라와 달리 '만몽일가(滿蒙一家)'의 북방정책으로 몽골과의 관계를 개선했기 때문에 북쪽의 위협은 크지 않았지만 남쪽에는 1661년이후 세 차례의 '금해령(禁海令)'을 통해 배 한 척도 물에 띄우지 못하게 하였다. 중국의 대외무역은 조공제(朝貢制)였었지만, 광동, 강소, 절강, 복건에 4개의 해관을 설립한 이후 해관제(海關制)로 전환되었다.

조공제는 타국 사람들은 황제에게 바치는 물건과, 팔 물건 두가지를 가지고 왔지만, 해관제가 도입된 후에는 조공품 없이 물건만 매매할 수 있게 되었지만, 이 무역 상거래 역시 국가만이 허가권을 가진 국가의 독점 사업이었다.

사구 통상 허용 후 많은 외국인의 유입에 위협을 느낀 건륭제는 광둥 외에는 다 닫아버리며 '일구통상(一口通商)'으로 축소하였다. 이런 상황은 1792년 영국의 매카트니 사절단이 중국을 방문할 때까지 이어졌다. 사절단은 청나라에 7가지 조건을 제시했지만, 건륭제는 이 모든 조건을 거부하며, 영국 왕 조지 3세에게 보낸 편지에서 "천조는 모든 물건을 갖추고 있어서, 너희들이 가져온 것들은 필요 없는 것들이다"라고 선언했다.

매카트니가 가져온 망원경, 시계, 대포 등 수백 가지 선물은 자금성에 방치되었고, 1900년 8국 연합군이 자금성을 점령했을 때도 많은 선물이 개봉도 되지 않은 채 방치되어 있었다고 한다. 청나라가 그때 그 선물들을 오만과 편견 없이 받아들여 서구의 하이테크를 연구했다면 중국, 아니 동양의 역사가 조금은 더 서구와 대등하게 달라졌을지도 모른다는 생각을 하게 된다. 도도히 밀려드는 세계화의 물결을 안정이라는 수구적 명분으로 거부하고, 수백 년의 쇄국을 택한 것이 명과 청나라였다. 바다 너머 먼 나라의 발전과 그로부터 후세에 야기될 위협의 크기를 전혀 가늠하지 못한 채 오만하게 거부하고, 빈부 격차로 주기적으로 발생하는 왕조 교체를 피하기 위해 백성들을 모래처럼 흩어 놓는 기괴한 방식을 선택하고 실천한 사람은 바로 거지 출신의 명나라 시조 주원장이었다.

모래알처럼 흩어진 국민들은 단결할 수 없고, 따라서 반란을 일으킬 수 없다는 생각이었다. 백성을 흩어진 모래처럼 만드는 데 가장 중요한 것은 사상적 근거이다. 주원장은 『도덕경』을 좋아했고, 가장 이상적인 세상은 "닭과 개의 울음소리가 서로 들리지 않으며, 늙어 죽을 때까지 서로 교류하지 않는다"는 것이다. 곧 모든 사람이 자기의 작은 세상에서 살아가며, 경제적으로는 마을 안에서 남경여직(男耕女織) 해야만, 세대가 세대로 이어질 수 있다는 것이 『도덕경』의 도리라고 믿었으며, 상인을 극도로 싫어했다.

중국은 경제사적으로 두 번의 농작물 혁명이 있었다. 첫 번째는 송나라 때 벼 혁명으로 1년에 두 번의 벼 수확이 가능해졌고, 주강(珠江) 지역에서는 세 번도 가능해지자, 중국의 통치자들은 더 이상 영토 확보에 대한 욕구가 사라졌다. 충분한 땅이 있기 때문에 더 이상 영토를 확보하려고 노력하지 않았으니, 송나라 때 벼의 혁명은 중국 통치의 내향화에 매우 큰 요인이 되었다. 두 번째가 14세기의 면화 혁명이다. 원래 '면화'는 인도에서 유입되었다. 주원장의 명 정부는 면화 재배를 적극적으로 확대하여 전국의 경작지가 4배 확대되면서 벼 재배 중심지가 장강(長江) 하류 지역에서 장강(長江) 중류 지역으로 이동했다. 곧 호남(湖南)과 호북(湖北) 일대는 곡물 생산의 중심이 되었고, 하류 지역은 방직의 중심지로 변했다.

뽕나무를 심어 실크를 만들고, 면화를 심어 천을 짰다. 명청 시대 전국의 연간 면포 생산량은 6억 필(匹)에 달했다. 건륭연간(乾隆年間) 인구가 3억이었으니, 1인당 2필의 면포를 생산생산하는 명나라는 세계 최대의 면직물 생산국이 되었다. 그렇다면 이쯤에서 한 가지 궁금증이 생긴다. 이처럼 당시 세계 최고의 하이테크라고 할 수 있는 방직업이 영국보다 훨씬 일찍 시작되었는데, 중국의 방직업은 왜 산업 혁명으로 이어지지 못한 것인가?

모든 사람이 면화를 심고, 면포를 생산한 명청 시대에 놀랍게도 면직 공장은 단 한 곳도 없었다. 명나라 주원장이 그토록 원하던 대로 모든 백성들이 흩어져서 집집마다 직기를 둔 남경여직의 사회가 고착화되어 버린 것이다. 이런 가내 수공업은 토지 비용도 인건비도 없고, 시간 비용도 없다.

낮에는 여성들이 집에서 직물을 짜고, 남성들은 밖에서 밭을 갈고, 밭일을 마치고 집에 돌아와 밥을 먹고 또 직물을 짜대니 노동력도 풍부하고, 세계 최고 품질의 비단이 나와도 진정한 산업화를 통한 규모의 경제를 추구하면 황실의 경계의 대상이 되었다.

이는 역설적으로 근면하고 순박한 백성들에게 사실상 주원장이 내린 남경여직이라는 저주 같은 정책으로 인해 중국은 장기간 발전 정체 상태에 빠졌고, 인구는 농촌 곳곳으로 흩어진다.

농촌에서 직물을 짜고, 짜인 직물을 판매하니 농촌 주변으로 구매 상인들이 몰려들면서 생산과 유통의 중심지는 도시가 아니라 농촌인 것이다.

같은 시기의 유럽은 도시화의 지속적 상승으로 인구, 자본, 기술이 도시에 집중되어 산업혁명이 자연스레 연결된 것이다. 유럽의 대도시 이탈리아의 나폴리, 베니스의 인구가 10만에 불과했던 시절 중국 남송의 도시화율은 22%, 이미 인구 백만의 도시가 변량(카이펑, 开封)과 린안(항저우, 杭州) 두 개나 있었지만, 명나라 때의 도시화율은 10%로 떨어졌고, 청나라인 1820년에는 6%, 아편전쟁 시에는 7.7%였다. 1978년에 중국이 개혁 개방 당시 도시화율은 송나라보다 낮은 18%였으니 오랫동안 정체되어 있었던 것이다. 그래서 국민 정부 시절 손중산이 혁명을 일으킬 때, 어려움은 글로 써서 전국으로 알리고 전할 수 있는 단체를 찾을 수 없었던 것이었다고 한다. 민간 사회는 거지 출신의 황제의 바람처럼 모래처럼 흩어져 있었고, 이 사회가 반항하려 해도 결집할 세력이 없었다. 중국의 공상업은 명청 시기에 제도적으로 특허 승인 경영을 시작되어 수많은 전영(專營)제도가 존재했다. 가장 큰 것은 소금 염정(鹽政)으로 중앙 재정 수입의 거의 절반을 차지했다. 소금은 농업세 외 가장 큰 세종이었으니, 정부가 가장 통제하는 생산 자료는 소금이었다. 명나라가 소금을 통제한 방법은 개종제이다. 주원장은 많은 병력과 말들이 있는데 먹일 것이 필요하고 재정이 부족하자 개종제를 도입했다. 북쪽에 지어 올린 장성을 지키는 병력의 구변(九邊)이 있었다.

누구든 구변 중 대동에 곡식을 운반하면, 나라는 소금 인출권 염영(鹽引)이라는 증서를 발급했다. 이 증서를 가지고 소금 공장에 가면 소금을 인출할 수 있으며, 인출 후에도 나라에서 어디에서 판매할지 지정한다. 이런 개종제로 중국 역사상 첫 비즈니스 그룹인 상방(商幫) 진상(晉商, 산서 상인 그룹) 생겨났다.

명조 이전에는 중국에 상방이 없었다. 전국 최대 소금 산지인 하동염장(河東鹽場)이 산서(山西)성 운성 일대에 있었고, 곡물을 운반하는 곳도 산서성 대동이다. 산서 사람들은 원래 국경 무역을 하는 데 익숙해서 양쪽에서 이익을 얻을 수 있었다.

회하염장(淮河鹽場)의 소금 생산량이 하동염장보다 더 많아지자 수많은 산서 사람들이 남부로 이주한 곳이 바로 양주(揚州로 훗날 중국의 대표적인 금융, 상업 및 소비의 도시가 되었다. 안휘성을 근거로 하는 휘상(徽商)도 생겨났는데, 중국의 양대 상방 진상과 휘상은 모두 염정과 관련이 있다. 그들의 부는 모두 정부 승인 소금영업증 인표(引票)에서 나왔고 자자손손 계승되었다.

명청 시대의 세번째 상인 그룹은 광동성을 기반으로 한 월상(粵商) 13행의 상인이었다. 일구통상(一口通商) 정책을 시행 후 남부에 13행 상인이 나타났으며, 이들 역시 정부로부터 인가를 받았다. 광둥 주강(珠江)강가에 외국인 거주구를 건립하고 영사관 등을 한 곳에 모아 놓았으며, 특허를 받은 대외무역 상인들이 이곳에서 외국인과 거래를 할 수 있도록 허용한 것이다.

〈월스트리트저널 아시아〉는 1000년 이래 세계의 부자를 뽑았는데 6명의 중국인이 올랐다.

그중 칭기즈칸, 허선(청나라 재상) 등 황제와 재상 5명 이외의 유일한 상인이 바로 13행 중 한사람인 오병건(吳炳建)이었다. 당시 매년 국가 재정 수입은 5,000만냥이었는데 그의 재산이 2,600만 냥이었다. 후이상(徽商)은 대략 7,000만에서 8,000만 냥의 은을 보유하고 있었다.

이 세 상인 집단의 부는 나라보다 많았지만 이들의 소득은 모두 정부에 의해 결정되는 것은 변함이 없었다. 하버드 동아시아센터의 페어뱅크John King Fairbank는 『미국과 중국』이라는 명저에서 중국 상인과 유럽 상인의 가장 큰 차이를 말했다. 유럽 상인들은 최고의 쥐덫을 만드는 기술 혁신을 추구하지만, 중국 상인들은 언제 특권을 받을 수 있을 것인지를 생각해야 한다. 부와 권력, 중요한 생산 자료가 모두 정부의 손에 있었기 때문에 특권을 받는 것이 이기는 것이라고 생각하기 때문이다. 사마천의 『화식열전(貨殖列傳)』을 보면 철강, 운송, 소금, 곡물 등을 다루는 많은 상인들이 나오지만 그 이후 사서인 『이십사서(二十四史)』에서 더 이상 큰 상인들을 찾아볼 수 없는 것은 중요한 생산 요소들을 모두 정부가 통제했기 때문이다. 상인들의 소들은 모두 정부로부터 나온 것이니 정부와 맞서기를 두려워하고 자본을 재생산에 사용하지 못한다. 아무리 커져도 정부에 의해 언제든지 빼앗길 수 있기 때문이다.

중국 역사 속의 상인들은 돈이 많아질수록 불안해하면서 두 가지 일을 한다. 첫 번째는 반드시 자손들을 공부시키는 것이다. 그래야 과거에 급제할 수 있고, 조정에서 보호막을 만들어줄 수 있기 때문이다. 그래야 가업도 이어지는 것이다. 두 번째는 사치 소비이다. 생산 영역에서 벌어들인 돈을 빠르게 다른 토지 또는 다른 것에 사치를 한다. 쓸데없이 의자와 탁자에 온갖 화려한 목각과 옻 칠을 해대고, 옥 예술품에 심취한다. 물론 삼첩(妾), 오첩을 두고 황제와 같은 호화로운 생활을 하기도 한다.

지금은 미국으로 이민을 가고, 아이들을 유학을 보내고, 롤스로이스를 탄다. 왜냐하면 생산 자료에 더 이상 투자할 수도 할 필요도 없었기 때문이다. 세계 어느 나라나 회사, 특히 제조업을 더 키우려면, 결국 자원이나 금융 플랫폼이 필요하다. 그러나 중국에서 제대로 된 금융업은 정부의 인허가가 매우 어려울 뿐만 아니라, 자원 사업처럼 국유기업들이 점령하고 있다.

그러니 아래쪽, 즉 다운스트림으로 확장하다 보면 결국은 부동산이다. 그것이 바로 중국에서 집과 토지의 의미가 서구와 가장 큰 차이점이다. 국가가 중요한 생산 자료를 다 통제하므로 민간 자본은 발전 과정에서 반드시 유리 천장에 맞딱트리게 되는 전환점이 있다. 그 지점에서의 선택은 돈을 다 써버리거나 아니면 다른 데로 움직이지 못하는 부동산에 묻어 두는 것이다.

산서성의 석탄 탄광회사 회장(煤老板)들이 상하이의 집을 사는 것은 역사가 가르쳐준 것이다. 땅이 '녹색 화폐'인 것이다. 역사의 DNA 속에 이런 기억이 각인된 것이다. 또 특허 전영제도가 중앙정부의 자원 통제 능력을 극강으로 만들었고, 대형 상방과 결탁하면서 명청 시대의 금권자본주의가 발달하게 되었다.

청나라 중엽 100년은 평화로운 시기로 인구가 1억에서 3억으로 증가한 국태민안(國泰民安) '강건성세(康乾盛世)'라고 말 하지만, 역사적 관점에서 보면 이런'강건성세'는 눈가리고 아웅하는 것에 불과하다. 이 기간 동안 중국의 전반적인 경제와 문화는 발전하지 않았고, 사회는 흩어져 있었다.

17세기 유럽에서는 데카르트, 갈릴레오, 뉴턴 등이 나타났다. 인류 문명의 천문학, 물리학, 수학 등 모든 분야가 이 시기 동안 기반을 마련했지만 중국은 '사서오경(四書五經, 儒家經典)'과 같은 정신 승리의 학문에 매몰되어 있었다. 폐관쇄국(閉關鎖國) 상태인 건룽 황제의 1792년에 영국이 찾아와 개방을 요청에 "중국은 모든 것이 충분하다"고 했고, 1799년 당시 중국의 경제 총량은 미국 경제 총량의 18배에 달할 정도로 상대가 안 될 수준이었지만, 미국은 독립을 선언하고 삼권분립 국가를 건립했다. 이러한 상태가 깨진 것은 1840년의 아편 전쟁이지만 아편전쟁에 대해 중국과 유럽 역사학계의 해석은 전혀 다르다. 중국은 아편전쟁을 침략 전쟁으로 보며, 중국이 낙후된 원인으로 간주한다. 서구는 칼 마르크스 이후로 아편전쟁을 중국이 낙후된 결과로 보며, 원인으로 보지 않는다.

자크 제르네Jacques Louis Gernet는 "만약 1840년에 아편으로 인한 전쟁이 일어나지 않았다고 해도 같은 시기에 면화나 꿀 등의 또 다른 이유로 전쟁이 일어날 수도 있었고, 다른 이유로 전쟁이 일어날 가능성도 있었다"고 말했다. 1792년에 중국은 모든 서양 국가가 원하는 개방 조건을 모두 거절했다. 물론 그때의 조건들이 트럼프 정부처럼 전혀 합리적이지 않은 것들도 있었겠지만, 적어도 지금보다는 더 협상의 여지가 있었을 것이다. 결과적으로 통찰이 없는 지도층이 단기 안정과 맞바꾼 패관쇄국의 대가는 명나라와 청나라뿐 아니라 조선도 온몸으로 겪어야만 했다.

08

중앙의 실정이 부른 지방의 개혁개방 실험

1978년 중국은 개혁개방을 시작할 때, 가장 먼저 찾아야 했던 것이 그 개방의 정당성을 부여해줄 경제 이론적 도구였다. 그 당시 사회주의는 두 가지 경제 모델이 있었다.

레닌과 마오쩌둥의 명령형 계획 경제, 그리고 스탈린과 동유럽의 여러 국가들이 시작한 시장사회주의 모델 이었다.

중국은 30년 이상을 걸어온 첫 번째 길이 막혔다는 것을 깨닫자 동유럽의 '시장사회주의' 시도의 타당성 연구를 위해 1981년 비밀리에 세계적 권위의 시장사회주의 경제학자 두 명을 초청했다. 폴란드 계획 위원회의 지도자였던 브루스Wlodzimierz Brus, 그리고 체코슬로바키아의 부총리였던 오타 시크Ota Šik였다. 이 두 사람은 중국의 사상적 동지들에게 '시장사회주의'의 동유럽에서의 실험은 곧 실패할 운명이라고 말했다. 두 사람은 훗날 각각 영국과 스위스로 망명하였다. 전 세계 사회주의 진영 내의 두 가지 주요 경제 이론은 모두 중국에서는 통하지 않는다고 판단한 중국이 선택한 또 다른 제 3의 길은 훗날 '중국 특색의 사회주의 시장 경제'라는 이름이 붙게 되었다. 사실 매우 위험하고, 이론적 근거도 없었고 어떻게 해야 할지도 몰랐던 이 개혁의 특징은 무엇일까? 총 설계자인 덩샤오핑은 함축적 세 마디 말로 중국 개혁개방의 특색을 정의함과 동시에 강력한 실행 가이드라인을 내린다.

첫 번째는 "돌을 짚으며 강을 건넌다(著石着石河頭過河)"이다. 계급 투쟁이 아니라 상품 경제 또는 시장 경제라는 어둠의 강을 건너가는데 다리도 없고, 돌아갈 길도 없으니 모두 같이 뛰어들어야 했고, 떠내려가는 사람은 그냥 떠내려가야 하는 것이다. 덩샤오핑은 이 개혁에는 로드맵도 없고 시간표도 없으며 경제 건설을 해야 한다는 방향 하나만 있다고 강조한 것이었다. 두 번째는 "희든 검든 쥐를 잡는 고양이가 좋은 고양이다(不管白猫黑猫, 抓住老鼠就是好猫)"였다. 즉, 어떤 방법을 쓰든 강을 건너고 쥐를 잡기만 하면 되는 것으로 30여 년 개혁은 물질주의적 개혁이 될 것임을 예고한 말이었다. 이 개혁은 매우 현실적이며 동시에 목표지향적으로 모든 이론적 장애와 사상적 장벽은 돌파될 수 있었다. '흑묘백묘론'으로 환경도 파괴될 수도 있는 GDP 만능주의로 변해간 것이다. 세 번째는 "안정이 모든 것을 압도한다(稳定压倒一切)" 원칙이다. 모든 개혁은 기존 사회 질서의 유지를 최소한의 전제로 해야 한다는 것으로 이것이 유일한 브레이크였다. 안정을 해친다면 앞의 두 가지조차도 하지 말라는 것이다.

선을 넘지 말라는 강력한 경고가 담겨 있고, 그것은 오늘날까지도 이어진다.

이 세 가지 가이드라인으로 본 중국 공산당의 개혁은 점진적이고 수동적인 개혁으로 정의되어야 할 것이다.

첫째, 점진적이란 말은 1990년 소련처럼 하루아침에 제도와 체제가 뒤집어진 것이 아니라, 앞으로 두 걸음 가다가 다시 뒤로 한 걸음 빼는 식으로 조금씩 변해오고 있는 것이다.

둘째, 수동적이란 말은 어떤 중대한 위기가 발생했을 때 그 해결을 위해서 개혁을 동원하는 것이었다.

1949년부터 1976년까지는 중앙정부가 모든 재정을 통제했고, 지방정부는 어떤 권한도 없었기 때문에 논외로 하고, 그 뒤 30년간의 개혁은 두 단계로 나눌 수 있다.

첫 단계는 1978년부터 1993년까지의 명령형 계획 경제에서 국가 통제, 모든 생산 세포의 통제, 모든 개인의 소비와 노동의 통제에서 점차적으로 벗어나면서 중앙 권력은 점차 약화되고 민간 권력이 점차 확대되는 과정이었다. 역시 중국의 역사법칙인 네 계급간의 시소게임이 예외없이 전개된 것이다.

두번째는 1993년부터 2012년까지, 시장 경제를 받아들이고, 그 시장 경제를 중국의 기본 경제 체제로 인정하는 과정이었다.

이 개혁 경로는 역사적 관점에서 관중(管仲) 이후 2000년 동안 줄곧 중국의 흥망성쇠를 결정한 세 가지 요소인 토지, 화폐, 재정 측면에서도 분명히 관찰된다.

1958년 인민공사화로 인해 농민들은 점차 생산 의욕을 잃었고, 식량 생산량이 감소하기 시작했다.

먹는 문제를 해결하려면 농민들의 생산 의욕을 높여야 한다. 생산 의욕을 높이는 가장 효과적인 방법은 토지 사유화이지만 점진적 개혁이었기 때문에 토지 사유화를 하지 않았다. 대신 '포산도호(包产到户)'라는 것을 시행했다. 연산승포책임제도(联产承包責任制)인 포산도호는 안휘성과 사천성에서 시작해 전국으로 확대되면서 기존 토지 제도를 간접적으로 개혁했다. 이 개혁으로 식량 문제는 발생하지 않았고, 굶어 죽는 사람이 사라지면서 점진적 토지 개혁 사고방식은 개혁의 돌파구를 확립했다. 둘째, 화폐 문제이다. 당시는 모든것이 부족한 경제로 상품표(票据经济)을 통해 국민들의 수요를 통제했다. 1978년 이후 상품표 폐지와 물가 개혁으로 시장이 상품 가격을 정하도록 했지만 민간, 외국 기업과 원자재 확보 경쟁 과정에서 가격이 폭등했고, 내 것이 아니면 책임을 지지 않는 국유기업의 관리자들이 열심히 일할 동기가 전혀 없었기 때문이다.

여기에 영향을 준 또 하나의 점진적 개혁 방식이 바로 이중 가격제인 쌍궤제(双轨制)이다. 하나는 정부 계획 가격이고, 다른 하나는 계획 밖의 가격이다. 이중 가격제가 도입된 후 1980년대 중후반에 '도야'라는 계층이 등장했는데, 이들은 시장, 성장, 부장 등과 같은 고위 관료들과 '관씨'로 연결되어 싼 계획 내의 가격으로 사서, 웃돈을 올려 계획 밖의 민간에 비싸게 팔았다. 계획 경제의 보호를 위해 실시한 이중 가격제는 오히려 계획 경제를 서서히 무너뜨렸다. 뇌물을 주지 않는 국유기업들은 더 이상 원자재를 얻기 어려워졌고, 권력과 돈이 결합된 도야들이 원자재를 모두 가져갔다. 이들 도야들이 뒤이어 중국 시장 개혁 권력 자본의 초기 형태가 된 것이다. 1980년대에 이 도야들이 석탄, 철, 목재 등의 생산 요소와 생산 자료들을 외부로 유출하는 과정은 중국 계획 경제 속에서 가격이 점차 개방되는 과정이었다.

세 번째로 재정 상태를 개선해야 했다. 덩샤오핑의 처음 생각은 대규모 산업 프로젝트를 추진하여 철강 공장과 화학 공장을 건설하는 것이었다. 그렇지만 중앙정부는 돈이 없으니 밖에서 외국 자본을 도입해야 했다. 덩샤오핑은 1978년 이후 국무원 부총리인 구무(古牧)를 전 세계로 보내 중국이 개혁개방을 진행하고 외국 자본의 진입을 허용한다는 메시지를 전했다. 독일인, 미국인, 일본인들은 중국이 개방만 한다면 다른 조건 없이도 투자할 의사가 있다고 말했다.

하지만 사업성을 검토한 많은 외국인들은 중국의 경제 기반이 너무 약했기 때문에 투자를 꺼렸다. 일례로 독일 폭스바겐의 대표단이 상하이를 방문해 상하이 산타나(훗날 상하이의 주력 자동차) 프로젝트를 조사한 후 보고서에 "할아버지 때 사용하던 도구를 사용하고 있어, 1970년대의 자동차 프로젝트와 상하이 자동차 공장 프로젝트를 연결하는 것은 불가능하며, 기존의 기술은 전혀 쓸모가 없다"라고 적었다. 하지만 외국이 돈이 절실했던 남쪽 한 구석의 부유한 홍콩 화교의 돈을 목표로 홍콩 건너편에 '스어커우(蛇口) 산업 개발구'를 설립하여 저렴한 토지 임대, 노동력, 그리고 세금 면제 혜택을 제공했다. '삼래일보(三來一補)' 정책을 통해 물건을 면세로 들여와서, 토지 우위, 세금 우위, 비용 우위를 활용해 생산한 후 보상 무역으로 재수출하도록 했다.

스어커우 산업 개발구로 그 가능성을 확인한 후 선전(深圳) 전체로 확대했고, 이어서 선전, 산터우(汕头), 샤먼(厦门), 주하이(珠海) 등 4대 특구를 열고, 이후 해안을 따라 북쪽으로 12개 도시를 추가로 개방했다. 이것이 바로 중국의 점진적인 개방 과정이었고, 외국 자본을 도입하는 방식이었다. 산업의 기반도 자본도 없었던 장강(长江) 이남 연해 지역에서는 개혁의 아이디어들이 솟구쳐 나왔다.

개혁은 자원이 많은 곳이 아니라, 아이디어가 많은 곳에서 성공한다. 새로운 아이디어로 국유 기업을 대체하는 '사회 기업'과 '향진 기업'은 기술도 자본도 부족했지만, 기술은 도시에서 가져오고, 시장과 자본은 장기적으로 확보해 나갔다.

모든 개혁의 성패는 초기 자원의 양과는 관계없이, 자원의 우위가 아니라 생각과 개념에 달려 있다. 자금은 저장(浙江), 푸젠(福建), 광둥(廣東)으로 흘러 들어갔고 이들은 '향진기업'이라고 불렀다. 이 향진기업들은 자금도 없고 기술도 없었다. 그 시절에는 '일요일 엔지니어'라는 말이 유행했다. 곧 평일에는 국유기업에서 일하다가, 일요일이 되면 향촌 시골로 가서 기술을 전수하니, 국유기업의 지식재산권과 기술이 빠르게 향진기업으로 흘러 들어갔다. 엔지니어들 입장에서는 국유기업에서는 일할 이유가 별로 없었지만, 향진 기업에서는 차고 넘쳐났다.

시장도 없었다. 참가 자격을 얻기 어려운 향진 기업들이 광저우 교역박람회(广交会)에 들어갈 방법은 세 가지가 있었다. 첫째, 경비원에게 뇌물을 주고 들어가는 방법, 둘째, 창문이나 배관을 타고 들어가는 방법, 셋째, 광저우 교역회 맞은편에 따로 시장을 만드는 방법이었다. 이것이 바로 '전문 시장'이다. 초기에는 이른바 '투기와 매매'로 간주되어 처벌받기도 했지만, 점차 길가에서 장사를 할 수 있게 되었다. 이들 기업은 뇌물을 주고 뒷문으로 들어가거나 아예 바깥에서 별도의 길거리 박람회를 열어 해외 바이어들과 대면했다. 전국 최초로 농민들이 길가에서 장사를 허용한 곳이 바로 저장성 이우(義烏) 시였기 때문에, 거기에 지금은 최대의 소상품 시장이 탄생한 것이다. 2025년 전 세계를 놀라게 한 딥시크가 있는 항저우가 바로 절강성의 성도이니, 절강의 환경과 시장 중시의 정신은 이미 오래된 것이다. 이 기업들은 '체제 외 기업'이라고 할 수 있다. 기존의 국유 기업은 원래 있던 것을 나누어 가지는 '존량(存量)경제'라면, 치열하게 등장한 이들 민영기업들은 점차 더 늘어날수 밖에 없는 '증량(增量)경제'였다. 진짜 개혁은 이렇게 체제 밖에서 완성되는 '증량 개혁'이라고 할 수 있다. 물론 이 증량 부분에는 외국 자본도 포함된다. 돈이 없는 중앙정부가 지방 경제를 발전시키려면 중앙과 지방의 재정 관계를 조정해야 했다.

1949년부터 1976년까지는 '통치 통제' 체제로, 지방에는 아무런 권한도 지출할 돈이 없었고, 중앙정부는 지원할 능력이 없었다

1984년 도시 체제 개혁을 통해'재정 대포간제(財政大包干)'를 도입했다. 일정 금액만 중앙에 상납하고 남는 돈은 지방이 자유롭게 사용할 수 있도록 한 이 제도 덕분에 가장 큰 이익을 본 것은 원래 경제적 기반이 가장 낮았던 광둥(廣東), 저장(浙江), 장쑤(江苏), 푸젠(福建)성이다.

반면 상하이와 공업지대의 메카였던 동북 지역은 원래부터 공업 생산량 기준이 높아서 오히려 부담이 되었다. 지역별로 기존의 산업 기반의 높낮이 때문에 희비가 갈린 기저 효과라고 할 수 있다.

중앙정부는 '동남 연해 우선 발전 전략'을 시행했다. '공작이 동남으로 날아간다(孔雀东南飞)'는 말이 유행할 정도로 수많은 인력과 자원이 이 지역으로 몰려들었다. 대량의 자원이 이 지역으로 집결했

고, 많은 특구들이 설립되면서 동남 연해 지역은 중국 개혁개방의 전초 기지가 되었다. 1980년대는 이러한 급진적 변화와 혼란 속에서 당시 경제 개혁 이론계에서는 중국의 개혁이 어떻게 성공할 수 있는지, 어떤 경로를 통해 접근해야 하는지에 대해 논쟁이 벌어졌다. 이론계는 두 가지 의견으로 나뉘었다.

첫째는 '기업 주체 개혁파'이다. 이들은 중국이 계획 경제인 이유는 국유기업이 모든 생산 자료와 자본을 장악했기 때문이므로 광범위한 국유기업을 개혁해야 한다고 했다.

주식제 개혁을 통해 국유 기업 민영화로 기업에 활력을 불어 넣어서 국민 경제를 되살려야 한다고 주장한 대표적 인물은 리이닝(厲以寧)이었다. 그는 '리주식(厉股份)'이라는 별명으로 불리며 충칭(重庆) 등에서 주식제 시범 개혁을 진행했다.

두 번째 학파는 경제개혁 이론에서 기업이 하나의 주체라는 것은 맞지만, 기업 외에도 유통 시스템, 거시 정책, 그리고 재정 및 세금 개혁 등이 있다면서 '가격, 세금, 재정 개혁(价财税体制改革)'을 주장한 학파의 대표적 인물은 우징롄(吳敬璉)이다. 이들은 가격 개혁, 세금 개혁, 재정 개혁 외에도 외환 및 무역 체제 개혁, 경제 구조 개혁 등 다양한 문제를 포함하고 있다면서 기업이 경제의 한 세포 단위라고 보았다. 기업 개혁이 잘 이루어지더라도 거시 경제 환경과 정책 체제가 개혁되지 않으면 기업은 여전히 제약을 받을 수밖에 없다는 것이다. 따라서 이들은 반드시 전체적인 제도 개혁을 추진해야 한다고 주장했다. 1986년, 우징롄을 중심으로'가격, 세금, 재정 개혁(价财税体制改革)'이라는 개혁안을 마련했고, 베이징 샹산(香山)에서 회의를 열어 논의했다. 이 개혁안은 처음에는 승인되었으나, 두 번째 심의에서 부결되었다. 1980년대 개혁 과정에서 '기업 주체 개혁파'가 주도적인 역할을 했고, 1984년 제12기 3중전회(十二届三中全会)는 중국 경제개혁에서 중요한 회의로 평가된다.

이 회의에서 중앙정부는 "기업 활력을 높이는 것이 기업 개혁의 핵심"이며 또 "가격 개혁이 경제개혁의 성패를 결정짓는 요소"라고 강조했다.

이 두 가지 원칙을 합하여 중앙정부는 기업 개혁이 가장 중요한 과제이며, 그 개혁이 성공하려면 반드시 물가 개혁을 추진해야 한다고 본 것이다. 그러나 1988년, 신중국 설립 이후 가장 심각한 인플레이션이 발생했다. 1988년에는 3분기부터 물가 개혁을 본격적으로 추진했지만, 각종 거시 정책과 인프라가 미비했던 탓에 불과 3개월 만에 실패로 돌아갔다. 결국 1989년 대규모 사회적 동요가 발생했고, 중국 경제는 불황기에 접어들었다. 이 과정에서 중앙 지도부 교체까지 이어지게 되었다. 1980년대 10여 년간 개혁이 진행된 후, 1990년대 초 재정구조상 중앙정부가 약해지고, 지방이 더 강해지면서 중국 경제는 새로운 국면으로 접어 들었다. 중국 정부의 재정 수입은 총 3,500억 위안이었는데, 중앙정부 수입은 1,000억 위안, 지방 2,500억 위안이었고 중앙정부 지출은 2,000억 위안으로 중앙 재정적자는 1,000억 위안에 달했다.

이로 인해 당시 국무원 총리였던 리펑(李鵬)은 전국인민대표대회 이전에 남부 지역을 돌면서 지방 정부에 추가 자금을 요청하는 등 지금 보면 어처구니없는 일이 벌어졌다. 지방 정부들은 자체 경제 정책을 펼치며 사실상 독립적인 경제적 실체로 변해갔다.

산시 성은 석탄을 상하이로 보내지 않으려 했고, 동북 지역은 다른 성으로 쌀 반출을 제한하는 등의 상황은 당시에'제후경제(諸侯经济)'로 불렸다.

이에 따라 주룽지(朱鎔基) 총리는 각 지방 간의 경제적 장벽을 제거해야 한다(拆篱笆墙)는 구호를 내세우며, 지방 경제의 독립의 분위기를 막고, 중앙정부의 통제력을 회복하려 했다. 개혁개방 초기부터 등장한 개인 사업자 및 신흥 부유층(万元户)들로 구성된 민간 경제가 10여년이 지나자 중국 GDP의 절반을 차지할 정도로 성장했고, 국유기업과 국유자본은 점차 위축되었고, 구조조정 압력이 커졌다.

역사적으로 볼 때, 1990년대 중반은 중국 경제에서 민간 경제가 가장 활발하게 성장한 시기였다고 할 수 있다. 상황에 대한 반작용으로 1993년 이후 개혁의 둘째 단계가 시작되었다. 반복되는 역사적 변화가 다시 나타난 것이다. 그것은 바로 '전체 체제 개혁'이라고 불린 강력한 중앙집권의 재등장이다. 1993년 이후 정부의 개혁 주도권의 중요한 특징이 바로 중앙집권식 개혁이었다. 체제 외부의 점진적 개혁에서 체제 내부의 전체적 체제 개혁으로 전환된 것이다. 다시 말해서 개혁의 주도권이 다시 체제 내부로 돌아온 것으로, 중량 개혁과 체제 외부 개혁이 모두 중앙 주도의 개혁으로 전환되었다.

1068년 왕안석(王安石)의 변법은 약 50년 동안 진행되었지만 실패로 끝났고, 남송, 원, 명, 청 시대의 통치자들은 더 이상 전체 체제 개혁을 시도하지 않았다. 실패의 충격이 너무 컸기 때문에 명청 시대 이후에는 개혁이 아니라 쇄국을 선택한 것이다. 왕안석 변법 이후 또 1천 년 만의 체제 개혁을 주도한 사람이 바로 역대 최강의 총리 주룽지였다. 그는 현대의 경제를 가장 잘 이해하는 리더로서 관중(管仲), 상앙(商鞅), 왕안석 등 중국 역사상의 변법 대가들에 필적

한다고 말할 수 있다. 그는 중국 사회과학원 산업경제연구소에서 시작해 국가경제위원회를 거쳐 상하이 시장, 시위 서기를 지냈고, 이후 베이징으로 가서 부총리를 맡았다. 지방에서의 경험과 강력한 이론적 소양을 갖추고 있었으며, 실행력도 매우 뛰어나서 빠르게 문제를 해결하며 중앙정부 내에서 권위를 스스로 확립했다. 1991년의 가장 큰 문제는 '삼각채(三角債)'였다. 당시 기업 간 신용은 완전히 붕괴했다. 원자재를 공급했지만 대금을 지불하지 않았고, 만들어 팔아도 대금을 받지 못했다. 이로 인해 서로 꼬리에 꼬리를 무는 삼각 채무가 3,000억 위안에 달하는 규모로 확대되었다. 당시 은행 예금이 1조 위안도 되지 않았는데, 삼각채가 3,000억 위안에 달했고, 누구도 이 문제를 해결할 수 없었다. 서로가 서로를 믿지 못해서 물건을 직접 베이징으로 가져와 거래를 할 정도로 경제가 엉망이 되어버린 것이다.

주룽지는 동북 지역으로 날아가 23일 만에 동북 지역의 삼각 채무를 해결했다. 그는 모든 관계자를 현장에 불러 누가 얼마를 빚졌는지 확인하고, 은행이 자금을 지원해 빚을 갚도록 했다. 또한, 미디어를 동원해 채무를 갚지 않는 기업들을 공개적으로 폭로했다. 동북 지역의 삼각채를 해결한 후, 전국의 삼각 채무 해결 작업을 진행하여 각 성의 성장에게 매주 삼각채 상황을 중앙에 보고하도록 요구했다.

두 번째로 민간 금융업을 정비했다. 당시 국유 기업 체제가 거의 붕괴된 상태였기 때문에 민간 금융업이 등장했다. 중국 개혁개방 이후 첫 민간 금고는 그 유명한 절강성 온주温周) 시의 '팡싱 금고'였다. 1984년 이후 민간 금융업이 활성화되었지만, 이는 체제 밖의 메커니즘이었다. 중국 개혁개방 이후 처음으로 민간 금융이 나타나 사회문제가 되었고, 민간 금융업을 정리하여 금융 투기와 사기를 방지하는 등의 금융 체제 개혁은 중국 거시 경제 체제 개혁의 중요한 발판이 되었다. 1994년 주룽지는 경제학자 우징롄의 의견을 받아들여 전체적 패키지 체제 개혁, 즉 재정 세수, 금융 및 은행 체제, 외환 체제, 국유기업, 사회보장 체제 구축 등 시스템을 전면적으로 건드렸고, 이 개혁 중 첫손에 꼽히는 것이 바로 분세제 개혁이다.

과거에는 지방정부가 많은 돈을 가져갔지만, 주룽지는 국가 경제 발전에 도움이 될 수 있도록 세금 종류에 따라 중앙과 지방이 나누는 분세제를 시행했다. 중앙은 더 안정적이고 광범위한 세원을 가져갔고, 소득세는 중앙과 지방이 관계에 따라 나눴고, 부가가치세는 중앙 75%, 지방 25% 비율로 나누었다. 중앙과 지방 간에 분세제 협정을 처음 체결한 곳은 과거 재정 대책으로 가장 많은 혜택을 본 광둥 성이었다. 여기서 나타난 광둥 성의 극렬한 반발로 인해 주룽지가 직접 광둥성으로 가서 나눈 회의의 뒷이야기는 개혁을 하려는 지도자들이 기득권 세력들의 저항을 어떻게 풀어야 하는지를 보여준 모범 사례라고 할 수 있다. 분세제를 하는 대신 지방은 토지 매각의 수익을 모두 가져오게 되면서, 이후 토지 재정, 즉 부동산 문제의 씨앗이 뿌려졌다. 분세제의 효과는 실로 엄청났다. 1994년에서 2002년 사이 중앙의 재정 수입은 GDP의 두배가 넘는 연평균 17.5%로 늘어났고, 중앙의 재정이 전국 재정 수입에서 차지하는 비중은 1993년 개혁 전의 22%에서 2002년에는 55%로 두 배 늘었다. 2003년 이후 중앙 재정 수입은 년 25% 이상으로 더 빠르게 증가하였고, 중앙 재정이 탄탄해지면서더 많은 일들을 하게 된다. 반면 지방의 재정 수입은 전국 재정 수입의 45%만 가져갈 수 있었지만, 해야 할 72%에 달하여 항상 돈이 부족했다. 더구나 지방 시, 현의 재정 권한은 전체 재정 수입의 17%에 불과했고, 83%를 중앙과 성 정부로 보내야 했기 때문에, 공무원들의 월급도 못 주게 되자 1990년대 중반 공무원은 비인기 직종이었다. 중국 개혁 초기에는 발전의 문제가 주를 이루었지만, 후기로 갈수록 분배가 더 중요하게 되었다.

1998년 이후 국가의 주택 분배(分房)는 사라졌고 가 사라지고, 민영 부동산이 나오고, 주택담보대출이 장려되었다. 1999년 중국 남부지역에서'도시 경영'이라는 말이 등장했고, 지방정부는 토지 매매를 통해 대규모 자금을 확보하기 시작하며, 토지 재정이 활성화 되고, 이후 20년 넘게 전국의 집값이 상승한 신호탄은 1994년의 분세제 개혁이었다.

결국 토지는 중앙과 지방의 재정 분배의 문제이다. 지방 재정이 부동산과 세트로 묶인 후, 2005년 예산 외의 토지 매각 수입이 5,500억 위안, 2010년 2.7조 위안 등 토지 매각 수입이 계속 증가하면서 많은 문제가 발생했고 분세제를 통해 중앙과 지방의 재정 분배를 다시 조정해야 했다. 이 토지 매각대금은 2020년 8.4조 위안, 2021년 8.7조 위안(GDP의 7.6%)의 정점을 찍고, 2023년 5.8조 위안으로 급락하면서 중국 경제에 큰 부담이 되고 있다.

그 다음 조정 대상은 국유기업과 민영기업 간의 재정 분배 문제이다.

1978년 이후 부여된 국유기업에 대한 자율권은 실효성이 없었고, 자금 지원이나 대출로는 국유 기업을 성공적으로 운영할 수 없다는 것을 깨닫고, 과감하게 국유기업의 전체 또는 부분 매각을 결정했고, 1990년 선전과 상하이에 증권 시장이 개설되었고, 1992년 증감회(CSRC)도 설립되었다. 증감회(CSRC)의 역할은 주식 발행 승인 권한을 중앙정부로 이관하는 것이었다. 중앙정부는 주식을 발행하고, 이를 전국의 국유기업에 할당했다. 중국에서는 오랜 기간 동안 자본시장은 국유기업을 구제하기 위해 존재한다는 인식들이 있었으며, 오늘날까지도 많은 경제학자들이 그렇게 생각하고 있다. 문제는 증감회(CSRC)가 관리 가능한 기업은 1천 개에 불과한 반면 전체 국유기업은 60만 개가 넘으니 결국은 문제가 발생했다.

그래서 1999년에 '대기업 집중, 소기업 방치' 다시 말해서 큰 것만 잡고 작은 것은 놓아주는(抓大放小), 소기업은 민간에 맡기자는 것이다. 이러한 통합과 경쟁력 강화를 통해 민간기업과 경쟁하고 글로벌 시장에서 경쟁력을 갖추려 했지만, 여전히 문제는 소유권이 불명확한 것이다.

국유자본은 자원 및 에너지 등 업스트림에 주력하고, 민간자본은 다운스트림인 섬유, 식음료 등을 운영할 수 있었다. 그러나 민간기업이 전력, 철강, 은행과 같은 상류의 산업으로 진출하려고 할 때는 보이지 않는 장벽이 작동하게 된다. 1998년부터 2003년까지 주룽지는 대규모 국유 기업 개혁을 추진하여, 수만 개의 국유기업이 민간에 매각되었다.

문제는 개혁 기간 동안 중앙정부가 국유기업 소유권 개혁에 대한 시행 규칙을 발표하지 않았기 때문에 많은 국유기업 개혁이 불법적으로 진행되었고, 국유기업 개혁의 불법성이 지적되었지만, 이론계에서는 '아이스바 이론'을 제시하면서 돌파한다. 국유기업은 태양 아래에서 녹아 없어지거나, 누구에게 먹히는 운명을 가졌으며, 둘 중 뭐가 더 나은지에 대한 논쟁이 이어졌지만, 이 과정에서 가장 불행한 사람들은 바로 국유기업의 주인이라고 여겨지던 산업 노동자들이다. 근속연수를 기준의 퇴직금만 받고 해고된 노동자는 4,000만~6,000만 명에 이른다고 한다.

이 변화는 주로 주룽지가 퇴임한 2003년 초 전국인민대표대회가 끝난 후 발생했고, 국유자산감독관리위원회(國資委)가 중앙 기업들을 관리하는 역할을 맡게 되었다. 1998년 이후 점진적으로 형성된 민진국퇴(民進國退)로 2003년 국자위 설립 이후 점차 무게 중심이 이동하던 중 2004년 철광석 사건이 터졌다. 당시 에너지 가격이 상승하자 중앙정부는 철강, 시멘트, 알루미늄 산업의 과열 투자를 정리하기 시작했다. 민영기업들이 정리되는 동안, 국유기업들은 철강 산업에 대규모 투자를 진행했다. 이는 중앙집권의 재등장이며, 개혁이 체제 외부의 점진적 개혁에서 체제 내부의 전체적인 개혁으로 다시 전환되는, 즉 개혁의 힘이 다시 체제 내부로 돌아온 것이다. 중국에서 위대한 기업이 탄생하지 못하는 이유가 여기에 있다. 세계 최대의 은행, 보험회사, 항공사, 통신회사가 있지만, 이들은 경쟁을 통해 형성된 것이 아니라 독점을 통해 형성된 것이다. 전쟁도 인종 청소도 없는, 고속 성장 중인 국가, 그것도 세계 2위의 경제 대국에서 부를 창출한 기업가 계층이 나라를 떠나 대규모 이민을 도모하는 것은 매우 드문 현상이다.

정부가 독점을 해소하고 민간에게 자유를 주는 돌파구는 어디에 있을까? 지금까지 중국은 물가 통제, 자원 통제, 유통 통제의 개방에 있어 많은 진전을 이루었지만, 이루어지지 않은 분야가 바로 금융이다.

대규모 자금이 중앙기업과 정부의 투자로 진행되었고, 그 결과 민간금융은 증가되었다가 정리되는 악순환을 반복한 것이다. 지난

30여 년의 개혁 동안 금융 체제 개혁은 가장 뒤처졌다.

중국이 현재보다 더 개방된 시장 경제가 되는데 있어서 가장 중요한 지표는 중국의 금융 시장화의 진전이다.

이는 중앙정부와 유산자 간의 관계와 관련이 있다. 중앙정부와 무산자 간의 관계에서는 중국의 통치자들이 늘 강조해 온 이상인'균부(均富)'라는 목표가 있다. 중국에서는 항상 소수만 개혁의 수혜자가 되었고, 빈부 격차는 점점 더 커지고, 많은 노동자와 농민은 국가가 제공해야 할 의료, 교육, 사회보장 혜택을 받지 못하고 있다. 예를 들어 토지, 국유기업, 국유자산 등은 모두 전 국민의 소유라지만, 이러한 수경 원에 달하는 자산으로 인해 개개인에게 돌아가는 혜택은 미미하다. 자산이 명목상 전 국민의 소유라고 하지만, 대부분의 개인은 가산을 탕진해야 하고, 교육비조차 감당할 수 없는 상황이 곳곳에서 발생한다. 따라서 이러한 전 국민 자산을 어떻게 개혁할 것인가 하는 문제는 중요한 과제이지만, 이는 정부와 무산자 사이의 관계만이 아니라, 유산자와 무산자 사이의 관계이기도 하다. 빈부 격차가 커지면 이익집단이 무산자를 선동하여 유산자를 폭력적으로 탈취하는 일이 발생할 수 있다. 빈부 격차가 큰 국가의 사회구조가 '아령형' 즉, 부자와 가난한 자는 많고, 중산층은 매우 얇은 구조인데, 이런 사회는 매우 취약하고 쉽게 분열될 수 있다.

이상적인 사회는 '항아리형' 사회로, 중산층이 커지면 유산자와 무산자 사이의 갈등이 상대적으로 작다. 중국의 지식인과 기업가의 성숙도가 중국 사회가 '아령형'에서 '항아리형' 사회로 전환될 수 있는지를 결정할 것이다.

Part 2

이론으로 보는 중국 경제

CHINA DIFFERENT

01

중국 경제를 보는 시각

경제를 보는 방법은 사람마다 다를 수 있다.

개인적인 경험으로는, 경제를 보는 것은 마치 자연경관을 보는 것과 비슷하다.

물론 경제를 보는 것은 머리를 써야 하고, 자연을 보는 것은 감정에 의존해야 하니 다를 수 있다.

그러나 우리는 자연을 보는 방법을 빌려 경제를 볼 수도 있다.

예를 들어, 중국 대문호 소동파는 "가로로 보면 고개, 세로로 보면 봉우리, 원근고저에 따라 모습이 제각각일세"(橫看成嶺側成峰遠近高低各不同)라고 하였다.

여기서 중요한 것은 각도를 바꿔서 사물을 보는 것이다.

경제도 멀리서 보고 가까이서 보고, 여러 각도에서 보아야 한다. 멀리서 본다는 것은 전체적인 거시적 큰 흐름과 전체를 길게 보는 것이고, 가까이서 본다는 것은 세부 사항, 특히 미시적인 세부 사항을 단기에 잘 살펴보는 것이다.

오늘날의 경제, 특히 중국 경제는 그리 쉽게 볼 수 있는 것이 아니다. 왜냐하면 멀리서 보거나 가까이서 보거나 높낮이와 모습이 완전히 다르기 때문이다.

그래서 같은 중국 경제에 대해 서로 다른 판단과 견해를 가지는 것은 매우 정상적인 일이다.

처우치런(周其仁) 교수는 중국 경제는 우선 멀리서 봐야 하는 이유는 "대규모 수입과 수출"이 이루어지고 있기 때문이라고 했다. 오늘날 중국을 글로벌 경제의 큰 배경 속에서 보지 않으면, 중국도 세계도 제대로 볼 수 없다.

멀리서 보면 왜 아무도 중국을 세계 경제 무대에서 무시할 수 없는지를 이해할 수 있고, 미국이 왜 중국을 배제하려는 것인지도 알 수 있다.

1950년대 마오쩌둥이 구호로 외친 "영국을 넘고 미국을 따라잡겠다"는 원대한 목표는 당시의 경제 조건으로 보면 현실과 동떨어진 포부였다.

그러나 오늘날 GDP 총량만 놓고 본다면, "미국을 따라잡는" 것은 여전히 어려워 보이지만, 일본과 영국은 이미 보이지 않을 정도로 뒤에 두고 있으니, 한세대 만에 절반의 성공을 이루었다고 할 수 있다..

그 30년 동안에 글로벌 GDP 증가분의 30%를 중국이 창출해 왔다. 단순히 한 경제가 세계 총량에서 차지하는 비율보다 증가 양에서 차지하는 비율이 더 크다면, 미래는 어떻게 되나라는 질문을 할 때 경제와 자연의 경관을 보는 것의 차이가 있는 것이다.

자연은 그냥 있는 그대로 보면 되지만 경제는 사람의 활동이므로 변화가 크고 분석과 예측이 수반된다. 더 중요한 것은 경제의 미래 변화가 사람들의 이익에 영향을 미치기 때문에 미래를 대비해 오늘의 결정을 내려야 하고, 미래는 어떻게 변할 것인가는 많은 사람들이 관심을 가지는 문제이다.

그래서 경제는 자연과 달리 그것을 분석해서 보는 이론이 필요하다.

그런데 중국 경제는 서방 경제와 다른 독특한 면들이 분명히 존재하며, 이것이 다른 정책과 제도 무엇보다 다른 결과를 가져오는 배경이 된다.

그러므로 중국 경제의 대가들의 이론은 꼭 듣고 보고 이해할 필요가 있다.

경제학을 배운 사람들조차 중국의 현존하는 제도와 현상들은 좀 생소하고, 심지어 불편할 수도 있다. 하지만 더 솔직히 말하면, 중국이란 나라를 있는 그대로, 그것도 제대로 공부한 것이 아니라, 기존의 서방 경제학으로 설명이 다 안 되는 부분을 부정해야 오는 데서 오는 이질적인 불편함이라고 본다. 그래서 중국의 이런 다름이 틀림을 의미하지는 않는다는 점을 전제로, 즉 열린 마음으로 접근할 필요가 있다.

02

풀뿌리 개혁과 변방의 혁명

중국의 경제개혁 과정을 잘 설명하고 미래의 개혁에 대한 체계적 지도를 제공하는 로널드 코스Ronald Harry Coarse의 이론이 중국에 소개되면서 학계의 주목을 받았다. 중국 경제가 지난 30~40년간 급성장했음에도 불구하고 적지 않은 서방 관측통들의 중국에 대한 비판은 끊이지 않았고, 중국 붕괴론은 멈추지 않았다.

정부가 개혁·개방 과정에서 중심적 역할을 했고, 이런 정부 주도의 개혁은 지속 가능하지 않다는 게 중론이었지만 코스 교수는 이런 관점에 대해 단호하게 반박했다.

그 반박의 논리는 중국 정부의 역량이 아니라 민간의 힘이라는 것이었다.

즉, 중국의 경제 변혁은 전지전능한 정부가 아니라 국가가 이끄는 개혁과 풀뿌리 개혁이 함께 작용한 결과인데, 그러한 개혁의 풀뿌리성을 외면한 채 정부의 톱다운식 추진력이라고 단순하게 규정한다면 이는 중국 개혁에 대한 오판이다.

중국의 시장화 전환이 성공할 수 있었던 근본 원인은 정부가 경제 활동에서 점차 손을 떼고 있기 때문이며 또 중국 개혁의 방향도 정부의 의도적 설계가 아니라 우연성이 있다는 것이다.

1978년 열린 11기 3중전회는 중국 경제 개혁의 막을 열었다는 점에서 획기적인 사건이기는 하지만 코스 교수는 중국의 시장화 전환의 성과는 11기 3중전회로 세심하게 기획된 것이 아니라 오히려 시장 경제 전환이 그 회의의 역사적 의의를 더 높인 것이며, 이원적 구조의 개혁으로 국가가 이끄는 전환 외에 풀뿌리 계층이 일으킨 경제 실험이 병존했다고 보는 것이다.

이러한 민간의 개혁을 코스 교수는 변방의 혁명, 즉 국유경제와 계획 경제의 변방에서 일어난 실험적인 개혁이라고 부른다. 즉, 변방의 혁명이 코스 이론의 핵심이다.

중국 우징리엔(吳敬璉) 교수도 중국의 개혁에 대해 비슷한 견해를 갖고 있는데, 국유경제 개혁이 어려워지자 개혁의 초점을 국유경제에서 비국유 경제로 전환하여 사영 경제의 발전을 추진하였다. 즉 체제밖의 증량적인 발전이 체제 내의 잔량보다 더 중시되는 증분의 개혁이라고 보았다.

우징리엔이 코스의 변방 혁명 관점과 다른 점은 비국유경제의 개혁을 정부의 설계로 본 반면, 코스는 이러한 증분 개혁이나 변방의 혁명이 정부 전략에서 비롯된 것이 아니라 자발적으로 나타난 것이라고 보았다는 점이다.

코스가 언급한 변방 혁명의 특징은 승포제(承包制, 계약 책임 제도), 향진기업의 부상, 개인 경제의 발전, 경제 특구의 출현이라는 네 가지로 귀결된다.

지역적으로 혁명은 당시 정치나 경제의 중심이 아니라 별 볼일 없는 변두리 지역에서 일어났다. 농업 탈집단화를 먼저 시도한 쓰촨성 구룡파촌, 안후이성 샤오강촌, 민간기업에 의존해 부상한 저장성 원저우, 특구 설립에 앞장선 작은 어촌 선전 등 당시 지리상 오지에서 개혁을 시작한 것도 이른바 변방의 역할이었다.

개혁은 농업에서 시작되었으며 1980년대 초 도급 생산은 어느 정도 정치적 측면에서 암묵적인 동의만 했을 뿐, 고위층의 완전한 수용은 없었다. 이런 암묵적인 동의나마 가능했던 것도 외지고 가난한 지역으로 국한되었기 때문에, 전체 경제에 별다른 부정적인 영향이나 정치적 저항이 크지 않다고 판단했기 때문이다.

향진 기업의 가장 큰 장점은 정부 세력과 국가 생산 계획의 통제를 피해서 시장 수요에 따라 자체 생산할 수 있으며, 시장 변화에 적시에 대응할 수 있다는 것이다.

개혁 초기 향진기업은 기업 성격 면에서 비교적 모호했다면, 1990년대 중반 국가의 공식적인 인정을 받은 이후 대부분의 향진기업이 민영화 전환을 완료하여 법적 신분을 취득하고 오늘날의 민간기업으로 변모하게 된다.

코스 교수는 향진 기업의 가장 큰 영향은 경쟁을 도입한 것이라고 보았다.

그는 시장의 가격 메커니즘은 결코 무료가 아니며, 거래 비용이 존재하기 때문에 자원을 지배하고 거래 비용을 줄이기 위해 조직 내에서는 자원의 할당이 필요하다고 했다.

이러한 기업이 기업가에게 명령을 내리는 데도 비용이 들어가는데, 이를 조직 비용이라고 했다. 거래 비용과 조직 비용은 기업의 경계와 기업 규모에 영향을 미치는데, 민영 기업은 시장에서 거래 비용을 효과적으로 절약할 수 있지만 기업의 규모가 커질수록 내부 운영 비용은 점점 더 높아진다.

중앙 계획 경제도 기업의 논리와 같아서 정부의 계획과 명령 통제가 시장의 구석구석으로 미치면 거래비용은 줄겠지만, 조직비용이 급증하면서 국민경제 전반의 효율성은 하락한다.

따라서 중국의 개혁 초기 문제는 높은 거래 비용보다, 계획 경제 체제의 조직 비용이 더 높다는 것이었다.

계획 경제에서 시장 경제로의 전환은 엄청난 제도적 변화이다.

코스 교수는 제도적 변화가 주로 이익과 사상의 두 가지 영향을 받는데, 계획 경제와 시장 경제의 이해 상충을 해결함에 있어 재산권의 허용이 다양한 인센티브 효과를 가져온 것이라고 보았다.

가족 공동 생산 승포제와 국유기업 개혁으로 인한 효율성 향상으로도 설명될 수 있다.

농민과 공기업 공장장 모두 그들의 권한이 무엇인지 이해함으로써 더 나은 인센티브를 얻게 되었다.

동시에 중국의 재산권 개혁의 독특한 점은, 사전에 재산권의 경계를 정하거나, 관련된 제도적 규칙을 정하지 않고, 재산권의 정의와 그 이전의 과정을 하나로 통합했다. 우리가 지금도 중국에 대해 뿌리깊게 가지고 있는 사회주의 국가라는 인식을 중국은 이미 1970년대 말에 포기했던 것이다. 권한과 책임을 주고, 인센티브와 경쟁 메커니즘을 구축하여 평균주의를 포기하게 한 것이 중국 경제 개혁 성공의 관건이었다.

한 예로 지방정부 간 경쟁이 있다. 1970년대 말 중앙정부는 지방정부에 권한을 위임하는 개혁을 실험했고, 경제의 성과를 지방 관료 승진의 핵심 지표로 만들었다.

지방정부는 지역 경제를 발전시키기 위한 아이디어를 놓고 경쟁하고, 다른 지역의 실천방법이 성공했다면 그 지역을 방문하여 배우는 등, 경쟁으로 시행착오 학습 시간이 크게 단축되고 우수한 경제 발전 방식이 빠르게 확산되었다. 그것은 오늘날 딥시크 등 혁신기업의 아이콘인 여섯 마리의 작은 용을 배출한 항저우(杭州六小龙)까지 이어지고 있다.

또 다른 제도 변화에 영향을 미치는 요소는 사상이다.

법적 조항 등 강제성을 가진 제도에 비해, 사상의 영향력은 과소평가되는 경우가 많다.

정부 고위층의 사상개방에서 빼놓을 수 없는 것이 덩샤오핑이다.

1970년대 말 덩샤오핑은 업무에 복귀한 후 다수의 의견에 반하는 개혁 조치를 추진하였다. 구체적인 정책 조치 외에도 그는 개혁의 방향을 사상적으로도 정했다.

1980년대와 1990년대 선전(深圳)은 자본주의의 실천 경험을 이용하여 사회주의적 사고를 후퇴시킨다는 정치적 비판의 목소리가 끊이지 않았고 심지어 선전을 '정신적 오염의 원천'이라고 비난했다.

1992년 덩샤오핑이 남방을 시찰하고 일련의 담화를 발표하면서 비로소 선전 등의 개방이 사상적으로 인정을 받았다.

1980년대 말 선전시 정부는 중앙정부에 증권거래소 설립을 여러 차례 신청했음에도 불구하고 중앙의 승인을 얻지 못한 상태에서 먼저 거래소를 열었고, 이후 거래소가 활성화된 이후 중앙정부의 공식 승인을 받았다는 사실은 거의 알려져 있지 않은 비화이다.

이런 실험들은 중국 개혁의 역사에서 여러 번 발생했었다.

정부는 상황이 악화될 때는 바로 실험을 중단하고, 발전 조짐이 있을 때는 즉시 규정과 제도를 만들었다. 즉, 실패는 지역에서 차단하고 성공은 전국으로 확대한 것이다. 그러나 지방정부의 중복투자 등의 문제는 심각했다.

이론적으로는 각 지역은 비교 우위에 따라 분업하고 무역을 통해 각자의 강점에 맞는 산업을 발전시켜야 하지만, 되는 산업에의 중복투자는 지역별 산업구조의 동질화를 불러왔다. 반면 지방정부들이 투자 유치에 안간힘을 쓰고 지역간 중복 투자가 발생하는 것은 경제 논리에 어긋났고, 자본 낭비를 초래했지만 기술의 확산에 긍정적인 역할을 한 것도 부정할 수 없는 사실이다.

중복 투자로 인해 지역별로 미숙련 노동자들을 위한 거대한 훈련 장소가 마련된 셈이었다.

중복 투자에 대한 논쟁은 중국의 경제 이론에 새로운 과제, 즉 중국의 현실적 성과와 전통적인 경제학 관점의 모순을 어떻게 해석할 것인가라는 문제를 제시하였다.

지난 40년간 중국 경제의 성장 방식은 여러가지 측면에서 주류 경제학설과 맞지 않는 것처럼 보였고, 이러한 모순성은 학계에도 매우 현실적인 문제를 제기한다.

자본주의의 발전을 기초로 생성된 서구의 경제학 이론이 중국 경제의 특수성을 어디까지 인정해야 하는가?

중국 경제의 발전은 주류 경제학 이론의 틀에 완전히 부합하는가?

중국의 일부 학자들이 중국 자체의 경제학 이론을 세워야 한다고 제안했지만, 다수 경제학자들이 과학적 검증을 시도하며 끊임없이 이에 대해 경종을 울렸다.

코스는 기존 경제학의 틀 안에서 중국의 역사문화와 현행 정치제도부터 시간적 과정과 구체적 구성 요소를 고려해 중국의 제도 변화를 동적으로 분석하였다.

건국 초기의 경제 시스템뿐 아니라, 중국 고대 상업과 전통 문화까지 거슬러 올라갔다.

예를 들어 중국의 유교 사상과 당송 시대의 상업 번영 등으로 중국에 상업과 기업가가 부족했던 적이 없으며, 중국의 시장 경제는 어느날 하늘에서 뚝 떨어진 것이 아니라고 했다.

그는 오늘날 중국 사회에 대한 중국 문화의 가치를 충분히 인정하며, 세계와의 교류 과정에서 중국이 먼저 자신의 문화와 문명을 더 깊이 이해하고, 서구 문명과의 공통점을 발굴해야 한다고 주장했다.

그는 적절한 이론적 뒷받침 없이는 중국의 경제 변혁을 일관되게 설명할 수 없으며, 시장 경제는 종료된 상태가 아니라 개방적인 집단 학습과 자기 변혁의 진화 과정인 것처럼 중국 경제 개혁에 대한 연구도 개방적인 학습 과정이어야 한다고 하였다.

코스는 제도 변화를 점진적인 과정으로 보고 자발적으로 형성된 제도가 정착되기까지는 오랜 시간이 걸릴 것이라고 했다.

1990년대 변방 혁명의 물결이 쇠퇴하면서 풀뿌리 개혁이 단계적 성과를 거두고 시장 경제의 합법적 지위를 확립한 것은 큰 성과임은 분명하지만, 시진핑 이후의 국진민퇴(國進民退)와 정부 개입의 귀환은 미래의 개혁에 새로운 도전을 제기한다.

중국 경제 개혁의 문제점 가운데 그는 중국의 시장화 개혁에 가장 부족한 요소로 자유로운 사상 시장을 꼽았다. 개혁 초기에는 자유로운 사상 시장이 부족하더라도 중국은 상품과 서비스 시장을 해방시켜 급속한 경제성장을 견인할 수 있었지만 코스는 사상 시장의 결함이 중국 경제와 사회발전의 가장 심각한 병목현상이 될 것이라고 단언했다.

그는 재산권 이론과 거래 비용 이론을 사용하여 중국 경제 개혁의 성공 비결을 설명했고, 새로운 제도경제학과 중국의 제도변화를 결합해 중국의 계획 경제에서 시장 경제로의 전환을 역동적으로 분석했다.

중국 문제 연구에서 코스는 중국의 시장화 전환에는 여전히 많은 이해할 수 없는 어려움이 있으며 여전히 우리가 알지 못하는 많은 사실을 배워야 한다고 말했다.

이처럼 중국만 수십년을 연구한 노벨상을 탄 세계적인 석학도 자신이 중국에 대해 모르는 것이 많고 더 배워야 한다는 글을 보면서, 우리 나라의 자칭 중국 전문가라는 사람들의 중국에 대한 이론적 무장과 근거도 모를 데이터들로 이뤄진 주장의 부실함은 비교조차 할 수 없다.

이후 경제가 성장할수록 노동, 토지 등의 요소 비용 가격은 올랐지만, 더 빠른 속도로 줄어든 제도 비용이 그것을 상쇄하면서 1990년대 이후 글로벌 무대로 나아갔고 눈부신 성과를 이룬 것이다.

지금은 개혁개방 초기처럼 중국에 투자하면 모든 걸 다 빼앗긴다고 생각하는 사람은 거의 없거나, 있어도 극히 일부(?)에 불과할 것이다. 더도 덜도 말고 딱 그 정도로 중국의 제도 비용이 효용으로 변환된 것이라고 생각한다.

중국을 보는 위치에 따라 다른 그림이 보이겠지만, 이전에 선진 경제만 생산하던 제품을 중국이 생산하자 발달 경제의 "저주"가 시작되었다.

100년 전 미국이, 40년 전 일본이 그랬는데 지금은 중국이 그렇다.

게다가 지금은 요소나 제도 비용보다 더 어렵고 복잡한 체제 비용(또는 마찰 비용)까지 부담하고 있다. 중국 국내의 일국양제(一國兩制)보다 더 큰 비용을 내는 것이 트럼프가 하려는 하나의 지구, 두개의 세계의 일구양제(一球兩制)가 아닐까 생각한다.

중국은 국내적으로도 쉬운 개혁들은 이미 끝나고, 이제 어려운 것만 남았다.

03

처우치런의 제도 비용 성장 이론

베이징대 국제발전연구원 처우치런(周其仁)은 먼저 개혁개방 초기의 중국의 경쟁력으로서 싼 임금의 넘치는 노동력에 주목했다. 일반적으로 요소 비용이 낮은 경제는 제품이 경쟁력을 가지며, 외국 자본에게 매력적이다. 그래서 저렴한 요소들은 외국 자본이 대거 유입된 이유, "중국산" 제품이 널리 퍼진 이유, 막대한 무역 흑자를 쌓은 이유를 설명하는 변수로 작용한다. 문제는 노동력 등 저렴한 요소들로 중국 경제의 경쟁력을 설명하려고 할 때, 많은 반례에 직면할 수밖에 없다는 것이다. 중국보다 노동력이 더 싼 나라의 경제는 왜 중국만큼 발전하지 않았을까? 또 중국 경내에서도 외국 자본은 연해안 지역으로 유입되었을 뿐 상대적으로 저렴한 중서부 지역으로는 가지 않는가? 이런 의문으로 인해, 단순히 요소 비용 하나만으로는 중국 경제의 국제 경쟁력을 충분히 설명할 수 없다. 요소 비용 외에 두 가지 변수 즉 "제도 비용institutional cost"과 "요소의 질"이 있다. 이 세 가지를 다 고려하여야 하는 이유는 생산 요소는 경제 조직이나 경제 제도를 거쳐야만 제품으로 변해 시장 경쟁에 참여할 수 있기 때문이다. 아무리 요소가 저렴하더라도 생산의 조직 비용이나 제도 비용이 매우 비싼 경제는 여전히 경쟁력이 없다. 그러므로 경제성장이란 질이 나쁜 싼 요소와 비싼 제도 비용이 질이 좋은 비싼 요소와 싼 제도 비용으로 변하는 과정이라고 할 수 있다. 요소의 질과 가격, 그리고 제도가 어우러져서 경제 성장을 결정하므로 경제에서 "제도 비용"은 "요소 비용"만큼이나 중요하다.

1978년 개혁개방 시 중국 노동자들의 임금은 선진국 노동자의 1백분의 1 수준이었지만, 노동을 조직하는 경제적 '제도 비용'은 거의 무한대였다. 외국 자본들이 시장 진입과 투자를 꺼려한 것은 다른 체제로 인해 투자된 재산이 전혀 보호받지 못하는 최악의 상황을 가정한 것이었다. 인공위성은 쏘아 올리는 중국이 볼펜 심 하나도 제대로 못 만든 것도 바로 이런 '제도 비용' 때문이었는데, 덩샤오핑의 개혁개방은 이것을 근본적으로 변화시켰다. 같은 중국 내에서도 돈은 동부 연해안 지역으로만 몰렸고, 요소 비용이 더 싼 중국 내륙으로는 가지 않았으니 요소 비용 외에도 다른 뭔가 있다는 것이다.

생산 요소는 경제 조직과 무형의 제도를 거쳐 상품으로 만들어져서 시장에 나온다."보이지 않는 제도"를 명확하게 설명하기는 어렵지만 비용 관점으로 보면 기업과 시장, 시스템도 다 제도다. 직접적인 생산 비용 외에도 많은 다른 비용이 경제 활동에 포함된다는 것을 잘 알고 있다. 예를 들어, 거래 상대방을 찾는 비용, 상품과 서비스의 품질 및 양을 가격 책정하는 비용, 계약 이행 비용, 분쟁 해결 비용 등이 있다.

생산 요소가 제아무리 싸더라도, 제도 비용이 더 비싸면 경쟁력은 사라진다.

논리적으로 제도는 항상 거래 비용을 절감하기 위해 존재하며, 거래 비용을 절약하기 위해 변화한다.

1980년에 중국이 제6차 5개년 계획을 세울 때, 연평균 성장 목표를 4%로 설정하고 "5% 달성"을 목표로 했다.

왜 고속 성장의 시작 시기에 이런 낮은 성장 목표를 세웠을까?

당시 가장 큰 문제는 이 그 당시 "10억 인구, 8억 농민"의 나라에서 먹는 문제가 해결되지 않았다는 점이었다.

농민들은 너무 가난해서 산업이나 도시의 발전 지원은 고사하고 가뭄과 굶어죽는 것을 걱정했었고, 집단 노동 공동 배분의 인민 공사제도로 인해 개인의 기여를 측정할 수 없고, 노동의 적극성을 고취할 수 없는 심각한 체제 장애가 있었다.

농지 집단 소유는 내것이 없는 것이고, 농산물도 정부가 값과 양을 정해 배분하였고, 또 농민의 거주 이전도 금지하였으니, 돈을 더 벌 수 있는 업종으로의 전환도 불가능했던 것이다.

많은 인구는 부담이 되어 결국 출산 통제 정책이 나오게 되었다.

일반적으로는 생산자 간의 경쟁이 가격을 낮추어 수요 증가를 자극하고, 공급을 촉진하지만, 당시 중국의 체제 비용이 요소의 효과적 결합을 방해하여 생산 증가를 제한했다.

농업 생산 요소가 풍부한 상황에서도 농산물의 장기 공급 부족

상태가 이어졌고 결과적으로 중국 경제 성장의 발목을 잡았다.

농촌 변화 과정에서 체제 비용을 줄인 주체는 먼저 농가와 협동조합이었다.

집단 경제의 소유권의 경계를 다시 설정하여, 당사자들이 낮은 운영 비용의 적절한 체제를 선택할 수 있게 했다.

이런 농촌의 개혁으로 당초 계획된 경제성장 목표를 넘어서자,1980년대 중반 이후 8억 농민을 농촌에 묶어 둘 필요가 없다고 판단하고, 수억 명의 농촌 잉여 노동력을 생산성이 더 높은 산업과 도시로 방출하는 거대한 시도를 구상하여 중국 고속 성장의 기초를 만들었다.

그러나 이런 경제 잠재력의 방출을 하려면 더 심각한 체제 장애를 극복해야 했다.

이런 경세적 잠재력을 방출하려년 먼저 경제 활동의 국가의 녹점과 개인 경제의 법적 허용이라는 심각한 체제 장애를 극복해야만 했다. 그것은 앞에서 살펴본 일부 농가 경영을 허용하는 것과는 그 차원이 다른 엄청난 체제적 장벽이었다.이번에도 역시 개혁은 일부 지역에서 시범적으로 시작하여 다수의 사람이 그 경제 및 사회적 효과를 인정할 때까지 점진적으로 확산되었다.

일반적으로, 경제학의 비교 우위 이론이 적용되려면 전제가 발달 국가와 미발달 국가 간에 대규모 무역이 존재해야 한다.

비교 우위는 비교 비용을 의미하기도 하며, 특정한 체계적 제도의 영향도 받는다.

일반적으로 잠재적 초저가 생산 비용은 매우 높은 체제 비용을 수반하여 경제 운영을 방해한다. 많은 인구가 유휴 노동력이 되면 사회적 부담이 커진다. 더 결정적으로 후진국이 개방하지 않고 다른 나라와의 비교를 거부하면, 비교 우위 자체를 논할 수조차 없는 것이다.

중국의 개혁개방은 체제 비용을 대폭적으로 줄인 것이다.

이는 경제 성장을 위한 전제 조건이다.

국가의 산업에 대한 행정적 독점을 타파하고, 외자를 환영하며, 민간 기업의 발전을 장려하고, 지속적인 수출입 제도 개혁을 통해 외환 서비스를 근본적으로 개선하는 등의 다방면의 개혁을 수행했다.

결국 이는 무한대에 가까웠던 체제 비용을 크게 떨어뜨리고, 동시에 중국 노동자의 선진 기술, 관리 지식의 학습 비용을 줄인 것이다.

이로써 잠재되어 있던 중국의 생산 비용 우위가 발휘되기 시작했고, 수출이 본격화되었으며, 전 세계가 중국 경제 속의 엄청난 비교 우위를 발견하게 되었다.

중국은 체제 비용을 줄이는 것을 기본 원칙으로 하고, 개혁 개방을 통해 중국이 글로벌 시장에서 비교 우위를 발휘할 수 있도록 한 것이다.

그렇다면 중국에서 단기간에 폭발적으로 증가한 노동력과 생산력을 수용할 시장을 어디에서 찾을 수 있을까? 답은 오로지 해외시장이다. 즉 세계화와의 융합이었다. 이는 현실에서 출발한 선택이기도 했다. 왜냐하면 중국의 제조 능력도 내생적인 것이 아니라, 처음부터 선진국으로부터 자본, 기술, 그리고 비즈니스 모델을 도입하여 형성된 것이기 때문이다.

이후 "세계의 공장"이 된 중국이, 글로벌 시장을 통해 엄청난 생산력을 소화하였다.

무역 데이터는 달라지는 시대를 극명하게 보여준다.

1978년 중국의 수출은 100억 달러에도 못 미쳤지만, 2012년에는 2조 달러를 초과하여 210배 증가했으며, 2024년에는 인류 역사상 처음으로 경상수지 흑자 1조달러를 기록한 나라가 되었다.

글로벌 경제에서의 지위도 극명하게 달라진다.

1978년 이후 30년간 10%에 육박하는 초고속 성장을 한 중국은 2009년 일본을 제치고 세계 2위 경제 대국이 되었고 그로부터 1년 후, 세계 최대 수출국이 되었다. 그리고 2014년 IMF(국제통화기금)의 구매력 평가 방식(PPP)으로는 중국의 경제 규모가 미국을 넘어 세계 1위가 되었다고 발표했다.

가진 것이라고는 굶주리던 세계 최대의 인구 뿐이었던 극빈국이 불과 한세대 만에 이룬 성과는 결코 우연이나 운으로 설명될 수 없다.

중국 경제의 고속 성장은 절대 자연스러운 현상이 아니기 때문에 그 대가도 봐야 한다. 중국은 1995~2012년 동안 명목 GDP는 60조 위안에서 52조 위안으로 8.5배 증가했고, 임금도 8.7배 늘어났다. 사람들은 노동 비용의 급속한 증가가 중국 제조업의 경쟁력을 약화시키는지에 대해 주목했다. 하지만 저우치런은 세수 총액이 16.7배, 재정 수입은 18.8배, 사회보장 기금은 28.7배, 토지 사용료는 무려 64배로 비대칭적으로 늘어난 것에 더 주목했다. 모두 생산을 위해 지불하는 비용이지만, 세금 및 기타 정부 기관에 지불하는 행정 서비스 비용은 법적, 강제적 성격으로, 납세자들이 세법 및 세율 결정에 참여하기는 어렵다.

사회 보장금의 납부는 이론적으로 납부자의 미래 생활 보장을 위해 사용되며, 넓은 의미에서 노동 비용의 일부로, 강제성을 가진다.

토지 사용료는 합법적으로 운영되는 토지가 국유인 중국 특유의 경제 운영 비용이다. 정부가 농촌의 토지를 징수하여 국가 소유로 전환한 다음 기관 및 개인에게 임대한다. 토지 임대 시장이 존재하지만, 오직 정부만이 토지 공급을 통제한다. 이러한 독점 시장에서 형성된 자산 가격은 본질적으로 행정 권력의 임대료이다.

위의 관찰 기간 법정 강제 비용 항목의 증가 속도가 시장 법칙에 의해 지배되는 다른 비용의 증가 속도보다 훨씬 더 빠르다는 특징을 알 수 있다. 이는 중국이 고속 성장을 이루었지만 체제 비용 증가를 제약하는 효과적인 메커니즘은 형성되지 않았으며, 중국 경제의 지속적인 성장에 부정적인 영향을 미칠 수 있다.

초기 '사고 해방, 권한 이양 및 이익 공유'를 기본 원칙으로 한 개혁과 비교하면, 중국이 한때 대폭 감소했던 체제 비용이 다시 더 빠른 속도로 증가하고 있다.

낙타의 짐을 줄여 빠르게 달리게 했지만, 점점 무거운 짐이 실리면서 결국 전진이 힘들어졌다.

저우치런은 글로벌 시장에서 비교 비용 우위를 통해 자리 잡은 경제체인 중국의 고속 성장 궤적의 변화를 체제 비용의 감소와 재상승으로 설명될 수 있다고 주장한다. 사업의 법적 승인에 투입되는 노력 등 통계적으로 반영되기 어려운 비용도 다 비용이다. 이러한 "추가" 비용은 상업 활동 자체를 불가능하게 만들 만큼 커질 수도 있으므로, 시간이 지나면 저절로 감소할 것이라고 생각할 수 없다.

21세기 초 중국 경제가 디플레이션에서 벗어나고 다시 강해진 이후 "거시적 조정"이 "행정 독점 타파" 개혁 계획을 압도했고, 부적절한 규제가 겹겹이 쌓였으며, 행정 승인 절차가 점점 심해졌다. 2012

년 새로 들어선 시진핑 정부는 경제 하강 압력을 상쇄하기 위해 다시 "권한 이양과 이익 양보"를 강조하며, 수천의 행정 승인 문서를 정리하고 폐지하겠다고 발표했는데, 그 대부분은 계획 시대의 유산이 아니라 새로운 세기 이래의 경제 고속 성장 속에서 행정 부서가 추가한 것이다.

이러한 모든 요소는 체제 비용 항목에 포함되며, 부정적인 결과를 초래한다. 단위 생산량이 점점 더 무거운 비용 부담을 안게 되어 중국 경제의 글로벌 비교 경쟁력을 약화시키고, 비용 우위를 통해 성장하던 중국 경제의 성장을 저해한다.

체제 비용의 상승을 억제하고, 전면적인 개혁이 중국 경제의 지속적인 성장을 위한 필수 조건이다.

멀리서 본 중국 경제는 요소 비용, 제도 비용, 요소 질이란 측면에서 1990년대 이후 중국 경제가 글로벌 무대에서 빠르게 자리 잡은 이유는 상당 부분 설명된다.

그러나 가까이서 보면, 요소 비용이 급격히 상승하고 있고, 핵심 부문의 개혁은 더딘 상황으로, 현재와 미래의 중국 경제를 쉽게 낙관할 수 없다는 것도 알게 된다. 치열한 경쟁 속에서, 끊임없이 새로운 추격자가 나타나며, 중국이 직면한 심각한 도전은 국내적으로는 요소 비용이 전반적으로 상승하고 있다는 점이다.

경쟁이 단지 발달 경제와 중국 간에만 이루어진다면, 중국 경제의 장래에 대한 가장 낙관적일 수 있지만, 오늘날 세계에서 "개방을 통한 성장" 노선을 선택한 나라가 중국 하나뿐이 아니라는 점이다.

"후발 주자의 이점"은 발전된 경제의 자본, 기술, 경험을 활용하여, 변혁과 학습을 통해 자신의 비교우위를 발휘하는 후발 개발도상국의 이점을 의미하며, 오직 중국만이 후발 주자의 이점을 가진다고 할 수 없다.

후발 주자들 간의 경쟁은 세 가지 측면에서 이루어진다.

요소 가격은 누구나 더 낮게 유지하려 하고, 제도 비용도 낮추고, 요소의 질은 더 높이려 한다.

종합적으로, 누가 더 낮은 제도 비용으로 품질 좋고 가격이 저렴한 요소들을 조직하여 글로벌 경쟁에 참여하는지가 승부를 가른다.

먼저 요소 비용을 살펴보면, 평균적으로 인도, 베트남, 멕시코 등의 노동력 비용이 중국보다 낮다. 물론 낮은 임금이 곧바로 경쟁력을 의미하지는 않지만, 이미 중국 스스로가 다른 측면에서 긍정적인 변화가 일어난다면, 낮은 임금이 강력한 경쟁력이 될 수 있음을 증명했다.

또 중국의 많은 회사들이 매출이 증가해도, 이익은 늘지 않는다. 이유는 비용이 너무 많이 올랐기 때문이다. 원자재와 에너지가격이 그렇고, 싼 노동자를 구하기도 어려워졌다. 주로 원자재, 에너지, 토지, 인력 등 요소 가격이 오르는 것은 디플레이션 상태에서도 나타나는 중국 경제의 한 특징이다.

글로벌 경쟁자들의 경쟁력은 요소 가격이 중국보다 더 낮거나, 요소의 질이 우수하고 생산성이 약간 더 높은 경우이다. 글로벌 경제 개방의 자극을 받아, 거의 20억의 노동력이 치열하게 경쟁하고 있다.

중국의 세 가지 변수는 첫째, 발달된 경제의 의미는 소득과 요소 가격도 높다는 것이다. 둘째, 성숙한 시장 경제로서 제도 비용은 낮지만, 개선의 한계가 매우 제한적이어서 제도 비용을 크게 낮출 여지가 없다. 셋째, 발달된 경제의 주요 장점은 요소의 질이 높고 기술 혁신 능력이 뛰어나다는 것이다. 하지만 기술 혁신은 장기적이며, 늘 일어나는 일도 아니다.

요소 가격 급등의 도전에 중국 경제는 어떻게 대응할까? 다른 경제 변수, 주로 제도와 요소의 질이 충분한 "헤지"를 제공할 수 있는지가 관건이다.

중국 경제의 제도 비용이 계속해서 크게 감소하거나, 요소의 질이 계속해서 크게 향상되면, 이 두 가지의 결합 효과가 요소 비용 급등을 상쇄할 수 있다면 중국 경제의 경쟁력은 여전히 유지될 것이다.

반대로, 이러한 "헤지" 효과가 경쟁자보다 낮다면, 이는 문제의 시작이 될 것이다.

국유기업 등 핵심 경제 부문의 개혁은 국민 경제의 제도 비용을 낮추는 데 매우 중요하지만 왜 개혁이 심화될수록 어려움이 커지는 것일까?

저우치런은 네 가지로 정리하였다.

1. 점진적 개혁이 쉬운 것부터 어려운 것으로 진행되어, 쉬운 개혁은 다 끝나고 남은 건 어려운 것 들만 남았다.
2. 심층 개혁은 거대한 기득권을 침해해야 한다.
3. 현재 정부는 많은 사회적 갈등을 해결해야 하므로 개혁을 추진할 집중력이 부족하다.
4. 개혁개방으로 이미 이루어진 거대한 성과가 추가적인 개혁의 긴급성을 낮추었다.

마지막으로 비교해야 할 것은 요소의 질이다. 중국인의 학습 능력은 뛰어나다. 영리함과 근면함은 5000년 문명 역사에서 얻은 중요한 자산이기는 하지만, 영리함과 재능을 집중적으로 활용하는 것은 쉽지 않다. 최근 몇 년 동안 중국은 좋은 기업들을 많이 나왔지만 기업가들의 재능과 에너지, 시간을 고객, 시장, 기술에 집중하는 경우는 그다지 많지 않다.

"중국 기업은 지난 20년 동안 독특한 '기업 전략 문화'를 발전시켰다.

첫째, 중국 기업은 종종 정부로부터 '특별한' 대우를 받기 위해 온갖 방법을 동원한다. 예를 들어 시장과 자금의 특별한 경로, 규제 조항의 면제 및 관료의 보호막 등이다.

둘째, 이러한 특혜를 독점하고 다른 기업과의 충돌을 피하기 위해 많은 중국 기업은 동종 업계와 협력하지 않으며, 특히 지역 간 협력을 피한다.

셋째, 중국 기업은 과잉 생산과 중복 투자의 결과로 인한 가격 경쟁의 잠재적 손실을 줄이기 위해 다각화 경영을 추구하는 경향이 있다."

"이러한 기업 전략 문화는 중국 기업의 경쟁력을 약화시키며, 이들은 단기 성장을 추구하면서 새로운 기술을 개발하지 않는다."

이런 관찰이 부분적으로 현실을 반영한다면, 중국인의 영리함이 곧바로 질적 향상을 의미한다고 단언할 수 없다.

종합적으로 볼 때, 중국은 후발 주자의 이점을 가진 경쟁에 직면해 심각한 도전에 직면해 있다. 앞으로 5년, 10년을 내다볼 때, 글로벌 후발 주자들의 이점이 더욱 강력해질 가능성이 크다. 경제의 제도적 및 조직적 비용을 계속해서 대폭 낮추고, 요소의 질을 지속적으로 향상시키는 것은 몇 가지 어려운 과제를 해결해야 한다. 이를 해결하지 못하면, 토끼와 거북이 경주의 이야기가 다시 일어날 수 있다.

04

정부의 역할을 이해하라

푸단(复旦) 대학교 중국 사회주의 시장연구센터 교수인 란샤오환은 중국 경제의 이해는 정부 역할 이해의 과정이라고 주장한다. 중국의 경제성장에서 매우 중요한 역할을 한 것은 지방정부이다. 중국의 행정 체제는 5급 정부 관리 체제이다. 중앙, 성, 시, 현구, 향진으로, 과거의 중앙, 성, 군현의 3급 정부 관리 체제에서 발전하고 변화한 것이다. 중국의 행정에서 중앙과 지방의 관계(央地關係)를 이해하는 것은 핵심 중의 핵심이다.

중국 정치 체제의 선명한 특징의 하나가 층층의 복제이다. 곧 중앙정부의 정치 구조인 "당위원회, 정부, 인민대표, 정협"의 소위 4대(四套班子)는 성(省), 시(市), 현(縣) 3단계 행정 기관에서 완전하게 복제되어 있다. 예를 들어 중앙의 재정부는 성(省) 정부에서는 재정청으로, 시 및 현(縣) 정부에서는 재정국 등으로 작은 편제로 축소 복제되어 있다. 물론 외교부 등 일부 부처는 예외이다. 수직 관계는 티아오티아오(条条), 수평관계는 콰이콰이(块块)라고 불리며, 중복되는 영도 간부 또는 지도 책임자가 있다.

나는 중국의 이런 수직 및 수평의 정부 관계 및 기능을 경위(傾圍) 또는 날줄과 씨줄로 이해한다. 우리말에서 경위를 밝혀라라는 말이 바로 날줄과 씨줄이다. 이 두 줄의 촘촘하고 느슨한 정도에 따라 정책의 집행력이 달라지는 것이다.

일반적으로 티아오티아오는 업무적 관계, 콰이콰이는 상하 영도 관계를 의미한다.

지방 당위원회와 정부가 인사의 임면(任免)을 결정한다. 지방에서는 경제를 관할하는 담당 고위 공무원의 지위가 조금 더 높아서 통상 수석 부시장을 상무부시장(常务副市长)이라고 한다. 어떤 정치체제에서도 실제 권력의 운행과 지면 상의 제도는 완전히 일치하지는 않지만, 그렇다고 완전히 무시되는 것도 아니다.

중국 지방정부 권력의 범위와 그 경계는 행정구획으로 규정되며, 지방의 권한과 행정구역은 불가분의 관계이다. 중국은 철저한 속지관리(属地管理)이다. 행정 구역 측면에서 권한과 영역을 구분하는 가장 중요한 기준은 외부성(外部性)인데, 이것은 어떤 사람의 행위가 다른 사람에게 영향을 주는가 하는 중요한 경제학적 개념이다.

예를 들면 공공장소에서의 흡연은 다른 사람에게는 간접 흡연인 음의 외부성을 가지고, 독감 백신을 맞아서 다른 사람의 감염 위험을 낮추는 것은 양의 외부성이다. 어떤 일이 그 지방의 자주 결정권 여부에 대한 판단도 외부성의 측면에서 고려된다. 현지에만 영향을 줄 뿐, 외부성이 없다면 그 현지에서 전권 처리가 가능하지만, 만약 타 지방에 영향을 주는 일은 상급 부문에서 조정과 중재를 해야 한다.

예를 들어, 설립하는 학교가 현지의 학생만을 대상으로 하면 그 지역의 정부가 알아서 결정하면 되고, 공장이 다른 도시에 오수를 흘려 내보내면 타 지역 및 상급 정부와 조율해야 한다. 성의 경계를 넘는 큰 하천의 배수 및 오수 문제는 중앙이 조정한다.

그러므로 행정구역의 크기는 정책 영향의 범위와 일치하는데, 작은 행정구역이 외부에 영향을 주고, 상급 부문이 조정할 일들이 많이 있다면 이것도 참 번거로운 일이 된다.

GDP를 하급 정부 단위에서 왜곡 보고하는 것도 위의 성과 추진과 아래로의 압박 때문이며, GDP뿐만 아니고 토지감찰 제도와 수질 오염 등과 관련해서도 은폐와 왜곡의 관리를 엿볼 수 있다. 여기서 중국 에서는 매우 중시되는 유인 합치성(Incentive compatibility, 激勵相容)을 이해해야 한다. 모든 중복 영도(이중 영도)는 근본적으로 유인 불일치, 즉 이해관계의 불일치에서 문제가 발생한다. 예를 들면 상부는 환경보호를 중시하지만, 하급 부문은 경제성장을 하고자 하는 등의 상하간 이해관계 불일치로 정책 추진력이 하락한다.

유인 합치는 지방을 격려하되, 일을 망치는 것도 막아야 하며, 너무 지나친 노력도 원치 않는다. 어떤 대가를 치르고 서라도 하려하면 단기 고속 성장의 목표를 달성하는 것은 어려운 일이 아니다. 자원을 동원하고, 무분별하게 빚을 내고, 미래의 것을 앞당겨 쓴 결과는 최선은 아닐 것이다.

중국의 유인 합치의 큰 특징인 "속지 관리"는 한 지역을 누가 주관하고 책임질 것인지의 행정구역에 따라 권한과 책임을 구분하는 것으로, 소련의 계획 경제, 중앙부서의 자원 집중 방식과 다르다. 속지 관리는 공공서비스의 경계 문제와 정보 우위의 문제를 모두 고려해야 하며 동시에 지방 정부에 권한을 부여하여 적극성을 도출하는 데 유리하다. 중국의 혼합 경제는 주류경제학 교과서에서 말하는 정부 시장의 분업, 즉 정부는 공공 물품, 시장은 기타 자원배분을 주도하는 그런 간단한 모델이 아니다.

정부와 국유기업, 사업 단위, 은행 등 각 부속기관이 대부분의 생산과 분배 단계에 깊숙이 참여하는 모델로, 중국에서 정부를 떠나서 경제를 이해하는 것은 불가능하다. 또한 지방정부는 공공서비스뿐만이 아니라 생산과 분배의 전 과정에 매우 깊이 간여한다.

이런 현실을 무시하고, 서방 주류경제학의 "유한정부" 논리로 분석하년 중국 경제에 대한 왜곡과 오해가 생겨난다.

여기서 사권과 재권에 대하여 알아보자. 일하는 권리인 사권(事權)은 필연적으로 재권(財權)의 지지가 요구된다. 그러나 수입 측면에서는 지방정부가 사권에 상응하는 금전수취 권력인지, 사권과 재정이 매칭되는지는 논쟁이 크고, 사권과 재권의 불균형 정도가 매우 심하다 1994년 분세제 개혁 이래 지방의 재정 예산지출은 줄곧 예산수입을 초과했다.

지방의 예산 지출은 전국 예산 지출의 85%이지만, 수입은 55%였다. 당시 부족분은 중앙이 이전 지출로 보강해 왔다. 1994년 분세제 개혁이 정부 행위와 경제발전에 미친 영향은 매우 심오하며, 그 배경과 로직을 이해해야 중국의 앙지(央地) 관계를 알 수 있다.

또한 포간제(包干制)란 것이 있다. 이것은 우리식으로 표현한다면 임무를 주고 책임도 전적으로 주는 방식의 '도급제' 위탁의 의미로 중국의 재정과 행정 시스템내에서 매우 중요한 개념이다. 80년대 중국경제의 특징을 말하라면 "모든 것은 도급제로 해결하라" 또는 "도급제만이 유일한 길이다"라는 뜻의 "非承包莫属" 한 마디로 귀결된다.

국가의 재정까지 하도급 개념이라 할 수 있는 재정포간제(政包干制)를 8년간(1985~1993)이나 시행해야 할 정도였다. 어찌 되었건 수십년 간 계획과 공유제를 시행하였기 때문에 개혁 초기에 대부분의 사람들은 사유의 개념을 즉시 받아들이기 어려웠을 것이다.

중국의 기본 국책으로 인해 모든 소유권을 근본적인 개혁을 할 수는 없고, 단지 사용권과 경영권에 대해 승포제(承包制) 시행을 통해 적극성과 효율성 제고를 추진하였다.

농촌은 토지를 도시는 기업을 정부는 재정을 승포제로 했다.

중앙과 성급 재정간에 수입과 지출의 포간제를 시행하여, 지방에 일부 수입의 여지를 남겨주었는데, 1980~1984년은 실험 기간이었고, 1985년 이후 전면 시행하여 아궁이별로 밥을 먹는다는 "分灶吃飯"이라는 표현의 독립채산제의 재정 체제가 정립되었다.

재정 포간제 형식은 매우 다양했지만 대부분은 "수입증가 비례" 형태였다.

베이징으로 예를 들면 정해진 재정 수입 내에서는 중앙과 베이징시가 절반씩 나누되, 정한 재정 수입 이상의 부분은 베이징시로 귀속되는 식이었다. 즉, 100억으로 정해진 재정 수입은 50억씩 나누지만, 100억을 넘는 재정 수입은 모두 지방정부 것이 되었다.

현재 중국에서 GDP 규모가 압도적 1위인 광동 성은 88년 당시 중앙에 14억을 상납했는데, 이를 기초로 매년 9% 고정 성장률 이외의 나머지는 모두 광둥에 귀속되었다.

88년 광둥 성의 수입은 108억 위안이었는데, 상납 금액 14억 위안은 13%에 불과했지만 당시 재정 수입 증가율은 89년에 27%로, 정해진 9%를 월등히 초과했기 때문에 분세제 개혁에 가장 크게 반발했다. 반면 상하이는"정액 상납"을 시행하였다. 1988년의 수입 162억 위안 중 65%에 달하는 105억 위안을 상납하여 그 부담이 매우 컸다.

재정 포간제는 상납 후 남은 돈만 지방으로 귀속되므로, 지방은 세수 원천을 확대해야 할 동기가 있었다.

사회 인센티브의 적극성을 불러일으키는 데 유리했고, 사회 전체가 과거의 경직된 계획 경제를 벗어나게 했다.

재정 승포로 인해 중앙은 시간이 지날수록 가난해졌고, 중앙의 점유 비중의 하락은 지방의 빠른 성장을 의미한다.

지방 세수 수입 증가가 빠르면 다음 협의 시 불리할 수 있어서, 이를 피하기 위해 지방정부는 고의로 예산수입의 증가가 너무 빠르지 않게 하였다.

중앙정부와 반을 나눠야 하는 재정세제 수입과 달리, 예산외의 수입은 지방정부가 독식할 수 있었으므로, 지역 기업의 감세를 해주고, 찬조 등의 명목의 예산외의 수입은 폭발적으로 증가되었다.

1982~1992년 지방의 예산외 수입의 연평균 증가율은 30%로 예산내 수입 19%를 월등히 초과하였다. 그 예산 외의 수입이 예산 내의 수입에 거의 비슷할 정도가 되어 지방 정부는 두 개의 재정 주머니를 가지게 된 것이다.

중국은 개혁을 해도 동서간, 도농간의 발전의 차이가 매우 크므로, 지역 간의 공공서비스 차이도 역시 대규모의 중앙 재정이 감당해야 한다.

중앙에 돈이 없으니 세제 개혁을 하지 않을 수 없었다. 재력 없이 의무교육, 재난 방지 등 모두 공허한 말이다.

개혁 이전 증치세는 최대의 지방세, 개혁 후에는 나누는 공향세(共享税)가 되어 중앙 75%, 지방 25%를 가져간다.

중앙은 급격한 지방의 세수 하락을 방지하기 위해서 세수 반환 시스템을 만들고, 개혁 후 지방 세수가 개혁전과 동일하도록 보장하고, 늘어난 부분만 새로운 기준 비율로 배분하여 개혁 후 증치세의 지방세수 수입의 비중은 완만하게 감소했음에도 불구하고 분세제개혁과 관련한 전국 각지의 저항은 결코 만만치 않았다.

특히 재정 승포제로 큰 발전을 누리던 광동성의 극렬한 반발했기 때문에, 광동성과의 협상은 중앙의 분세제개혁의 성공과 직결된 문제였다.

이와 관련하여 당시 전후 재정부장을 했던 리우중리(刘仲梨, 1992~1998 재정부장)와 샹화이청(项怀诚, 1998~2003)두 사람의 회고는 당시 상황을 더 상세히 설명하고 있다.

샹화이청은 "당시 중앙의 재정 수입이 전체 재정 수입의 비율은 30% 이하였으나, 분세제 개혁이후 55%로 늘어났다. 최고 지도부의 적극적 추진이 없었다면 불가능했다. 지금의 중앙의 힘과 당시는 비교가 안된다. 주룽지 총리가 두 달 이상을 직접 십여 개 성을 돌면서 당위성을 설명해야만 했다. 재정부장이 갔다면 성 서기와 성장을 만나기도 어려웠을 것이다."

리우중리는 "광동성 성장 씨에페이(谢飞)는 아무 말도 하지 않았다. 간부들이 말을 하면 주룽지 총리가 반박했고 간부들은 총리께서 말하면 자기들은 협의할 방법이 없다고 불만을 제기하자, 주룽지 총리는 '맞다, 나는 반드시 이래야 한다. 만약 재정부장이 말을 하면 중앙 정치국원인 당서기가 반박을 할 것이다'라고 했다"는 일화를 전해주고 있다.

결국 광동성은 이후 1993년 기준으로 할 것과 감면세의 과도기를 둘 것 등 두가지 요구를 하면서 협상은 끝이 난다.

이런 중국의 분세제개혁의 결과만을 보기보다는, 어떤 과정을 지나왔는지를 봐야 할 것이다.

지방정부는 중앙이 하라고 한다고 다 따른 것이 아니고, 수없는 협상과 설득과 조정, 중재의 과정을 거친 것이다. 이런 과정을 보면 그 시절의 중국 정부나 공산당 당내가 더 민주적 균형 상태였던 것은 아닌가라는 생각을 하게 된다. 중국 행정부나 공산당이 지금보다 더 민주적인 의사결정 절차를 가지고 있었던 것 같기도 하다.

기업 소득세는 중국에서중앙 정부 세수의 25%에 달하는 두 번째 큰 세수 종목이다.

2002년 개혁 이전에는 기업소득세는 중앙 기업은 중앙에, 지방기업은 지방에 납부했는데, 지방 기업이 더 많아서 60%는 지방이 거둬갔다.

90년대에 지방정부는 담배 연초공장, 백주 회사 등을 영혼까지 끌어서 지방 곳곳에 설립하였다.

그래서 우리도 알고 있는 마오타이, 우량예, 청도맥주, 연경 맥주 등 지방의 술은 지방정부의 보호로 성장하면서 전국적 시장 형성에는 불리했고, 지역 간의 경제 격차 해소의 어려움을 가중시켰다.

2002년 소득세 개혁 과정에서 일부 특수한 중앙기업 이외의 모든 기업소득세를 중앙과 지방이 5:5로, 이후에는 6:4로 배분하게 되었다.

2001년을 기준으로 산정하면서 마지막 두 달간 지방은 과거 분세제개혁과 똑같은 데이터를 조작하여, 고의로 세금 산정 기준을 높게 만든다.

향후 국무원은 전문 조사팀을 급파하여 조작된 장부와 인위적 수치 등을 조사하고, 상응하는 지방세 반환 세금을 삭감하고, 책임자 및 지방 공무원들을 의법 조치했다.

분세제개혁은 근본적인 개혁인 동시에 가장 성공한 개혁 중에 하나로 핵심적인 두가지비중을 변화시켰다.

전국 세수 중에서 중앙의 몫은 22%에서 55%로 늘어났고, 국가 예산수입의 GDP 대비 비중도 이전의 11%에서 20% 이상으로 크게 늘었다.

이런 분세제 개혁은 중앙정부의 거시 조정능력을 크게 증가시켰으며. 이후 맞이하게 된 아시아 금융위기, 글로벌 금융위기 등 크고 작은 외부 충격 방어의 기초를 다지게 된 계기가 되었다고 할 수 있으며, 또한 국유기업 개혁과 국방현대화 건설 등 중대한 개혁과 국가의 중점 사회기반시설 프로젝트 등의 시행이 가능하게 되었다고 평가된다.

그리고 무엇보다 분세제 개혁은 지방정부의 발전의 모델을 완전히 바꾸게 했다.

분세제도 개혁 후에도 경제성장을 중요 임무로 하는 지방정부의 역할은 그대로였지만 지방이 가용한 자원은 급격히 줄어들었다.

비록 중앙이 이전 지출과 세수 반환 등으로 지방의 예산 수지 부족분을 메워 주기도 했지만, 투자 유치, 토지 개발 등 별도의 지출에 적지 않은 추가 자금을 필요로 했다.

분세제 개혁으로 세금이 소재지 납부로 변경된 것은 지방정부가 기업의 투자 유치에 매진하게 된 중요한 이유가 되었다.

특히 큰 투자 규모는 GDP 증가율 제고하고, 생산 규모에 연동 징수하는 부가가치세, 농업에서 전환되는 유휴 노동력의 흡수, 주변 3차 산업의 발전, 파생되는 세수 등 지방정부가 제조업 투자를 유치해야 할 이유는 차고 넘쳤다.

또한 기업 세금은 생산단계부터 징수되므로, 지방정부는 민생보다 기업을 더 중시했고, 당연히 소비보다 더 생산을 중시했다.

부가가치세 역시 결국 최종 납부자는 소비자이지만, 생산 단계에서 징수되므로 지방정부는 소비 기업 소재지에 더 관심을 기울였다.

이런 생산 세수의 중시로 지방은 크고 작은 제조업 프로젝트 유치가 경쟁적으로 진행되었고, 풍부한 노동력, 글로벌 공급망 등의 국내외적 요인들이 복합적으로 작용하면서 중국은 불과 이 십년만에 세계최대의 제조 대국이 되었다.

세수의 90%가 기업에서 발생했을 뿐 아니라, 세수 외의 기타 수입, 예를 들면 토지 매각 대금, 국유자본 경영성 수입 등도 사실 기업에서 징수되었다.

그러므로 분세제개혁 후 첫해부터 지방정부는 재정지출 항목에서 기반시설건설, 보조금 지급 등 기업의 투자유치에 목을 메었고, 교육, 의료, 환경 등 이른바 민생과 관련된 지출은 등한시되었다.

전체적으로 분세제 개혁 이후 지방정부가 가용할 경제발전 자원은 압박을 받게 되었다. 2001년 세금 개혁 중 중앙이 소득세의 60%

를 가져가면서 지방의 재정 압박은 더 가중되어 살 길을 찾는 과정에서 중요한 토지 재정이 등장하게 되었다.

중국은 토지공유제로 도시 토지는 국가의 소유, 농촌 토지는 농촌 집체, 즉 집단의 소유이다. 여기서 집단이라 하면 마을 집단 경제 조직 또는 마을 주민위원회에 귀속되며 일부 지역에서는 향진 집단 경제 조직에 귀속될 수 있다. 농민은 이 집단 소유토지에 대해 경영권을 가족단위의 경영이나 기타 방식으로 토지 사용권을 얻어서 농업 생산에 활용 가능하다. 농민의 토지 경영권은 법으로 보호되며 기간은 30년 단위로 연장이 가능하고 또한 경영권의 양도도 가능하지만, 그 소유권은 여전히 집단이다.

이런 농지를 건설 용지로 전환하려면, 먼저 토지를 국유로 변경하고 나서 공상업 혹은 주택 건축이 가능하므로, 자연히 국가 소유 토지는 농촌의 토지보다 가치가 높다.

지금은 이미 도농간 차이로 비약적으로 성장한 도시 부동산 등 각종 어려운 문제들이 존재한다.

1994년 분세제개혁 당시 국유 토지 양도 결정권 및 그 이익은 모두 지방이 가졌는데, 당시 이 부분의 이익은 매우 적었다.

당시 향진 기업이 성행하기는 했지만 모두 농촌 집체 건설용지를 소유한 것일 뿐, 도시 토지가 아니었다. 또 특히 외자 등의 투자 유치에 토지를 무상으로 주는 특혜를 주었기 때문에 토지 양도 수입은 많지 않았다.

1998년부터 도시 토지의 가치가 나타나기 시작했다. 국유 회사들은 직원 복지 성격의 분방(分房)을 없애고 돈으로 주는 소위 화폐화 개혁을 실행하면서 상품방, 즉 부동산 시대의 서막을 열었다. 초기 5

년 동안 도시 주택의 착공 면적은 증가했다. 〈토지관리법〉 개정 시행으로 농지를 건설 용지로 전환하려면 먼저 토지를 징수하여 국가 토지로 변경해야 하므로, 도시 정부의 토지 건설 독점권이 확립되었다.

또 성 정부 단에서 도시에 토지의 쿼터를 우선 배정하고, 현급지에는 쿼터를 적게 배분하였다. 1999~2000년 시기에는 토지 하위의 "입찰, 경매, 등록" 제도의 미시행으로 국유 토지의 양도 수입은 많지 않았으며 당시 토지 양도과정은 불투명하고 부패가 심했다.

2001년 국무원은 토지개발 부패 문제를 해결하기 위해 공개입찰을 시행하고, 2002년 국토부는 경영성 용지에 대해 "자오파이꽈(招拍挂), 즉 공개 입찰 경매 제도를 시행함으로써 각 지방 정부가 농민의 토지를 유상 징수하여 매도하는 토지 재정이 급증했다.

불과 2년인 2003년 토지 매각 수입은 지방정부 공공예산 수입의 55%,

2000년대부터 2017년은 중국의 도시화 과정이 가속화되면서 부동산 시장이 급속히 발전하여 토지 양도금 수입이 대폭 증가하면서 지방 정부 재정 수입의 핵심으로 자리 잡았다.

2018년 6.3조 위안으로 2010년 대비 2.3배 증가한 이유는 경제성장으로 토지 개발로 돈이 몰리면서 가격이 올랐기 때문이다.

2018년 이후 현재까지 부동산 시장 조절 정책, "주택은 거주용으로, 투기용이 아니다"라는 정책의 영향으로 토지 시장의 열기가 다소 냉각되면서 토지 양도금 수입 증가율이 줄어들고 일부 도시에서는 급감하였다.

토지 양도금의 추이는 2019년 6.8조 위안, 2020년에는 코로나의 영향으로 토지 시장이 잠시 침체했지만, 하반기에는 빠르게 회복되어 8.4조 위안, 2021년에는 약 8.7조 위안으로 최고점을 찍었고 2022년이후 부동산 시장이 지속적으로 침체로 6.7조 위안, 2023년에는 5.8조 위안으로 줄어들었다.

토지 세수는 직접 토지 관련된 세수로 토지 증치세, 성진토지 사용세, 경지 점용세, 계약세로 100% 지방정부가 가져간다.

또 하나는 부동산 개발과 건축기업과 관련된 증치세(지방정부 50%)와 기업 소득세(40%)이다. 이런 세수와 토지양도 수입을 합친 것이 "토지재정" 총수입으로 2018년에는 지방공공예산수입의 89%에 달했다. 또한 토지 양도를 하려면 지방정부는 "칠통일평"에 막대한 자금이 소요되었다. 칠통일평(七通一平)은 토지 개발의 기본 작업으로, 지구가 기본적인 개발 조건을 갖추도록 보장하며, 투자자를 유치하여 후속 건설을 진행할 수 있도록 한다.

칠통(七通)은 통로(通路), 통수(通水) 통전(通電) 통가스, 통신(通信), 통수(通水), 통열(通熱), 일평(一平)은 토지의 평지화 작업을 의미한다.

지방정부는 이런 활동으로 제조업 및 상업을 유치하면서 경제를 활성화하는 것이 목적이었다. 또한 2001년 소득세 개혁으로 기업 법인세의 60%를 중앙이 가져가면서 재정 권력은 중앙으로 더 집중되었고, 그때부터 지방정부의 발전 목표 및 성장 모델은 과거의 공업화에서 도시화를 첨가하는 두가지로 다변화되기 시작했다.

대량의 저가 토지 공급을 지속하면서 산업 투자 유치를 하였고, 또 한편으로는 상업 및 주택 용지 공급을 제한하면서 독점속에서 토지가격 폭등의 이익을 취하였다.

그 당시의 매도하는 도시 토지 면적의 절반이 공업 용지였지만 가격은 매우 저렴하여 2000년 평방미터당 444원, 2018년 820원으로 85% 상승에 불과했던 반면, 상업용지의 가격은 4.6배, 주택용지 가격은 7.4배 올랐다.

상업과 주택용지는 면적은 절반에 불과했지만 수년간 모든 토지사용 전양수입의 대부분을 차지한다. 따라서 토지재정은 사실상 부동산 재정이라고 할 수 있다.

경제발전은 자원 사용의 효율을 높이는 것인데, 초기의 자원이 부족한 중국이 경제발전 초기단계에 이용할 수 있는 것은 사람과 토지뿐이었다,

지난 수십년의 성장은 다 이 두 자원을 활성화하면서 그 사용 효율을 높인 결과이다.

둘 중 토지는 사람보다 자본화가 더 용이하여 미래 수익을 바로 현재의 땅값으로 변화시킬 수 있었다. 지금은 비록 토지재정의 많은 폐단이 있음에도 불구하고, 확실히 과거 수십년의 도시화와 공업화 쾌속 추진의 중요한 자금원이 되었다.

지방은 투자유치시 모든 자원을 동원하기 때문에 토지를 종합적으로 큰 틀에서 고려하고 세수와 토지 사용권의 양도 수입의 균형으로 전체수입을 극대화한다.

지방정부가 공업용지 가격을 억제하는 것은 공업이 경제 업그레이드 효과로 증치세 등 수입과 취업을 창출하기 때문이다. 또 산업생산율 제고의 여지가 매우 크고, 학습효과가 강하며, 로컬 현대화, 서비스업의 발전으로 주변 상업용지 및 주택용지의 가격도 올린다.

경제학자 장우창(张五常)은 지방정부의 쇼핑몰 비유는 많은 것을 설명한다. 점포들이 저렴한 입점비를 내지만, 수입은 쇼핑몰과 나누

는 것이다. 여기서 입점비는 공업용지 전양비, 수입을 나누는 것은 증치세 등으로 볼 수 있다.

쇼핑몰은 이익 극대화를 위해 입점비와 임대료뿐만 아니라, 점포들 간의 조화도 고려해야 한다. 큰 브랜드가 들어오면 고객유입도 늘어나므로, 입점비를 면제하거나 인테리어 보조금을 주기도 한다.

행정구역을 단위로 세수와 토지를 수단으로 투자유치 경쟁에 있어 상하급 정부간의 여러단계의 승포 책임과 수익 배분, 이 제도적 틀과 분세제개혁 후 중국의 빠른 경제 발전은 강한 설득력을 가진다.

시대의 변화에 따라 이런 발전 모델의 폐단도 커지면서 개혁이 필요하다.

먼저 지방정부의 부채 문제이다. 토지의 자본화 운영의 본질은 미래수익을 담보로 지금 돈을 빌리는 것인데, 만약 빌린 돈으로 한 투자의 질이 높고, 가치 있는 자산으로 변화되면 채무는 문제가 아니다. 그러나 단기 부임하는 지방관원의 근시안적 행정, 부채 과잉 조달을 통한 체면 프로젝트 진행 등으로 공은 단기 임기의 관원이 차지하고 이익이 될지 말지도 모르는, 또는 부담은 다음 사람에게 넘기는 등의 일도 비일비재했다.

단지 채무 문제라면 해결이 어려운 것도 아니지만 경제 성장율의 저하는 자원의 사용 효율이 높지 않다는 문제이다.

지방별로는 각자의 토지 자원을 조정 배분하고 공업, 상업용지의 공급의 균형을 추구하겠지만, 전국적 범위에서 토지 자원과 건설용지의 배분의 최적화는 쉽지 않은 일이다. 지역별 경쟁 속에서도 용지 쿼터는 더 효용이 높은 다른 성으로의 유통 및 교환이 불가능하다.

주삼각(珠三角), 장삼각(长三角)지역은 경제성장과 인구의 유입으로 건설용지 쿼터가 부족하다. 290만무의 농업용지를 보유한 상하이(2020년 기준)는 비효율적이라고도 할 수 있다. 상하이는 장강(长江)의 숭명도(崇明岛)까지 포함하면 농지가 도시의 3분의 1에 달한다.

뉴욕, 동경, 서울 등 대도시 중에서 이 정도 대규모의 농지를 가진 곳은 없다. 이것도 토지 제도의 차이가 가져오는 것이다. 상하이시가 1970년부터 그 골격을 유지해 온 농지법으로 대규모 농지가 여전히 보호되고 있다. 그런 반면, 사람은 적고, 토지는 넓은 서부 지역은 노는 땅과 황폐해진 산업원구도 적지 않다.

또한 발전은 불균형과 불평등 문제를 가져왔다. 분세제 개혁 이후 세수의 대부분을 중앙이 가져갔지만 많은 일이 여전히 지방에 남겨졌고, 그 지출도 지방정부의 몫이었으며, 지방의 수지 차는 중앙의 이전 지출로 보완되었다. 전국적으로 볼 때 이전 지출은 지방의 부족을 메울 수 있었지만, 모든 지방정부의 부족이 해결되지는 못했다. 성(省)에는 돈이 있어도 하급정부인 향리에서는 돈을 보지 못했고, 남부의 부자 도시 광저우와 서부의 가난한 도시 란저우는 달랐다. 이러한 수직 및 수평적 불균형 문제는 많은 모순과 갈등을 야기하면서 개혁을 촉진시켰다. 분세제로 중앙과 지방, 또 성과 시현이 세수를 안분 배분했지만 상급의 권위가 높아 아래로 갈수록 돈은 부족해졌고 임무는 더 늘어만 갔다. 기층의 재정 문제는 더 심각하다. 전국적으로는 현지의 세수와 상위 정부의 이전 수지를 합한 지방 재정 예산 수입은 대략 재정 공양 인원의 임금을 지급할 정도는 되었지만, 지방 간의 차이는 갈수록 커졌다. 동부 연해안 지역은 공업화 및 도시화로 인한 토지 재정 수입으로 다른 많은 일들을 처리할 수 있었지만, 중서부 지역은 재정 수입만으로는 임금조차 지급하기 어려웠다. 기층 정부의 자금 부족으로 90년대 농촌 농민의 생활이 갈수록 어려워지면서 지방 공무원과의 모순들, 공사 임금 연체, 공수표 남발 등 여러 사건들이 발생하면서 시위가 곳곳에서 벌어지던 중, 2000년초 호북 감리현의 당서기 이창평(李昌平)이 당시 총리 주룽지에게 "농민은 고생하고, 농촌은 가난하고, 농업은 위기"라는 "3농 문제"를 담은 편지 한 통이 개혁의 단초를 제공하여, 2006년 1천 년 역사의 농업세가 폐지되었다. 농업세 폐지가 가능했던 것은 제조업의 재정 수입으로 농업세에 의존도가 하락했기 때문이기도 했다.

기층 정부 수입이 줄면서 이후의 개혁은 상급의 통일된 관리와 이전 지출의 강도가 증가하는 방향으로 진행되었는데 그중 한 가지는 농촌의 기본 공공서비스 지출이 국가 공공재정 보장 범위에 포함되어 중앙과 지방이 공동으로 부담하게 된 것이다.

2006년 농촌 의무교육비의 보장 시스템 개혁, 2011년까지 중앙재정은 모두 3,300억 위안을 농촌 의무교육 개혁 비용으로 배분하여, 1.3억 명의 농촌 의무교육 학생에게 학비와 교과서와 잡비를 면제하였다.

또 2003년 시작된 신형 농촌 합작 의료제도(신농합)와 2009년 신형 농촌 사회양로보험제도 등 모두 중앙에서 지방의 각 단계별 재정 자금들이 참여하였다. 또 이전 지불 제도 중 인센티브 시스템을 더하여 기층 정부가 특정 목표를 달성을 격려하고 인센티브를 지급했다.

재정 공양 인원(현역 및 퇴직 인원 포함), 즉 편제 상 부양해야 할 인원이 많을수록 이전 수지가 많아지기 때문에 지방정부의 편제의 확대를 자극하게 되었다.

1994~2005년 지방정부의 재정 봉양 인원은 2,981만명에서 4,778

만명으로 60% 늘었다.

2005년 이후 318만이 감소한 후 2008년 다시 4,631만이 되었는데 이를 마지막으로 2009년부터는 이 데이터는 공시되지 않고 있다. 또한 기층 정부의 재정 자원을 상급 정부로 통일 관리하였다. 아무리 가난한 국가도 토지는 있기 마련이지만, 토지 자체는 큰 가치가 없으며, 토지위의 경제활동이 가치를 가져온다. 토지에 보리만 심는 것보다, 공업화로 기업과 인재가 들어오면 가치의 공간이 열린다. 토지 자본화의 마력은 물리적 속성을 벗어날 수 있고 희망으로 과거의 저축, 현재의 수입, 미래의 가능성 등이 모두 한 토지에 몰리면서 그 가치가 폭등한다.

이렇게 생산된 에너지는 과학기술에 못지않았고, 공업화와 도시화의 거대한 투자를 지지하였다. 지방정부는 토지 관련 미래 수입의 자본화를 통해서 금융기관 대출 등 여러 유형의 자금을 취함으로써 "토지 재정"보다 몇 배나 더 큰 "토지 금융"이 되는 것이다. "토지금융"은 정부 투자 모델이며, 지방정부의 늘어나고 있는 채무의 부담 등 폐단도 있다. 중국 정부는 토지를 가지고 있을 뿐 아니라 금융 시스템도 통제하며, 각종 방식으로 실물투자에도 간여하고 있다. 정부가 더 깊게 간여해야만 풀리는 일들이 많다

여전히 GDP에서 투자의 역할이 커서 정부의 참여는 불가피하다.

이런 방식이 효율적인지는 경제발전의 단계에 달려 있다. 중국법 규정으로 지방정부의 은행 대출은 불가능하고, 2015년 전에는 채권의 발행도 금지되어 있었다. 그러므로 자금을 조달하여 투자를 하려면 전문 회사를 설립하여야 한다. 그래서 국유 독자 기업으로"지방정부융자 플랫폼"이라 불리는 주체가 생겨났다.

이 이름 자체가 그 융자와 부채의 기능을 설명하는 것이며, 경제학자와 미디어들은 이 회사를 말할 때 지방정부의 부채를 연결하여 분석한다.

그러나 이 회사의 정식 명칭은 “융자 플랫폼”이 아니라 일반적으로 “건설투자” 혹은 “투자개발” 또는 일부 유명 여행지역은 이름 중에 보통 “여유발전”을 쓰기도 하며, “성투공사(城投公司)”로 불린다.

전자의 사례는 상하이 성시건설투자개발총공사(상하이성투집단)은 국가자산관리위원회가 100% 소유한 회사이며, 후자는 사천성 성도시정부의 100% 자회사인 성도문화여유발전집단이다.

전국적 체인을 가진 완다 광장(万达)과 상하이 “신천지(新天地)” 등은 모두 1차 토지 사용권 전양 이후 민영기업(완다 그룹, 루이안 그룹) 등이 개발하고 운영하는 것이다. 현지의 융자 플랫폼 회사들은 보통 초기의 철거와 토지 정리 단계에서 개입할 뿐이다.

“생지”(生地) 한 필지가 나오고, 정리 후에 “숙지”(熟地)로 시장에 공급되는 단계를 토지 일급개발(土地一级开发)이라고 하고, 일급개발은 투자가 크고, 이익은 적고, 철거 등의 복잡한 문제가 많아 일반적으로 정부 융자 플랫폼 회사가 완료한다.

이후 건설과 운영은 토지 2급 개발이며, 그 대부분은 부동산개발공사가 한다.

이를 한국과 비교하면 토지를 ○○도시개발공사가 철거, 정리하고, 민간 시행사에 입찰 공고 및 매각 후 시공사가 건설하는 과정과 일부는 유사하다고 볼 수도 있을 것이다.

여기서 생각해볼 것이 한 가지 있다. 기업과 정부의 경계는 어디까지인가의 문제다. 실제 행위로 보면 융자 플랫폼 회사는 기업과 정부의 혼합체이다. 또 민간 회사들이 정부의 기능을 수행하기도 한다.

현실 세계에는 정의가 아니라 현상이 존재한다. 권한과 책임이 서로 뒤얽혀 있는 관계로 이런 현상을 이해하려면 주체들이 가지고 있는 능력, 자원, 정책, 정보 등의 예속 조건을 면밀히 조사해봐야 하는 것이지 단순히 정부와 시장의 이원론적으로 접근하면 답이 없다.

도시화와 상품방 개혁에 따라 토지 가치가 급등하고 정부가 토지 사용권의 전양 수입에 기댄 "토지재정"에만 의지한 것이 아니고, 미래의 토지수익의 자본화, 은행과 기타 채널로부터 천문학적 자금을 빌리는 "토지금융"의 거대한 힘으로 빠른 공업화와 도시화를 추동하게 됨으로써 동시에 대량의 부채가 쌓이게 된 것이다. 이 모델의 핵심은 토지의 가격이다. 부단한 투자와 건설이 가져오는 지속적인 경제성장, 도시화로 확장하고 지가는 오름으로써 갈수록 커지는 원금 이자를 감당할 수 있었다. 하지만 경제성장이 느려지고 지가가 하락하고 토지출양수입이 줄어들면 거대한 누적 채무가 융자플랫폼 나아가 지방정부를 무너뜨리게 된다. 지방 부채는 미국발 금융위기인 2008~2009년부터 폭발적으로 늘어났다. 2008년 당시 전국에 3천여 개이던 융자 플랫폼은 2009년 8천여 개로 늘어나고 그중 60% 정도가 현급 정부의 융자 플랫폼이다. 급전직하하는 경제를 지탱하기 위해서는 큰돈을 푸는(大水漫灌) 것이 필요했지만 이는 많은 문제를 내포하고 있기도 했다. 재정 상황이 녹록치 않은 상황에서 지방도 대량의 자금을 빌릴 수 있게 되어 수익성이 불확실한 프로젝트들도 대량 자금 조달이 가능해졌다.

초기 3~5년 기간 동안 누적된 천문학적인 채무는 지난 지금까지도 해소되지 않고 적지 않은 위험으로 도사리고 있다. 실업 투자는 복잡하고 긴 과정으로 재무지표에만 보고하는 것이 아니라, 모든 단계에서 다양한 도전을 다뤄내야 한다. 따라서 투자 파트너의 신중한 선택이 매우 중요하다. 중국의 대형 프로젝트의 투자 건설은 융자 플랫폼, 관련 국유기업, 과학 연구 및 설계 기관 및 기타 단위와 같은 다양한 정부 관련 주요 주체들이 참여한다. 현재의 중국 금융 시스템에서는 국유기업의 참여 및 정부 승인 프로젝트는 자금 조달이 더 용이한 것이 사실이다.

20세기 1980년대와 1990년대에 대부분의 도시 건설 경비는 재정 지출에 의존해야 했다. 분세제개혁 후 지방 재정이 빠듯하고 도시화가 가속화되는데, 만약 중앙정부 재정에 기댄 대규모 도시 건설은 기약이 없었을 것이다. 하지만 도시 건설 개발에 돈을 빌리려면 세 가지 기술적 문제를 해결해야 한다. 돈을 빌릴 수 있는 회사가 있어야 하고, 개별 항목으로 나누어 돈을 빌리는 것이 아니라 묶음으로 진행하는 것이 좋고, 예산만으로는 안 되니 토지와 관련된 수익을 활용해야 한다. 이 세 가지 문제를 해결하기 위해 1998년 국가개발은행이 발명한 성투회사(城投公司)가 탄생했다. 당시만 해도 토지로 돈을 벌 수는 없었고, 시 재정에 전적으로 의존한 예산으로 마련한 상환기금을 원금 상환해야 했다. 2003년 국가개발은행과 톈진 간의 협력에서 토지 부가가치 수익을 대금의 상환원으로 사용할 수 있도록 허용했다. 이런 것들이 이후 전국 도시투자 표준 모델이 되었다. 도시 상업은행은 주로 지방 정부가 통제한다. 2015년 도시 상업은행의 주주의 70%가 지방정부였다. 다양한 지역의 투자 유치 경쟁에서 금융 자원과 자금 조달 능력은 핵심 경쟁력 중 하나이므로, 지방 정부는 자금 조달 플랫폼 회사와 인프라 건설을 위한 대출을 용이하게 하기 위해 적어도 하나의 은행을 통제하는 경우가 많았다. 그러나 도시 상거래 금융 플랫폼 대출에는 두 가지 큰 위험이 있는데, 그중 하나는 인프라 건설 프로젝트는 주기가 길고 중장기 대출을 필요로 하므로 국가개발은행은 안정적인 장기 자금원을 가진 정치은행으로 중장기 대출을 일괄 제공한다.

그러나 시중은행 자금은 대부분이 단기예금이라서, 중장기인 대출과 만기가 맞지 않는 소위 자산부채의 만기 불일치ALM Mismatching 위험이 발생한다. 또 4대 은행들은 예금원이 방대하여 안정적으로 어느 정도는 만기 불일치를 견딜 수 있지만, 도시 상업은행들은 예금원과 자기 자본이 상대적으로 취약해서, 자주 자본 시장에서 자금을 조달해야 하므로 위험이 발생할 가능성이 더 높다.

중국 최초로 파산한 내몽고의 바오샹(包商) 은행을 예로 들어보면 2019년 정부가 인수하여, 2020년 파산 신청을 했다.

이 은행의 예금은 전체 부채의 절반 미만이었고, 나머지 부채는 거의 은행간 시장에서 조달한 비교적 극단적인 사례였다. 하지만 4조 원의 경제 지원정책이 시행된 이후 10년 이상 전국 중소 도시 상업은행들은 자금조달의 상당비율을 동종 은행업계 내에 의존하여 시장 유동성이 줄어들면 연쇄 반응을 일으킬 가능성이 커졌다. 성투회사(城投公司)의 가장 중요한 자금 조달 방법은 은행 대출이며, 두 번째가 성투채라고 불리는 채권의 발행이다.

또 한 가지 생각해봐야 할 것이 관료의 치적과 동기 부여 제도이다. 인재 선발과 인센티브는 관료 체제의 핵심이며 정부 운영의 효과를 좌우한다. 이른바 인센티브 메커니즘은 간단히 말해서 '당근과 막대기'론 이다. 경제발전은 지방정부의 핵심 과제이기 때문에 간부 개인의 이해득실을 지방 경제발전 상황과 긴밀히 연계해 지방의 주된 관리는 물론 말단 공무원까지도 격려해야 한다.

'당근'의 관점에서 보면 일반 대다수 정부 공무원은 승진 기회는 매우 적지만, 실제 소득은 지역 재정 상황, 소속 부서 및 소속 단위의 성과 등과 밀접한 관련이 있는데 이는 지역 경제 발전에 달려 있다. '몽둥이'로 보면 당 기율과 국법의 감독 징계 체계와 지역 간의 치열한 투자 유치 경쟁이다. 투자와 산업 유출을 막기 위해 지방 관리들은 지역 사업 환경을 개선하고 효율성을 높여야 한다.

만약 개별 부서의 이익을 위해 전반적인 경영 환경을 훼손하거나 부서 간 다툼으로 행정 효율성이 떨어지면 상급 부문에서 개입한다. 시의 당서기와 시장의 임기는 평균 3, 4년에 불과한데, 인프라나 산업 프로젝트는 2, 3년이 지나야 완성되므로, 취임 첫 2년 동안은 인프라 투자, 산업 투자, 재정 지출이 빠르게 늘어나는 경우가 많다. 평균 30% 정도의 지급시(地级市)가 시장이나 시 서기가 매년 교체되기 때문에 '정치와 투자의 사이클'은 매우 빈번하다.

투자는 자금이 필요하고 토지재정과 토지금융의 지지가 필요하다. 그래서 관료가 부임 수년 동안은 토지 분양 수가 보통 증가한다.

새로운 토지 공급 대부분은 도시 교외에 위치하기 때문에 도시 개발은 '파이 키우기' 의 양상을 보이는데, 건설 면적이 커지면 긴 통근 거리에 비용도 많이 들고, 혼잡도가 나날이 가중되고, 환경보호에도 도움이 되지 않는다. 관료의 승진 동기와 경기부양 목표는 상충되지 않고 지역경제 성과도 있지만, 투자에 치우친 성장 모델의 부작용도 적지 않다. 2016년까지는 관료가 승진하거나 전보한 뒤 더 이상 관직에 대한 책임을 지지 않아도 되고, 신임 공무원은 묵은 빚을 무시하고, 계속 투자를 늘려서 정부 부채가 치솟았다. 또 지방 공무원들은 치적 면에서 도로, 교량, 지하철, 녹지 등 눈에 보이는 인프라 투자에 치우치고, 지하의 하수도 등 '보이지 않는' 공사는 소홀히 해서 폭우가 쏟아지면 물에 잠기는 도시가 적지 않다.

공무원 공적의 인센티브는 지방정부 투자에 중요한 영향을 미치기 때문에 최근 몇 년간 '레버리지·제거, 재고 감소, 생산능력 감소' 등 공급측 구조의 개혁에도 지방 공무원 KPI 개혁이 포함되었다. 2013년 인사를 총괄하는 당 조직부는 〈지방당·정 지도부 및 지도간부 성과평가 업무개선에 관한 통지〉를 발표하여 GDP만을 KPI 지표만 측정지표로 삼지 말라며, 특히 지역 총생산 및 성장률 등수 작성 금지를 강조하여, 지방 각급 당 위원회와 정부는 단순히 지역GDP와 성장률로 하급 지도부의 치적과 심사 등급을 매길 수 없게 했고, "인력을 뽑고 쓰는 데 있어 단순히 지역 GDP 및 성장률로 영웅시할 수 없다"는 문항이 명시된 데 이어 일련의 재정과 금융개혁 조치까지 더해지면서, 지방 GDP 성장률과 고정자산 투자 증가율이 하락하기 시작했다.

2019년 중국공산당 중앙 판공청은 〈당정 지도 간부 고과 심사 업무 조례〉를 발표하여 지방 당위원회와 정부 지도부의 업무 실적을 심사할 때 "전체적 업무"를 보아야 하며,

"불균형하고 불충분한 발전 문제를 해결하며, 인민의 증가하는 아름다운 생활에의 수요 상황과 실제 효과 만족을 보아야 한다"고 명시하였다.

누가 되었거나 일은 계속되어야 하며, 경제발전은 지방정부 업무에서 매우 중요하다.

치적과 승진은 최고위급이나 지도부 구성원들에게 매우 중요하지만 모든 공무원을 그렇게 할 수는 없기 때문에 그들의 일상 업무는 치적과 승진과 관련해서도 매우 희박하다.

방대한 공무원 집단에서 '현급, 처급' 이상 간부는 전체의 1%에 불과하다.

평균적으로 현의 모든 정규 과급 간부가 매년 부현급으로 승진할 확률도 1%에 불과하며, 부현급 간부로부터 현 부서기에 이르기까지, 여러 직위와 계급을 거치는데 통상 수년 내지 수십 년을 거친다. 따라서 다수 공무원들이 바라는 것은 승진이 아니라 실제 수입과 상여금, 보조금과 쾌적한 사무조건 등이 포함된 복지이다. 이러한 소득과 복지는 지역 경제 발전 및 재정과 밀접한 관련이 있고 지역, 같은 지역의 부문 간에도 차이가 크다.

이들은 일상 업무에서 이런 차이를 느낄 수 있고, 자신이 그곳에서 발전하고 혜택을 받을 수 있다는 것을 알고 있다.

만약 말단 부서가 경영 환경을 파괴한다면, 감독과 제약을 받을 수 있다. 외부 상벌은 눈에 보이는 업무 실적을 요구할 수밖에 없고, 절대 다수의 업무는 명확하게 실시간 측정하기 어렵기 때문에 사명감, 가치관, 비전 등 다양한 내적 감수성과 관련된 구동 메커니즘이 필요하다.

05

개혁의 출발점 계획 경제

경제 발전의 핵심 원칙인 자원 할당 최적화, 사용 효율성 제고를 실현하려면 경쟁에 의존해야 한다.

중국 개혁의 출발점은 계획 경제로, 정부가 대량의 자원을 직접 장악할 뿐만 아니라 정책을 통해 자원 배분에 간접적으로 영향을 미칠 수 있는 상황은 점진적이고 장기적으로 시장화 개혁으로 나아갈 것이다. 그래서 경제 전체의 효율성을 높이려면 경쟁 메커니즘을 정부에도 끌어들여야 하는데 이론적으로 두 가지 방법이 있다.

첫 번째, 중앙정부 위주로 기능별로 부서를 나누고, 부서를 기본 단위로 전국적으로 자원을 동원하는 것인데, 경쟁은 중앙 정부의 목표 설정과 계획 과정에서 부처와 위원회 간에 나타난다. 예를 들어 계획 경제 기간 동안 중앙에서 제조업을 주관하던 부처는 1기부, 2기부 등 일고여덟 개 정도였는데. 이런 톱다운식 경쟁 모델은 소련에서 비롯됐다.

두 번째, 지방정부를 중심으로 경제 발전 목표를 설정한 후 지방정부로 권한 위임으로 적극성을 발휘하도록 하고, 지역 상황에 맞게 실제 업무에서 자원을 경쟁하도록 하는 것이다.

일종의 바텀업 경쟁 모델인데, 계획 경제 시기에도 이 두 가지 패러다임이 병존해왔고, 중앙집권과 지방분권 간 균형이 변동, 조정돼왔다.

마오쩌둥은 소련 모델을 신봉하지 않아서 1956년 '10대 관계론'에서 "중국은 크고, 인구가 많고, 상황이 복잡해서, 중앙과 지방이라는 두 개의 적극성이 있는데, 중앙만 있는 소련처럼 모든 것을 중앙으로 몰고, 지방을 찍어 눌러서는 안 된다"고 말했다.

개혁개방 이후 지방정부의 권력이 확대되면서 '속지(屬地) 관리'와 '지방 경쟁'이 정부간 경쟁의 기본 모델을 구성하게 되었는데, 이러한 경쟁은 자원뿐 아니라 지역 정책, 비즈니스 환경, 발전 모델 간의 경쟁이기도 한다. '속지 관리'는 결국 지역적인 실험이기 때문에 성공하면 그 경험을 보급할 수 있고, 실패하면 비용과 위험을 그 현지로만 제한하여 대세에 큰 영향을 미치지 않을 수 있다. 1980년 선전, 주하이, 산터우, 샤먼 등 4개 경제특구가 처음 설치됐을 때 정치적 저항이 나타나자 그냥 '특구'가 아니라 "경제특구"라는 점을 애써 강조하며, 단지 경제적 실험만을 할 수 있도록 한 것이다. 그와 관련하여 덩샤오핑이 시진핑의 아버지 시중쉰(习仲勋)에게 했던 "중앙이 돈은 없지만, 정책은 줄 수 있다. 가서 스스로 살 피의 길을 뚫어라"

라는 말은 중국의 공무원 시험 문제로도 출제가 되고 있다.

특히 살아날 길을 의미하는 피의 길을 만들어 보라는 말은 중국에서도 자주 사용되는 관용어구인데, 수십년이 지난 2019년 1월 화웨이 창업자 런정페이(任正非)가 연구소 연구개발 인력들에게 올린 내부 글에서도 구글의 우수 성공 사례를 언급하면서 이 문구를 써서 독려하였는데, 〈월스트리트 저널〉이 이를 런정페이가 미국과의 전쟁을 선언한 것으로 보도하는 해프닝이 벌어졌다. 이 말을 직역했거나 또는 의도적으로 왜곡 사용한 것이다. 이처럼 역사적 배경과 의미를 모르면 오역되는 사례는 많다는 것이 또한 중국을 공부해야 하는 이유가 되기도 한다. 산업화 과정에서 지방 경쟁의 전제 조건은 지역 간 산업 기반이 크게 차이가 나지 않아야 한다. 그렇지 않으면 자원의 우세 지역으로 몰려서 열세 지역은 발전하기 어렵다. 계획 경제 시대에는 중국 산업은 지리적으로 비교적 분산되어 개혁개방 초기 각지의 산업발전과 경쟁을 위한 토대가 되었는데, 이는 1964년에 시작된 '3선 건설'이 그 역사적 배경이 되었다. 당시 불안한 국제 정세에서 전쟁을 준비해야 했던 중국 중앙은 당시 공업과 자원이 대도시에 집중된 상황을 바꾸기 위해 "모든 새로운 건설 사업은 반드시 삼선에 배치, 분산, 은폐를 위해 몇 개 도시에 집중되지 않도록 하며, 현재의 1선 대도시의 주요 공장과 중점대학, 과학연구기관을 삼선 도시로 전부 또는 일부를 이전한다"는 결정을 했다.

이후 10여 년 동안 중국 전체 산업 투자의 40%를 운남, 귀주, 사천, 영하, 감숙, 섬서, 강서, 후난 등 3선 지역에 투자하는 전략적 결정이었다. 1970년대 말에 이르러 3선 지역의 공업 고정자산은 4.3배, 직원수는 2.5배, 공업 GDP는 3.9배 증가했다. 이런 역사적 연결 관계는 중국을 이해하는 또 다른 열쇠가 된다. 3선 건설의 대상은 공장, 연구기관, 기반시설까지도 포함함으로써, 중서부 지역으로 전면적인 제조업 생산체계를 구축하여, 동북 지역에 몰려 있던 중국 제조업의 구도를 완전히 변화시켰다.

이렇게 낙후되었던 지역으로 분산된 산업 체계는 훗날 개혁개방 이후 중서부 지역의 향진 기업과 민간 기업들이 발전할 수 있는 기반이자 토양이 되었다. 향진 기업은 현지 소비 수요의 경공업 제품 생산과 국유기업과 '공동 경영' 등 다양한 방법을 통해 많은 생산 재료 제조 연계에 진출하여 전체 산업 체계의 생산을 지원하고 보다 복잡한 생산 기술과 지식을 습득하였다. 1990년대 중후반 향진 기업 개조 이후 각 지역의 다양한 업종에서 많은 민간 제조기업이 생겨났는데, 그 기술 기반은 대부분 1970년대 3선 건설 시기에 건설된 국영 공장에서 태동한 것이었다. 이러한 분산된 향진 제조 공업 기업의 또 다른 중요한 기능은 바로 8억의 농민을 노동자로 양성하는 과정에 있었다. 즉 '산업화'의 가장 핵심적 연결 고리인 중국 잠재적 생산력인 농민들이 노동자로 되는 것이다. 이는 단순히 일뿐 아니라, 생각과 습관의 전환이 필요한 것으로 결코 쉬운 일이 아니다.

수천 년을 땅 위에서만 살아온 농민의 자손들이 토지와의 관계를 끊어내고, 전혀 다른 규율에 따라 기계를 조작하는 공장 노동자가 되기는 말처럼 쉽지 않다. 사람만 많다고 산업화의 촉매인 인구 보너스가 저절로 생겨나는 것이 아니라는 것은 많은 인구를 가진 적지 않은 나라들이 여전히 낙후된 데서도 알 수 있다. 중국 전역으로 분산된 제조업과 그 지식적 환경속에서 잉태된 향토 기업이 있었기에, 농민들의 "이토불이향(离土不离乡)", 곧 '땅은 떠나도 고향은 떠나지 않는다'는 안정감으로 농민들을 고향 또는 적어도 고향 근처에서, 노동자로 양성되는 환경을 제공받게 된 것이다. 그리고 이것은 토지 재정 및 토지 금융이란 신조어를 만들어내면서, 이후 중국 성장 30년 성장 스토리의 또 다른 동력이 되었던 것이다.

또, 공산품을 지역에서 판매하는 과정에서 수많은 농민들이 상업적 경험까지 축적하였을 뿐만 아니라, 외부 성과의 접촉, 더 나아가 외국과의 접점도 확대되었다.

그리하여 1990년대 후반과 2000년대 초반에 시작된 제조업의 급속한 발전으로 중국은 드디어 공장에 완전히 적응하고, 더 큰 세상으로 나가서 일하고 싶어하는 수억의 엄청난 노동력을 갖춘 나라가 되었다. 이런 분산 체계는 전국을 통합하여 제대로 돌아가는 시장경제 체계의 기준으로 보면 효율이 낮을 수도 있지만, 큰 영토의 풍습과 문화의 차이가 매우 다른 중국을 무대로 한 발전이란 측면에서 보아야 한다. 개혁개방 초기에는 기반 시설이 낙후되고, 경제는 흩어져 각 지역이 독자적으로 발전한 후 점차 통합되는 방향으로 갈 수밖에 없었다. 공산당에 의한 건국, 대약진운동과 문화대혁명이란 사회 개혁과 변화 과정이후 교육의기회를 박탈당했던 대부분의 사람들이 조정하고 적응할 시간이 필요했던 것이다. 안에 있는 사람들에게 그 변화 속도와 강도는 다를 것이며, 완충 지역과 적응을 위한 충분한 시간과 자원이 있어야만 한다. 단순히 이론적 모형에서 경제적 효율성을 인식한다면 이러한 완충 메커니즘은 효율적 최적 자원 배분을 달성하지 못하기 때문에 '왜곡' 또는 '자원 미스매치'로 해석될 수 있다. 하지만 이런 '최적'은 이론에 불과하다. 공업이 농업보다 훨씬 생산성이 높다는 것은 누구나 아는 사실이지만 수억 명의 농민들이 토지를 떠나 공장으로 들어가는 것은 아마도 몇 세대에 걸친 단련과 모순이 필요한 긴 과정으로, 이를 고려하지 않는 급진적 개혁은 사회 전체가 요동치는 혼란으로 몰고 갈 수 있다. 지방정부는 관(官)뿐만 아니라 시장에서도 서로 경쟁하므로 '경제 건설 중심'으로 지방 관료를 평가하고 이를 승진 고과에 포함시켜야 했다.

이런 '관+시장' 체제에는 세 가지 특징이 있다. 첫째, 관료 승진에 대한 정치적 인센티브와 지역경제 성과를 연계한다. 승진에서 경제 건설이나 GDP 목표의 구체적인 메커니즘은 언제나 논란의 여지가 있지만, 경제발전이 지방 관료의 주요 치적임을 부정하는 사람은 없었다.

둘째, 시장 경쟁으로 관료들의 행위를 단속해야 한다. 지방 관료와 정부가 기업에 미치는 영향이 크지만, 기업의 성패는 결국 국내 또는 전 세계 시장 경쟁 성과에 의해 결정된다. 이러한 외부 요인은 현지 정부의 통제 범위를 넘어선다. 따라서 경쟁에서 이기려면 지방정부의 의사결정과 자원 조달도 시장 경쟁을 고려하고, 효율과 비용을 고려해야 한다. 또 자본·기술·인재 등 생산요소는 지역 간에 서로 공유할 수 있는데, 지방정부가 자의적으로 경영 환경을 훼손하면 지방 경제가 쇠락할 수도 있다. 셋째, 지역 경제 성과는 지방 공무원 및 정부 업무에 대한 시기적절한 피드백을 제공할 수 있다. 속지 관리 체제에서 지방 환경에 더 익숙한 지방 정부가 현지 정보와 피드백을 처리할 때 상급 정부나 중앙정부보다 훨씬 우위에 있다.

미국 기업가들은 "중국의 경제학은 하버드에서 공부한 것과 다르다, 시장 경쟁과 수요 공급 이외에, 중국 기업 뒤에는 정부 보조금과 지원이 있으니 어떻게 경쟁할 수 있겠나"라고 불만을 말하지만, 중국의 정책 입안자나 시장 참여자들은 현실 세계는 흑백처럼 명확히 '시장'과 '정부'의 경계가 없으며, 이해관계가 얽혀 있는 여러 가지 조합이 있을 뿐이라고 생각한다.

특히 중국 경제 개혁의 출발점은 계획 경제이기 때문에 토지, 금융, 공기업 등을 대량의 자원을 가지고 있는 지방정부의 개입은 피할 수 없다.

실물투자의 연속성, 복잡성, 비가역성 등으로 인해 정부는 깊게 개입하며 기업과의 관계도 복잡하면서도 대단히 밀접하다. 모든 업종마다 기술, 자원, 역사 등으로 인해 정부와 기업의 협력 방식이 다 다르므로, 산업 정책을 협의하고 분석할 때 업종의 특색을 고려하지 않을 수 없다. 업계와 기업은 어떻게 정부의 힘을 빌려서 발전하고, 어떤 세부 정책이 시행되는지, 정부 자금은 어떻게 투입되고 회수되며, 산업의 흥망성쇠와 기술의 등락에 어떻게 영향을 미치는지 등은 기본적인 사실과 경과를 먼저 알아야 결과를 판단할 수 있다.

경제학의 수학적 모형과 통계만이 이치를 따지는 유일한 것이 아니며, 구체적 사례가 더 설득력을 가질 수 있다.

지방 융자 플랫폼이나 도시투자회사, 투자유치 경쟁, 토지 금융, 인프라, 산업 원구와 더불어 구체적인 산업의 사례에서 정부의 새로운 투자유치 방식과 산업 정책 도구로 재정 자금의 시장화 활용을 모색중인 정부산업투자기금도 같이 봐야 한다고 주장한다.

지방정부의 투자유치 혜택은 산업 진입장벽을 낮추고 중복투자와 과잉 생산으로 이어질 수 있다. 중국 산업 정책을 논할 때 줄곧 비판을 받는 폐해로 태양광은 자주 언급된다. 중국에서 과잉 투자와 과잉 생산은 전혀 새로운 일이 아니다. 시장이 선택한 투자의 정도가 미래의 수요에 딱 들어맞을 수는 없기 때문이다. 특히 산업 투자는 불가역성이 크다. 저지르지 않았으면 지켜볼 수 있겠지만, 이미 베팅을 했으면 멈추기가 어렵다. 시장에 낙관이 팽배하면 투자자가 한꺼번에 몰려들어 과잉 생산, 제품 가격 하락, 기업 도태, 가격 하락이 또 신규 수요를 자극하여 새로운 과잉 투자를 유발한다. 이러한 수요와 공급의 동적인 조정 과정에서 주기적 과잉 생산은 시장 경제의 병가지상사다. 이 과정에서 기업은 끊임없이 혁신하고, 경쟁 우위를 늘리며, 적자생존과 기술 진보를 가속화한다.

중국은 세 가지 요인으로 '중복 투자'를 더 가중시켰다. 먼저 개발도상국으로서 선진국의 발전 과정을 볼 수 있고, 많은 제품의 시장 수요가 거의 확정적이며, 생산 기술의 복제가 가능하다는 것이다. 예를 들어, 중국 사람들의 자체 수요가 많지만, 국내 생산 능력이 부족해서 모두에게 기회가 있기 때문에 투자가 몰리고 있다.

둘째, 저가 토지, 대출 등 지방정부 투자 유치에 따른 많은 혜택과 보조금은 공장 건설 단계에서 주로 발생하는데, 잦은 지방 관리의 변경으로 만약 사업이 늦어지면 혜택이 없어질 수 있다. 시장 수요를 예측할 수는 없지만, 생산 이후 시장 변화는 생산량을 조절 등의 방법이 있지만, 하지 않으면 기회와 자원이 다른 데서 채어갈 수 있으니 할 수 있을 때 해야 한다. 셋째, 현지 여건이 부족하더라도 중앙의 산업정책이 정한 방향으로 투자를 하는 것도 지역별 중복투자를 촉발하는 요인 중 하나다.

그러나 '중복 투자'가 항상 나쁜 것은 아니다. 경제 발전 초기에는 적어도 두 가지 긍정적 역할이 있었다. 첫째, 지역의 공장은 지역 농민들이 노동자로 변신할 수 있는 배움의 장과 통로를 제공했다. 중국 '산업화'의 핵심은 농민의 노동자 전환이다. 단지 일의 전환이 아니라사상과 생활습관의 변화는 저절로 일어나지 않는다. 향진기업이 부상하던 때에는 통일된 국내 시장이 형성되지 않았고, 각지에서 정부의 지원을 받아 각종 소규모 공장을 반복적으로 건설하여 생산성과 기술 수준이 매우 낮았다. 그러나 바로 이러한 '땅은 떠나지만 고향은 떠나지 않는' 공장이 현지의 농민들에게 공업과 공장을 친숙하게 만들고 많은 노동자를 양성하여, 후에 중국이 WTO에 가입한 뒤 노동력 우위를 이용하여 '세계의 공장'이 될 수 있는 기반을 마련하였다. 이렇듯 중국의 '공장'들은 '학교'와 같은 교육적 기능을 담당했으며, 매우 강한 외부성이 있으므로 이를 지원하고 보조하여야 한다. 둘째 장점은 경쟁 심화다. 낮은 수준의 대량 생산이 몰리면서 '가격 전쟁'이 많은 제품을 상시 경쟁 체제로 만들었다. 그래서 오랜 기간 동안의 '원가 비용 혁신'이 바로 중국 혁신의 주 선율이었다. 서구에서는 이를 '모조'와 '짝퉁'이라고 비아냥거리지만, 원가 비용 혁신과 기능의 간소화는 중요하다. 왜냐하면 선진국에서는 이미 여러 해 동안 세대교체를 해온 가전제품이나 자동차를 중국의 소비자들은 처음 사용하였기 때문이다. 이런 복잡 정밀한 제품들은 가격이 비싸서 처음 사용하는 사람들을 망설이게 하였다. 만약 일부 기능과 약간의 품질을 포기함으로써 가격을 크게 낮출 수 있다면, 제품 판매에 도움이 될 것이고, 소비자가 이러한 제품에 먼저 익숙해지고 나서야 점차 품질에 대한 수요가 높아지기 때문이다. 그래서 많은 중국 국산 제품은 이른바 '짝퉁+가격 전쟁'이란 과도기적 단계를 거쳐야만 했다. 업계는 이런 혹독한 경쟁 속에서 빠르게 재편되고, 자원과 기술이 선두 기업으로의 집중이 또 빠른 품질 향상을 가져왔다. 국산 가전제품들이 저질에서 출발하여 값은 싸다는 인식의 단계를 거쳐서 그런 대로 쓸 만하다는 인식의 수준을 지나서, 이젠 디자인과 가성비로도 밀리지 않는다는 정도로 국내 시장을 점령하기까지 20년이 걸렸다. 지금은 모두에게 친숙한 제품들 대부분이 그런 과정을 거쳤다. 그래서 그들은 정부 지원과 상관없이 중요한 것은 '중복 건설'이 아니라 '경쟁 유지'다.

시장 경제의 장점은 끊임없이 시행착오를 겪고 경쟁에서 살아남는다는 것이다. 경쟁력을 유지할 수 있는 산업정책은 특정 기업만 육성하는 정책보다 효과가 좋은 경우가 많겠지만 '특정'이라는 것은 정의하기 어렵다. 중앙정부 산업 정책은 전 업종에 걸쳐 혜택이 있고 또 특정 기업을 겨냥하지 않는다 하더라도, 일단 지방정부로 가면 결국 정책은 '특정'한 지역 기업에 맞춰진다.

지방정부가 지역 기업을 보호하고 비효율적인 '좀비 기업'이라도 끊임없이 수혈하고 살려야 하므로 자원의 미스매치와 낭비를 초래할 수 있다. 이것은 많은 경제학자들이 산업 정책에 반대하는 주요 이유다. 특히 중국 지방정부의 '큰 프로젝트' 선호는 기업의 투자 확장을 자극한다. 기업이 일단 커지면 고용, 안정이 이익과 관련되어 쉽게 파산하지 않는 대마불사가 된다. 그래서 산업 정책은 퇴출 메커니즘이 있어야 하며, 비효율적인 기업이 퇴출되지 않으면 '경쟁력'은 공염불이다. '퇴출 메커니즘'은 두 가지 의미가 있다.

첫째는 정책이 퇴출 메커니즘을 설계해야 한다는 것이다. 예를 들어, 태양광 발전의 "표준 전기 가격" 보조금은 계속 낮아지고 있으며, 모든 기업이 보조금이 점차 사라질 것을 잘 알고 있기에 효율을 높이고 비용을 절감해야 할 이유가 있다. 둘째, 비효율적 기업의 도산 및 퇴출 채널이 원활해야 한다. 이는 산업 정책뿐 아니라 보다 심층적인 요소 배분의 시장화 개혁에 관한 것이다. 만약 기업의 퇴출이 원활하지 않으면 시장화 개혁도 심화되기 어렵다. 파산이 어려운 것은 중국 경제의 고질병이다. 채권 은행들은 부실 대출이 드러나 더 이상 위험을 감출 수 없는 것을 꺼리고, 지방정부는 기업(특히 대기업)의 파산을 꺼린다. 동남 연해안같이 시장화 정도가 높은 지역은 파산절차가 상대적으로 조금 더 규범화돼 있지만, 전반적으로 중국 기업 퇴출에 대한 제도 개혁과 건설은 구조조정이건 파산 청산이건 갈 길이 멀다.

하이테크 기업에 대한 자금 지원이라고 하면 실리콘밸리 스타일의 벤처 투자가 가장 먼저 떠오른다. 그러나 미국식 벤처펀드가 중국에 그대로 이식된 것은 아니다. 중국의 정치경제적 토양을 이식하고 적응하는 과정에서 지방정부의 재정 자금이 접목돼 정부 산업 "인도 기금"이라는 중국 특색의 펀드가 탄생했다.

지방정부가 첨단산업에 투자하는 방식은 지방정부 투융자의 전통적인 모델로 탈바꿈했다. 높은 지방채와 '탈생산성, 디레버리징' 등 개혁의 배경에서 2014년부터 인도 기금은 폭증하여 5년 만에 규모가 몇 배로 불어났다.

칭커(02IPO)에 따르면 2024년 6월말 현재 중국에는 총 2,126개의 정부 인도 기금의 규모는 약 12.82조 위안에 달한다.

물론 이 펀드들의 투자 방향은 반도체 등 하이테크, 친환경차, 바이오, 인공지능 등이다. 초기의 정부의 산업 인도 기금은 투자유치를 위한 새로운 방식이고, 새로운 산업 정책 도구이자 재정 자금을 시장화 방식으로 활용하는 탐색이었다. 이러한 펀드를 이해하는 것은 중국의 산업 발전을 이해와 '점진적 개혁'의 이해에 보탬이 된다. 또한 인도 기금과 민간의 사모펀드의 투자 방식이 긴밀히 결합되어 시너지를 내고 있다. 정부는 은행에서 직접 돈을 빌릴 수 없기 때문에 성투회사(城投公司)를 설립해야 한다. 마찬가지로 정부가 직접 자본시장에 가서 지분 투자를 할 수 없기 때문에 인도 기금을 만든 뒤에도 이를 관리, 운용할 전문 회사를 만들어 다른 사모펀드에 재투자한다.

이 회사의 운영 모드는 크게 세 가지로 나눈다. 첫째, 성투회사(城投公司)와 비슷한 정부 독자 회사로 예를 들어 성 정부 국유자산관리판공실이 100% 지분을 보유한다. 둘째, 혼합 소유제 회사로, 시국자위에서 소액지분을 보유한다. 셋째, 인도 기금 규모가 작은 경우 정부가 직접 전문 펀드 운용사를 만들 능력과 필요가 없어서 바로 시장의 사모펀드 운용사에 운용 위탁을 하는 경우가 있다.

정부 인도 기금의 제도적 조건이 조성된 것은 2005년이다. 당시 발전개혁위원회와 재정부 등이 처음으로 국가와 지방자치단체가 창업 투자 인도 기금을 설립할 수 있음을 명확히 한 후, 지분 참여와 융자보증 등을 통해 창업 투자 기업의 설립과 발전을 지원하였다. 2007년 관련법 개정으로 LP/GP 펀드 운용 모델이 법적 보장을 받게 되었고, 중국 본토 최초의 유한 합자 인민폐 펀드가 설립되었다. 2008년 국무원은'재정 자금의 레버리지 확대 효과를 발휘하고 창업투자자본의 공급을 늘리며 단순히 시장을 통해 창업 투자 자본을 배분하는 시장실패 문제를 극복한다'는 취지로 인도 기금 설립을 위한 정책 기반을 제공했다. 정부 인도 기금이 '모기금' 형식으로 운용할 수 있도록 했고, 사회적 자본을 끌어들여 '자펀드'를 공동 설립해 스타트업 투자를 늘릴 수 있음을 천명한 것이다. 동시에 '정부 인도, 시장 운영, 과학 결정, 위험 예방'의 원칙에 따라 자금이 시장 지향적으로 운영되도록 해야 한다고 한 이 16글자가 인도 기금 설립과 운용의 기본 원칙이 되었다.

아직 상장되지 않은 기업에 정부 돈이 '지분' 형태로 들어간 뒤, 그 기업이 상장되면 '국유 지분은 어떻게 되며, 또 규정에 따라 IPO시 10%의 지분을 사회보장기금(한국의 국민연금)으로 이전할 것인가 등의 문제가 있었다.

2010년 재정부는 국유자본의 창업 투자 의욕 제고를 위해서 적격 국유 창업 투자 기관과 국유 창업 투자 인도 펀드가 IPO시 국유 주식 이전 의무 면제를 신청할 수 있도록 했다.

국제적으로는 2+20룰(GP 관리비 2%+성과급 20%)이 관례지만, 재정자금을 관장하는데 이렇게 높은 보수와 성과급을 받는 것이 맞는가에 대한 의문이 있었다.

2011년 재정부와 발전개혁위원회는 재정 자금과 사회자본의 수익 공유, 위험 공유의 원칙을 확인하고, GP가 관리비(통상1.5~2.5%)를 기준으로 부가가치 수익의 20%를 받을 수 있다는 점을 명확히 하여 GP가 창출한 가치를 인정했다.

이 같은 정책이 정부 산업 인도 기금을 위한 제도적 기반이 만들어졌지만, 폭발적 성장은 2014년'新예산법' 관련된 일련의 개혁 때문이었다.

개혁 이전에는 지방 정부가 예산 내에서 조성한 각종 특별 기금(예를 들면 문화예술 여행 보조금) 등을 만들어 기업 보조금으로 사용했다. 국무원은 2014년 개혁 이후 지방정부의 기업에 대한 재정 지원을 엄격히 제한하기 시작하였는데, 새로운 법은 2년 연속 사용하지 않은 돈은 동급 또는 상급 재정에 전용하여 사용할 수 있게 되었기 때문에 보조금과 세제 혜택에 쓰이던 재정 자금은 새로운 활로를 찾아야만 했다. 이처럼 기본 제도적 틀이 마련되고 지방정부도 목돈의 활로를 찾아야 하는 산업 인도 기금이 마련돼 있다. 하지만 새로운 것은 자세한 운영 매뉴얼이 필요하다. 2015년부터 재정부와 국가발전개혁위원회는 일련의 정부인도기금에 대한 관리 규칙을 연속 발표하여 각 지역에 행동 지침을 제공했다. 그 중에서도 가장 중요한 것은 두 가지다. 첫째, '이익 공유·위험 공유' 원칙을 다시 한 번 명확히 하고 재정자금을 사용하는 정부투자펀드의 부실을 허용했다. 둘째, 재정 부문은 "출자하되 관여하지 않는다"고 명시하고, '정부투자기금이 산업발전을 지원하기 위한 좋은 환경을 적극 조성해 정부투자기금의 시장화 운용을 촉진한다'고 지방 재정 부문에 협조를 요청했다. 이후 정부 인도 기금은 폭발적 성장기에 접어들었다. 칭커 데이터에 따르면 2013년 전국에 설치된 정부인도기금은 약 400억 위안의 자금이 확보됐으나 2014년 한 해 2,122억 위안으로 폭증했고 2015년 3,773억 위안, 2016년 1조 위안을 넘어섰다.

많은 유명 산업 인도 기금이 이 단계에서 조성되는데, 예를 들어 2014년 산업통상자원부가 설립한 국가 반도체 펀드(국가집적회로 산업투자기금)는 1차 규모가 1400억원이었다. 대다수 지방정부의 인도 기금도 이 단계에서 만들어졌다. 인도 기금은 대부분 '모펀드' 방식으로 운용되는데, 사회자본과 공동으로 시장화 사모펀드에 투자하고 후자를 통해 비상장사 지분에 투자한다. 이러한 모델이 잘되려면 투자에 참여할 수 있는 다양한 사회적 자본, 위탁할 충분한 사모 운용 관리자 풀, 다양한 투자 엑시트 채널이라는 세 가지 조건이 필요하다. 그 중에서도 가장 중요한 것은 원활한 투자 엑시트 채널이다.

21세기 초 10년 동안 자본 시장 발전을 위한 제도적 기반을 닦은 것은 세 가지 정책이다. 첫째, 2004년 국무원은 『자본 시장 개혁개방 추진과 안정발전에 관한 몇 가지 의견』을 발표하여 다층자본 시장 체계를 확립하기 위해 자본 시장 구조와 벤처투자 메커니즘을 완비하는 등 제도적 기반을 마련하였다. 둘째, 2005년 시작된 지분 분치 개혁은 비유통주 상장 유통의 문제를 해결한 증권 시장 발전사의 기념비적인 개혁이다.

셋째, 2006년 개정된 〈회사법〉이 시행되면서 본격적으로 발기인 주와 벤처캐피탈 지분이 구별되었다. 상장 이후에도 대주주 등 발기인의 주식은 3년간 판매금지가 시행되지만 벤처펀드의 락업(매도 금지)은 12개월이다. 션전 거래소는 2004년 중소기업판, 2009년 창업판이 각각 열렸다. 2013년에는 신삼판이 전국으로 확장되었다. 커창판은 2019년 상하이거래소에서 개장하여 등록제를 시범 시행하고 있다. 국내 상장 채널이 넓어지면서 소위 양두재외(两头在外),즉 해외에서 모집해서 해외에서 엑시트하는 고질적인 구도의 변화가 생겨나기 시작하였다.과거 중국의 지분 투자펀드는 2008년 글로벌 금융위기 이후 위안화 펀드가 주도하기 시작하면서 외화 펀드 자금에 대한 의존도가 줄어들기 시작했다

최근 몇 년 동안 신에너지, 반도체, 인공지능, 바이오 의약품, 항공우주 등 대중에게 잘 알려진 많은 신기술 분야에는 대다수 유명 기업이나 투자 펀드의 배후에는 정부 인도 기금이 있다. 이전에 설명한 지방정부 융자 플랫폼이 땅값 하락이나 높은 부채가 큰 어려움

인 것과 달리 재정 자금으로 벤처 투자를 하는 제도적 어려움과 도전은 크게 네 가지다. 첫째, 재정 자금의 가치 보존 목표와 투자 손실 가능성의 모순이다. 인도기금은 원칙적으로 손해를 볼 수도 있다고는 하지만, 펀드를 운용하는 입장에서는 손해가 발생하면 상급 기관을 대하기 쉽지 않다. 둘째, 지역을 벗어날 수 없는 지방 재정 자금의 성격과 경계가 없는 자본 사이의 모순이다. LP들 입장에서는 투자 수익이 가장 중요한 반면,재정으로 하는 인도기 금 투자는 지역 투자 유치가 목적이기 때문에 다른 지역에 투자할 수 없다. 토지 양도나 세제 혜택도 지역 자원이나 경제 발전 전망 등 투자유치의 가장 핵심적 결정 요인을 바꾸기는 어렵다.

일선 도시에는 대기업이 밀집해 있고, 인도 기금을 비롯한 각종 투자 유치 수단이 풍부하여 상대적으로 유리하지만, 다른 지역은 사실 인도 기금이 사실상 대출이나 채권으로 변질되기도 한다.

예를 들면 인도 기금이 투자 기업에 일정 기간이 지나서 사업 수익이 나면 원금에 기본 금리(2~5%) 정도만 더한 싼값에 정부 지분을 매도하도록 투자 기업과 약정하는 등 사실상 편법적 저금리 대출이 되어버린다. 또 인도 기금이 다른 사회자본을 같이 유치하기 위해 일정한 조건이 되면 이들의 지분 인수를 약속하는, 소위 명고실채(名股实债, 명목 상 주식, 실체는 채권)다. 세 번째, 자본 시장의 어려움이다. 지분 투자는 시장과 자금 변화에 민감하며 사모 펀드는 더 그런데 정부 인도 기금 출자 규모는 통상 전체 펀드 규모의 20% 이하이다. 나머지 80%의 다른 자본이 없다면 사모펀드 모집에 실패했을 수 있다는 얘기다. 2018년 '자산관리업 신규'(한국의 자본 시장통합법과 유사) 공지 및 시행 이후 많은 사모 펀드 운용 기관들이 대거 도산했고, 인도 기금이 홀로 버티기 어려워졌다. 넷째, 인센티브 등 보상 메커니즘이다. 사모펀드 업계는 수익률이 높고, 인재에 대한 요구도 높은데, 정부와 공기업에서 파생된 인력에게 시장에 걸맞은 처우를 줄 수 없기 때문에 사모펀드 GP에 돈을 맡기는 '모펀드'형태로 운용하는 것이다. 다만 GP와 효율적 소통, 그 행위의 감시와 산업투자 목표를 달성하려면 펀드 운용 기관의 업무 수준도 뒤처지면 안 되고, 인재 유치가 필요하기 때문에 임금 구조의 제도적 조정이 필요하지만, 지역별 차이는 매우 크다. 시장화 정도가 높고 제도가 비교적 유연한 선전과 같은 곳과 달리 대부분 지역에는 임금 인센티브 메커니즘은 여전히 돌파하기 어려운 병목 구간이 되고 있다.

중국의 경제개혁은 계획 경제에서 변모한 것이고, 정부는 산업발전에 중요한 자원을 다량 장악하고 있기 때문에 필연적으로 다양한 방식으로 산입화 과정에 깊이 참여할 수밖에 없다. 중국에서는 정부와 시장 간 경계가 없고, 거의 모든 중요한 현상들은 이 둘의 자원이 상호 작용한 결과이다. 중국 경제를 제대로 이해하려면 정부와 시장의 이분법이라는 지나친 간소화도 경계할 필요가 있다. 크게 경제발전 모델, 작게 산업 정책 등 구체적인 문제를 구체적으로 분석하고 현실 변화에 따라 끊임없이 조정해야 한다. 정부 역량과 시장 여건도 끊임없이 발전하고 변화하기 때문에 정책 도구는 끊임없이 발전하고 변화해야 한다.

1990년대 중반부터 2000년대 초반까지 인프라가 열악하고, 법제 환경도 미비하며, 자본 시장과 사회신용 메커니즘도 불완전하였기 때문에 신용등급이 높은 지방정부와 공기업을 주체로 토지 레버리지를 동원하면 대량의 자원을 활용한 투자 가속화로 급속한 도시화와 공업화를 추진할 수 있다.

이 모델의 이면에는 토지 관련 부패, 도시화 과정에서 땅을 중시하고 사람이 경시되며, 민생 지출 부족, 교육, 의료 등 공공서비스 공급 지연, 집값 급등, 부채 급상승, 투자 과잉 의존형 경제, 낮은 소득의 소비 부족, 과잉 생산성의 해외 수출로 인한 무역 불균형과 충돌의 야기 등등 이 모든 문제가 최근 몇 년 동안의 이슈로 많은 개혁을 낳았다.

시장 경제 이론 한 가지에만 의존하여 중국 경제를 연구하는 것은 문제 발견을 용이하게 하고 또 다양한 왜곡이나 불일치를 감지하는 이점이 있다. 하지만 문제 발견부터 해결책 제시까지는 갈 길이 멀다. 문제가 생긴 역사와 현실적 원인을 파악은 물론, 여러 가지 가능한 방안의 득과 실을 알아야 한다. '가정'과 '기준'을 바꾸면 생각이 전혀 다를 수 있다. 하버드대 경제사가 게센커룽의 말처럼 "엄격한 개념의 틀은 문제를 명확히 하는 데는 도움이 되겠지만, 종종 문제 자체를 해답으로 착각하게 만든다" 경제적으로 낙후된 국가들이 뒤처지는 것은 바로 선진국의 하드웨어나 소프트웨어 자원이 많이 부족하고, 완벽한 시장 메커니즘이 부족하기 때문이다. 그래서 산업화와 현대화를 추진하는 과정에서 후진국이 자원을 조직하고 동원하는 방식은 선진국과 다를 수밖에 없다. 1980년대에는 어느 누구도 오늘날 중국 경제의 모습을 전혀 상상하지 못했을 것이다. 중국의 경제 발전은 분명히 유럽과 미국을 그대로 베끼는 모델이 아니다. 시장과 발전의 복잡한 상호작용 과정으로 이해하며 또한 효과적인 시장 메커니즘 자체가 부단히 건설된 결과이다. 경제 발전 초기에는 시장 메커니즘이 부족했고, 정부는 경제 발전을 촉진하고 각종 시장 경제 제도를 육성하는 데 주도적인 역할을 했다. 그러나 경제가 발전하고 시장 경제 시스템이 완비되면서 정부의 역할도 계속 조정될 필요가 있다. 정부의 역할을 강조하는 것은 물론 계획 경제를 고취하는 것은 아니다. 과거 소련식 계획 경제는 두 가지 특징이 있는데, 첫째는 계획만 있을 뿐 시장과 가격 메커니즘을 부인하고 그것을 허용하지 않았다. 둘째는 폐쇄적이고 국제 무역과 세계화에 거의 참여하지 않았다는 것이다. 중국을 계획 경제일 뿐이라고 말하는 경제학자들은 "나는 중국을 하나도 모른다"는 것을 자백하는 것이다.

중국은 정부만 보더라도 적어도 지방정부 간의 투자 유치 경쟁, 정부 능력의 건설과 역할의 전환, '생산형 정부'의 역사적 역할과 '서비스형 정부'로의 전환을 거쳐 왔고 지금도 그러고 있다.

Part 3

생활로 보는 중국 경제

CHINA DIFFERENT

01

버려진 혁명 전사 농민공

농업 사회였던 1900년대 초중반의 중국에서 공산당은 농촌으로 도시를 포위하는 전략으로 사회주의 혁명을 완수했다. 그리고 30년이 지나 다시 개혁개방이 시작된 이후 과거 혁명의 주체였던 농민들은 인류 역사상 최대의 인구 이동을 통해 다시 산업 전사가 된다. 언젠가부터 그들은 통칭 '농민공(农民工)'으로 불렸다. 이 농민공 인구는 3억 명에 육박한다. 2024년 말 2.99억 명으로 전년보다 220만 명 0.7% 늘었는데, 이는 2021년 2.4%, 2022년 1.1%, 2023년 0.6%로 그 증가 폭이 줄어들고 있다.

농민공은 크게 두 부류다. 고향을 멀리 떠나는 출향 농민공(外出农民工)은 60%인 1.78억 명, 고향 인근에서 일하는 현지 농민공(本地

农民工)은 40%인 1.21억 명이다. 특히 중서부 지역 농민공은 고향 성 내 "근거리 취업" 비중이 갈수록 높아지고 있다.

평균 연령은 약 43.2세인데, 현지 취업 농민공 평균 연령은 46.8세, 출향 농민공은 39.0세로 젊은 층일수록 먼 외지로 나가서 조금이라도 돈을 더 벌려고 하고, 나이가 든 이들은 고향 근처에 머무르는 경향이 나타난다. 성별로는 남성 62.4%, 여성 37.6%로 여성 비중이 매년 조금씩 상승하고 있다.

농민공들의 평균 학력은 중등교육 수준이다. 초등 졸업 이하 14.6%, 중졸 52.1%, 고졸 17.5%, 대전(大专, 전문대) 이상 15.8%이다. 그들의 54.6%가 제3차 산업에, 제2차 산업(제조·건설 등)은 44.7%이다. 업종별로는 제조업 27.9%, 건설업 14.3%, 도소매업 13.6%, 운수·창고·우편 7.2%, 숙박·요식업 7.1%, 생활서비스·수리 등 12.3% 등으로 분포한다. 특히 부동산 경기 둔화, 젊은 층의 기피, 고령자 은퇴 등으로 건설업 종사 농민공이 줄고, 택배·음식배달 등 신산업의 성장에 의한 일자리 확대 등 제3차 산업의 농민공 고용이 늘어나는 추세다. 2024년 이들의 월평균 소득은 4,961위안, 출향 농민공은 5,634위안, 현지 농민공은 4,291위안으로 외지 취업자의 소득이 30% 이상 높고, 동부 연해지역 농민공의 임금(5,368위안)이 서부(4,541위안)이나 동북지역(4,164위안)을 크게 상회했다.

중국의 상주인구 기준 도시화율은 2023년 66.1%로 도시 인구가 전체 인구의 3분의 2를 넘어섰다. 그러나 호적을 기준으로 한 도시화율(户籍人口城镇化率)은 2023년 말 48.3%로, 이 둘 간의 18%p 차이는 도시 지역에 취업해서 살지만 해당 도시의 호적을 취득하지 못한 인구 집단을 의미한다. 거시적으로는 도시로 이동·정착한 9억 3천만 상주 도시 인구 중 약 3억 명 이상은 여전히 농촌 호적을 보유한 "비호적 도시 노동자"라는 것이며, 이 배경은 전통적인 호적 도로 인한 것으로, 성장과 발전 도전과 문제를 담고 있는 양날의 칼이다.

하지만 중국 정부는 이들의 도시 정착을 촉진하기 위해 호적 제도, 주거, 교육, 의료, 사회보험 등 다방면의 정책을 개편하면서 오래된 역사적인 문제들이 시간을 두고 점진적으로 해결해 가고 있다.

2014년 이후 '새로운 도시화(新型城镇化)' 전략 하에 농민공의 도시 "도시 시민화(市民化)"를 촉진하는 것이 핵심 과제로 떠올랐고, 이에 맞춰 호적 제도 개혁이 추진되었다.

호적 제도의 '벽'은 도시 규모에 따라 달라진다. 중국 정부는 2019년 이후 상주인구 300만 이하 중소도시는 대부분 호적 제한을 철폐하였고, 300만~500만의 대도시는 이전보다 호적 취득 조건을 크게 완화했다. 500만 이상 특대 도시(베이징, 상하이 등)는 "포인트 제도(积分落户)"를 통해 호적을 얻기위한 점수(거주년수, 사회보험 납부 기간 등)를 쌓아도, 연간 정원이 제한되는 등 여전히 높은 진입 장벽이 존재했지만 중소 도시의 호구 제한 완전 철폐(300만 이하 도시) 및 대도시 조건 완화 정책이 시행되어, 농민공의 도시 호적 취득 문턱이 크게 낮아졌다.

국가발전개혁위원회의 2024년 『新型城镇化五年行动计划』도 이러한 방향을 확인하고 있다. 이 계획은 "농업전출인구 시민화를 도시화의 최우선 과제로 삼아, 5년간 호적 전환 경로를 넓히고 호적 취득율과 상주인구 도시화율 격차를 현저히 축소한다"는 것이 목표다. 또한 "현 거주지에서 호구 등록 및 기본 공공서비스 제공"을 추진하여, 호적과 상관없이 교육·의료·주택 등의 기본 권리를 보장하는 제도를 구축하도록 하고 있다.

교육 정책 측면에서, 도시 정부들은 농민공 자녀의 공립학교 취학을 보장하고 있다. 2023년 현재 농민공 동반 자녀의 96.7%의 자녀가 도시에서 학업을 이어가게 되었다.

주거 지원 분야에서도 중앙정부는 농민공의 城镇住房保障(도시주거보장)에 농민공을 포함시켜 각지에서 농민공 대상 공공임대주택 및 싼 임대주택(廉租房) 공급을 늘리고 있다.

도시에서 취업한 500만 명 이상의 농민공이 공공임대주택 혜택을 받았으며, 향후 더욱 많은 농민공이 보장성 주택에 접근할 수 있도록 할 계획이다. 일부 도시는 농민공이 주택 기금을 적립하고 대출을 받을 수 있도록 허용하고 있으며, 이들이 저렴한 가격으로 거주할 수 있는 집합 임대주택도 확대되고 있다. 도시와 농촌 주민을 대상으로 각각 별도로 운영되던 의료보험과 연금보험을 개혁을 통해 농민공도 현 거주지에서 의료보험에 가입할 수 있게 되었으며, 호적 제한 없이 취업지 보험 가입이 가능하도록 제도가 정비되고 있다.

또한 사회보험의 이전과 연계 절차를 간소화하여, 농민공이 고향과 취업지를 오갈 때 보험금 공백이나 중복 납부가 최소화되도록 하고 있다. 특히 2018년 농민공을 포함한 전 국민 연금보험 가입률 95% 이상 달성 이후, 실질적인 가입률 제고와 혜택 수준 개선에 정책 초점이 맞추어지고 있다.

이와 같은 정책 변화들은 농민공이 "시민"으로 안착할 수 있는 환경을 조성하기 위한 것으로 농업 전출 인구의 도시 정착에 수반되는 토지, 주거, 교육, 의료 문제를 패키지로 해결하려는 노력을 가속화하고 있다.

농촌 토지의 삼중 권리 구조와 도시 정착 시 토지 제도

중국 농촌 토지제도는 "3권 분할(三权分置)" 구조이다. 토지 소유권(집단 소유), 토지 계약권(농가 承包权), 토지 경영권(경작·사용권)의 세 가지 권리가 분리되어 있다.

즉 땅은 집단이 소유하고, 농민 가구는 장기 경작권(농지 계약경영권)을 가지며, 경작권의 일부인 경영권은 임대·양도하여 다른 농민이 경작할 수도 있다. 과거에는 농민이 도시로 이주하여 호적을 옮기면 농지와 주택 택지(宅基地)를 반환하도록 요구받는 관행이었지만, 2019년 개정된 〈농촌토지계약법〉은 "농민이 도시로 나가 호적을 옮겨도 해당 농지 계약경영권을 도시 호적 취득의 조건으로 농지권 포기를 강요해서는 안 된다"고 명문화했다. 이에 따라 농민공이 도시 호적을 얻더라도 본인의 의사에 반하지 않는 한 농지 권리를 잃지 않게 되었고, 타인에게 경영권(사용권)을 유상으로 임대(流转하여 소득을 올릴 수도 있다.

다만 농지가 장기간 경작되지 않거나, 농민공 본인이 원할 경우, "자원유상(自愿有偿) 원칙"에 따라 같은 마을 집단 내 다른 농민에게 계약권을 양도하거나 마을에 반납할 수 있도록 유도하고 일정한 보상금을 받을 수 있어서, 도시 정착을 희망하는 농민공에게 농지와 택지를 유상 회수하여 현금이나 주식 형태의 보상을 지급하는 제도를 시범 운영하고 있다.

농민공의 도시 정착과 토지 유통 문제에서 핵심은, 농민 토지의 재산성 소득 여부일 것이다.

실제로 지금은 도시로 나간 수많은 농민공들이 고향의 농지를 다른 농민이나 기업에 임대한다. 전국적으로 7천만 가구 이상의 농가가 자신들의 농지 일부 또는 전부를 임대하였는데, 그 면적은 전체 농가 계약지의 3분의 1 이상에 달한다.

이런 토지 유통은 농민공들은 임대료 수입 등 재산성 소득을 얻고, 한편으로 농촌에는 규모화 영농이 촉진되는 효과와 토지경영권 임대 시장 활성화로 농민공이 "땅을 떠나도 토지권을 통해 이익을 얻는" 구조를 정착시키려 하고 있다.

농민공이 가족과 함께 도시에 정주할 경우, 고향에 남겨둔 농촌 주택 부지를 효율적으로 활용할 필요가 있다. 현재 법률상 농촌 택지는 집단소유로 시장 거래는 불가능하며, 농민이 호적을 옮겨도 택지 권리는 일정 기간 보호된다. 그러나 빈 집이 늘고 토지 자원이 낭비의 문제를 해소하기 위해, 일부 성(省)에서 농민 자발적 신청에 따른 宅基地 유상 회수·거래 시범을 운영하고 있다.

예를 들어 농민이 택지를 반납하면 도시 주택 구매에 보조금을 주거나, 농민 합작사를 통해 택지를 개발하여 수익 배분하는 모델 등이 논의되고 있다. 궁극적으로는 농촌 토지의 시장성을 높여 농민의 재산권을 강화하면서도, 투기 방지와 농민 보호를 조화시키는 방향으로 제도 개편이 이루어질 전망이다. 현지의 많은 전문가들은 "농민공의 합법적 토지권익 보호가 도시화의 전제"이며, 농민이 안심하고 도시로 나올 수 있으려면 토지 자산의 보호와 현금화가 전제되어야 한다고 강조한다.

농민공의 임금 수준과 도시 주민과의 자산 격차

농민공은 노동 임금이 주된 부분을 차지하며, 자산소득 등의 비중은 매우 낮다. 도시 호적 주민은 공공부문 고액 연봉자나 화이트

칼라 등이 포함되어 평균 소득이 높고, 또한 연금·의료 등 사회보험 혜택과 주택공적금 등 부가소득 부분에서도 농민공과 격차가 존재한다.

농민공 중 상당수는 저임금의 3D 업종에 종사하거나 비정규 고용 형태라, 상시 실직 위험에 노출되어 있다. 그래서 도시 주민의 평균 저축률은 30%인 반면, 농민공의 저축률은 70%에 달한다. 즉 수입 대부분을 저축 또는 송금하지만, 절대 금액이 크지 않아서 자산 축적이 어렵다. 도시와 농촌 주민 간 자산 격차에서 가장 두드러지는 부분이 예금 이자, 주식 배당, 부동산 임대료재산성 소득(财产性收入)의 차이다. 2020년 기준 도시 주민 1인당 연간 재산 순소득은 4,626.5위안인데 비해 농촌 주민은 불과 418.8위안으로 11배 차이가 난다. 도시 주민 총소득 중 재산성 소득 비중은 10.4%인 반면 농촌은 2.4%에 불과했다.

가장 큰 차이는 역시 부동산이다. 상품 주택을 보유한 도시 주민은 매매·임대 등 집값 상승과 임대 수익을 얻을 수 있는 재산증식의 투자수단이지만 농민공이 보유한 농촌 주택은 시장을 통한 가치 실현이 어렵고 담보대출도 거의 불가능한 그야말로 거주 개념이다.

주택을 통한 부의 증대 효과가 없다는 것이 도농 간 자산 양극화의 핵심이다. 또 임금 이외의 사회적 혜택 측면에서도 차이가 존재한다. 도시 호적 주민은 퇴직연금, 공무원 주택분배, 단체보험 등 다양한 혜택을 누리지만, 농민공의 노령연금 가입율은 도시에 비해 낮고, 가입하더라도 지역 간 이동 시 수급 조건을 채우지 못하는 사례도 많다.

의료비 부담도 더 커서 큰 질병이 발생하면 가족 전체 경제가 흔들리는 취약성이 있다. 이러한 이유로 농민공 가구는 만일을 대비해 평균 소비 성향이 낮고 저축을 많이 하지만, 결과적으로 도시 중산층처럼 자산 증식 투자로 이어지지 못하고 현금 저축에 머무는 경우가 많다.

종합하면, 임금 격차 + 사회보장 격차 + 재산 소득 격차가 누적되어 농민공과 도시 주민 사이의 부의 격차가 지속되고 있다. 이는 단순 소득 격차 뿐만 아니라 주택 소유율, 금융자산 규모 등 자산 축적 면에서 구조적 문제로, 농민공의 중산층화를 가로막는 요인인 것을 잘 아는 중국 정부는 다양한 정책으로 이 문제의 해결을 위해 나서고 있다. "人地钱挂钩(사람, 땅, 돈 한 묶음)" 원칙에 따라, 농민공이 호적을 옮겨 도시에 정착하면 그에 맞추어 재정 이전 및 건설 용지 공급 등을 늘려줘서, 그 도시가 인구 유입을 수용할 수 있도록 하고 있다. 이러한 정책 기조에 따라 호적의 제약은 더욱 완화되고, 기본 공공서비스의 전국적 이동권이 보장되는, 즉, 단지 노동력의 주체인 사람만의 이동이 아니라, 그들의 호적과 땅과 돈이 같이 움직여야만 지금 중국의 많은 문제들이 해결되면서 다시 인류 역사상 최대의 인구 이동이 일어나고, 그 속에서 또 다른 성장과 발전의 기회가 있을 수 있다.

농민공의 아들과 딸, 유연노동자(灵活就业人员)

중국의 과거 30년이 제조업 수출과 부동산, 인프라 투자에 의한 성장으로 3억이 넘는 농민공이란 집단이 생겨났다면 플랫폼 경제의 급성장과 더불어 최근 급증한 신규 취업자들로, 배달원(快递小哥), 온라인 차량호출 기사, 라이브 커머스 판매원 등 다양한 직종들이 새로 생겨났다. 중국의 유연 고용 인력과 플랫폼 노동자 수는 2024~2025년 들어 더욱 빠르게 증가하며 노동시장의 중요한 축으로 자리 잡고 있다. 2023년 말 기준 유연고용 인력(灵活就业人员)의 규모는 약 2억 명에 달하며, 이들 중 디지털 플랫폼을 매개로 활동하는 새 취업 형태 노동자(新就业形态劳动者)는 약 8,400만 명에 이르며, 이들이 전국 임금노동자 총수의 약 20.9%로 조사되었다. 음식배달원, 택배원, 차량호출 기사, 트럭운전사, 라이브 커머스 진행자 등이 이에 포함되며, 일부 기관은 실제 플랫폼 노동자 규모가 1억 명에 가까울 수 있다고 본다.

특히 이들은 젊은 세대 농민공의 주요 고용처가 되고 있으며, 메이투안(美团) 연구원의 2025년 자료에 따르면 배달원의 81.6%가 농촌 출신이며, 이들 중 90%는 1980년대 이후 출생한 신세대 농민공(新生代农民工)이다. 전체 배달원 중 80%가 20~40대 청년층으로, 이들 중 90%는 1980~90년대 이후 출생한 2세대 농촌 출신 노동자들로 과거 건설 현장이나 공장에 취업하던 아버지에 이어 도시 플랫폼 노동이 주된 직업 선택지가 되었다. 이러한 플랫폼 노동자들은 전통적인 고용 관계가 성립되지 않은 경우가 많아, 사회보험 체계로부터 배제되어 왔다. 이에 따라 중국 정부는 2021년부터 플랫폼 노동자의 사회보험 편입을 위한 제도 정비에 착수했다. 대표적으로 2021년 7월 발표된 8개 부처의 지도의견에서는 고용계약이 없더라도 기업이 사회보험 가입을 유도·지원하도록 명시하고, 최저임금 이상 지급, 임금 전액 지급, 체불 금지 등을 원칙으로 설정했다. 특히 플랫폼 노동자가 현 직장에서 보험에 가입할 수 있도록 지역 호구 제한을 폐지하고, 기본 양로보험 및 의료보험에 자유롭게 가입할 수 있게 했다. 산재 보장의 경우, 기존 산업재해보험의 적용을 받지 못하던 플랫폼 노동자를 위한 '직업 상해 보장 제도'가 2022년부터 베이징, 상하이, 광둥 등지에서 시범적으로 도입되었다. 플랫폼 기업이 보험료 전액을 부담하며, 보장 내용은 일반 산재보험과 거의 동일하게 설계되었다. 또한 플랫폼 기업들도 이러한 변화에 맞추는 움직임이 확대되고 있다. 전통적으로 중국의 배달 플랫폼들은 자회사나 제휴 업체를 통해 라이더들을 도급 또는 프리랜서 형태로 운용해 왔으나, 최근 대형 기업들을 중심으로 라이더를 정규 직원으로 채용하여 사회보험을 부여하는 사례가 늘고 있다. 대표적인 사례가 징둥(京东)이다. 2023년 말부터 "징둥외매(京东外卖)"라는 자체 배달 서비스를 본격 출범시키면서 전일제 배달원을 정식 직원으로 고용하기 시작했다. 2025년 3월 현재 1만여 명 이상의 전일제 배달원과 정식 노동계약을 체결했고, 이들에게 5대 사회보험과 주택적립금(五险一金) 전액 부담을 발표했다. 2025년 2월, 징둥 발표 직후 메이투안도 "2분기부터 전일제 및 일정 조건의 파트타임 배달원들에게 사회보험을 제공하겠다"고 공식 선언했다. 비록 메이투안은"5险1金"대신 "社保"(사회보험)만을 언급하여 구체적 범위를 모호하게 남겼다는 비판도 받았지만, 전업·준 전업 라이더에게 사회보험을 적용하겠다는 약속 자체는 플랫폼 업계에 큰 파장을 불러왔다.

2025년 초 "社保 폭탄"이라 불릴 정도로 큰 반향을 일으킨 이 두 기업의 발표 이후, 알리바바 산하의 어러머(饿了么) 등 다른 플랫폼 기업들도 유사한 방안을 검토하고 있다는 보도가 이어졌다. 이전에는 "플랫폼 노동자는 기업의 직원이 아니다"라는 인식 하에 비용 절감을 위해 외주화하던 관행이, 이제는 "핵심 인력에 대한 기업의 책임" 측면에서 변화하고 있는 것이다.

직접 고용 확대의 배경에는 단순히 정부 규제 압박뿐 아니라 기업 자체의 인력 운영 전략도 있다. 라이더 등 플랫폼 노동자의 높은 이직률과 채용 비용이 기업 수익성에 영향을 주자, 숙련된 라이더를 붙잡아두기 위한 인센티브로서 사회보험과 복지를 제공하는 측면도 있다. 실제로 많은 배달원들이 "매달 임금에서 몇백 위안씩 떼이더라도 사회보험이 있으면 좋겠다"고 기대하는데, 이는 보험이 있을 때 병원 치료나 노후 대비를 걱정 덜 할 수 있고 주택 적립금이 있으면 주택 대출 이자 혜택도 보기 때문이다. 이러한 현장의 목소리를 감안할 때, 플랫폼 기업들이 적절한 복리후생 제공을 통해 충성도 높은 풀타임 라이더를 확보하려는 움직임은 앞으로도 지속될 전망이다. 플랫폼 노동자의 노동조합 조직도 진행 중이다. 전통적으로 노조 조직이 어려웠지만, 전국총공회는 2021년 이후 지역별·업종별 플랫폼 노조의 설립을 장려하고 있으며, 일부 지역에서는 배달원 노조가 메이투안과 협상을 통해 폭염시 쿨링타임 보장, 우천시 페널티 면제 등의 조건을 확보하기도 했다. 이는 플랫폼 노동자도 기존 노동자와 마찬가지로 단체교섭권을 가질 수 있음을 보여주는 사례다.

플랫폼 노동자와 농민공 2세대의 결합도 중요한 사회경제적 현상이다. 1980년대 이후 출생한 농촌 출신의 신세대 노동자들은 과거 부모 세대처럼 임시노동에 의존하기보다 도시에서 정착하려는 성향이 강하다. 이들은 공장이나 건설현장보다 자율성과 현금 흐름이 빠른 배달이나 택배 업무를 선호하며, 그 과정에서 플랫폼 노동이 핵심 취업 통로가 되고 있다. 사회적 인식도 변하고 있어, 과거 '농민공'이라는 용어에 비해 현재는 도시의 필수 일원으로서 자부심도 높아지고 있다.

주택 문제도 개선되고 있다. 과거에는 공적 주택적립금(住房公积金) 가입이 정규직만 가능했지만, 현재는 유연고용자도 원하면 가입하고 주택 구매 시 대출 혜택을 받을 수 있도록 36개 도시에서 시범이 확대되었다. 100만 명 이상이 이미 가입을 마쳤으며, 이는 장기적인 도시 정착에 기여하고 있다. 플랫폼 노동자의 인적자본 성장도 주목할 대목이다. 정부는 야간대학, 직업훈련, 기술자격 취득 등을 지원하고 있고, 메이투안은 라이더 중 300명을 대학에 보내 학위 취득과 관리직 승진을 지원하고 있다. 이는 플랫폼 노동자가 단순 배달원이 아닌 산업인력으로 성장할 수 있음을 보여준다.

향후 중국은 '사람 중심의 신형 도시화' 전략을 통해 플랫폼 노동자의 제도적 통합을 본격화할 예정이다. 2024년 7월 발표된 신형 도시화 전략 5개년 계획(2024~2028)에서는 유연 고용자와 새 취업 형태 인력에 대한 사회보험 제도를 건실히 하고, 보험 관계의 지역 간 이동을 자유롭게 하며, 호구 제한을 철폐한다고 명시했다. 이는 플랫폼 노동자가 도시의 정식 주민으로 인정받는 길을 제도적으로 보장하려는 시도다. 동시에 노동관계법의 개정 논의도 활발히 진행 중이며, 플랫폼 종사자의 법적 지위와 노동권 보호를 위한 입법 작업이 예고되어 있다. 플랫폼 노동자도 노동시간, 유급휴가, 해고제한 등 전통적 노동법의 보호를 받을 수 있도록 법적 틀을 마련하는 것이 과제로 부상하고 있다. 이에 더해 공익소송 제도를 활용해 플랫폼 기업의 집단적 노동법 위반에 대응하는 방안도 검토되고 있다.

향후 중국의 국가 전략인 신형 도시화와 인적자본 강화 기조 속에서 플랫폼 노동자는 더 이상 제도 밖의 변방 인력이 아니라 미래

도시 노동계층의 한 축으로 인정받고 제도에 통합될 것으로 보인다. 이는 중국 노동시장과 도시사회의 구조에 큰 변화를 가져올 것이며, 궁극적으로 도시화율 70% 시대를 향한 중국 경제사회 발전에 기여하게 될 것으로 전망된다. 정부는 유연 고용과 플랫폼 경제의 발전을 장려하되 동시에 그 종사자의 권익과 사회적 통합을 보장하는 두 마리 토끼를 잡기 위한 정책적 노력을 계속해 나갈 것이다.

02

가오카오와 의대 기피 현상

알아갈수록 중국이 결코 평등주의 사회가 아닌 능력 지상주의 사회임을 단적으로 보여주는 것이 바로 수천 년간 유지된 과거제도와 같은 중국의 수능이다. 중국의 대학 입학 시험 가오카오(高考)는 매년 6 월초에 사흘 동안 치르는 고강도의 시험이다. 가오카오는 1977년 재개된 이후 수차례 개편을 거쳤으며, 최근 일부 성(省)에서는 문과·이과 구분을 폐지하고 필수 3과목 등 총 6과목의 통합시험 방식이지만, 단 한 번의 시험으로 대학이 결정되는 기본 구조는 변함없어서, 학생들과 가족들에게 엄청난 압박과 사회적 관심이 집중된다. 2025년 가오카오 응시자는 약 1,335만 명으로, 2024년의 1,342만 명보다 소폭 감소한 수치다. 이 시험의 치열한 경쟁을 반영하는 여러 지표가 있다. 예를 들어 2023년 가오카오 응시자 중 약 80.7%가 대학(학사과정 또는 전문대)에 입학했고, 이 중 45.9%만 4년제 학부(本科)에 진학했으며 나머지 54.1%는 전문대 등 직업교육 과정에 입학했다. 다시 말해 응시생 10명 중 네다섯 명만이 학부 과정에 합격하고, 나머지 절반 이상은 전문대 혹은 탈락한다. 게다가 최상위 명문대로 분류되는 대학에 입학하는 비율은 이보다 훨씬 낮다. 대학진학률의 소폭 변화에도 수험생들의 경쟁 체감도는 극심하다. 또한 매년 1,200만 명 이상의 대학졸업자가 노동시장에 쏟아져 나오고, 경기둔화로 취업문은 좁아지고 있어 가오카오 합격이 곧 미래 안정을 보장하지는 않는 현실이지만, 그럼에도 많은 학생들이 사회적 계층 이동과 안정적 미래의 첫 관문에 사력을 다한다.

중국에서 대학을 구분하는 기준은 '985,' '211' 또는 1본, 2본, 3본으로 등 다양하다.

100명 중 한두 명만 합격한다는 명문대 집단인 985 대학은 39개이다. 북경대 청화대 등 베이징에 8개, 복단대, 교통대 등 상하이에 4개 있지만, 구이저우(贵州), 산시(陕西) 등 5개 성에는 단 한 곳도 없다.

고등학교 수준에 따라 다르지만, 평균적으로는 한 고등학교에서 극히 일부만 가는, 수험생의 규모나 인구를 감안하면 985는 우리나라의 SKY 이상이라 할 수 있다. 또 다른 명문 116개 대학을 의미하는 211은 베이징에 26개, 장쑤 성에 11개, 상하이 10개인데, 하위 5성은 각 1개씩 있을 뿐이다. 우리나라의 수도권 및 지방 상위권 대학들에 비견된다. 211 대학 내에는 소수인 985 대학이 다 포함된다. 대학본과(本科)는 학사를 받는 4년제 대학으로 본에 따라 학비도 다르다.

학비는 1본(本)이 가장 저렴하고, 독립 학원격인 3본이 제일 비싸다. 1본은 교육부 직속 대학으로 211에 속하는 주요 대학들이며, 교수의 자질과 기타 자원 등에서 좋은 학교이다. 2본은 지방 성정부 관리하의 학교들로 공립적 성격이지만, 1본과 비교하면 역시 차이가 있다. 3본 대학은 3번째 응시하는 독립된 학원형 대학으로, 학비도 비싸다. 하지만 이런 호칭과 구분은 국가의 공식적 호칭은 아니며, 사회적 변화와 역사적으로 내려온 중국적 특색이라고 할 수 있다.

가오카오의 지역별 경쟁 환경은 균일하지 않으며, 지역 간 교육 자원 격차와 대학 정원 할당으로 인해 합격률 편차는 매우 커진다. 특히 베이징, 상하이 같은 대도시의 수험생들은 높은 교육투자와 지역 할당 이점으로 비교적 유리한 입시 환경을 누리는 반면, 인구 대비 배정되는 대학교 입학 정원이 적은 내륙 지역 수험생들의 부담은 가중되고 있다.

2023년을 예를 들면 상하이와 베이징의 경우 시험 응시자의 학부 진학률은 각 79%와 77%로 전국 최고인 반면, 인구가 많고 교육 경쟁이 치열한 허난(河南)성이나 쓰촨(四川)성은 30~47% 수준에 그쳤다. 이처럼 도시 지역과 농촌·내륙 지역 간 대학진학 격차는 크다. 상하이에서는 응시생 10명 중 8명이 4년제 대학에 가지만, 쓰촨이나 광시(广西) 에서는 10명 중 3명 정도에 불과하다. 사실상 중국 최고 명문대의 상당수를 수도 베이징 및 일부 발달지역 학생들이 유리한 구조로, 교육 자원의 지역 쏠림 현상이 드러난다.

한편, 중국 정부는 고등교육의 대중화를 지속 추진하여 대학 정원을 크게 늘려왔다. 실제로 대학 수가 1999년 1,071개에서 2020년 2,740개로 급증하면서, 가오카오 전국 평균 대학 합격률도 1990년대

30~40%대에서 최근 80% 이상까지 높아졌다. 과거에 비해 대입 문턱은 낮아졌지만, 명문대 진학은 여전히 좁은 관문으로 남아 있어, 상위권 학생들은 극소수 정원을 놓고 경쟁하는 구도가 이어지고 있다.

특히 최상위 명문대로의 진학에서는 지역 편차가 더욱 크다. 양대 명문인 베이징대, 칭화대의 입학 정원은 합해서 6,500명이니, 2,064:1의 경쟁을 뚫은 0.06%만 입학이 가능하다. 중국의 행정단위 중 현(縣)급 도시가 2,873개인데, 두 대학이 대도시로 배정하는 쿼터를 빼고 나면 지방의 세네 개 현마다 1명 정도가 합격하고, 전국 14,600개 고교를 기준으로 평균 2~3개 학교에서 1명이 들어가는 것이다. 베이징 수험생의 약 7.1%가 '985' 대학에 입학하는 반면, 허난성의 경우 겨우 0.9%만이 985 대학에 합격하여 100명 중 1명도 채 안 되는 수준이다. 이는 우수 인재 확보를 위한 지역 간, 학교 간 경쟁도 과열됨을 의미하며, 사교육 시장이나 명문고 집중 현상 등이 나타난다.

중국 역사상 가오카오에서 만점인 750점을 받은 사람은 딱 1명뿐이다. 2000년 허난성 이과 수석인 허삐위(何碧玉)다. 초중고 학습을 끝낸 2000년 당시 불과 14세 나이로 사실상의 전국 수석(중국은 전국 수석 개념은 없지만)을 차지하고 칭화대 물리학과와 생물과학을 복수전공하고 미국 유학을 가서 의학신경학 박사를 취득하고 뉴욕대학에서 교수로 재직 중이다.

중국 교육계는 "高考狀元", 즉 전국 또는 성(省) 단위 수석 합격자에 대한 사회적 관심을 억제하려는 움직임이 뚜렷하다. 2021년부터 교육부는 각 언론과 학교에 최고 득점자에 대한 홍보 금지령으로, 더 이상 언론에서 '○○성 수석' 등의 기사를 찾아보기 어렵게 되었다. 실제로 2021년 산시(山西) 성의 한 고교가 가오카오 수석 배출을 홍보했다가 교육 당국의 징계를 받아, 해당 교장이 징계를 받았다.

또 지방정부의 재정이 어려워진 지금은 사라졌지만 "시험 영웅 만들기"가 성행했던 이전에는 선전용으로 대학입시 수석에게 거액의 상금을 주거나 선물을 보내거나 심지어는 대학입시 수석을 광고 모델로 삼았다. 그 당시 지방 정부의 대학입시 수석의 금전적 보상은 보통 20만 위안 정도이고, 극단적인 사례로는 2018년 대학수학능력시험 푸젠성 문과 전체 1위 황이천은 모교에서 현금 30만 위안, 지방정부에서 30만 위안, 기업에서 30만 위안, 기타 장학금 10만 위안 등으로 100만 위안에 달했다. 이를 점수로 환산하면 1점당 1,456위안이다.

창업 기업가들 중에서도 중국 대입 수능인 가오카오에서 수석을 차지한 이들이 많다. 바이두(百度) 리옌훙(李彦宏)은 1998년 산시(山西省) 성 양췐(阳泉) 시 수능 수석, 징동(京东) 리우창동(刘强东)은 1992년 장쑤 성 쑤차옌(宿迁) 시 수능 수석, 샤오미(小米) 레이쥔(雷军)은 1987년 후베이(湖北) 성 수능 수석, 당당왕(当当网) 리구어칭(李国庆)은 1983년 베이징(北京) 문과 수석, 왕이(网易) 딩레이(丁磊)는 1989년 저장 성 닝포(宁波) 시 수석, 쥐런왕(巨人网) 스위쭈(史玉柱)는 1980년 저장 성 화이위엔(怀远) 현 수석, 힐하우스(高龄资本) 장레이(张磊)는 1990년 허난(河南) 성 수능 문과 수석이다.

중국의 수능에서 한국 또는 선진국과 전혀 다른 것은 고득점 수험생들이 의대 진학을 꺼리는"의대 기피 현상"이다. 부모가 의사인 경우도 자기 자녀가 의학에 종사하는 것을 만류하는 것은, 자신들이 의료 직종에 종사하면서 받은 스트레스와 상대적으로 낮은 보상을 몸소 경험했기 때문이라고 한다. 의학 관련 전공은 선호도 12위에 불과했고 수석 100명 중 1명 꼴로만 의대를 택한 셈이니, 우리나라 사람들 입장에서는 일견 이해하기 어렵다. 이러한 현상은 "상대적으로 낮은 수입과 힘든 노동 환경" 때문으로, 실제로 의료계 내부에서는 "거시적 환경이 변하지 않는 한, 의대 기피 현상은 지속될 것"이라는 자조 섞인 목소리도 있다. 반면 매년 100만 명 이상의 의료 관련 졸업생이 배출되는 공급 과잉 조짐도 있다. 이처럼 인력의 질적 저하와 양적 과잉이 동시에 우려되는 구조적 딜레마 속에서, 의료 인력 양성 체계의 효율성과 노동시장 수급을 재검토해야 한다는 목소리가 나온다. 중국에서 의사라는 직업이 점차 인기를 잃는 근본 원인으로는 낮은 보상과 열악한 근무 환경이 지목된다. 먼저 의사 연봉과 보상 체계를 보면, 중국 의사의 소득은 선진국에 비해 현저히 낮은 수준이다. 2020년 한 조사에 따르면 중국 병원 직원(의사 포함)의 연 평균 급여는 약 19.7만 위안(한화 약 3,600만 원)으로 집계되었고, 직급별로 평균 연봉이 주임의사도 30만 위안 미만 수준이었다. 지역별로 동부 대도시 병원의 의사 평균연봉이 미화 1만9천 달러(약 2,500만 원) 정도이고, 중서부 지역은 1만3천 달러 내외에 불과하다는 연구도 있다. 이는 미국 의사의 평균 연봉인 약 35만 달러와 비교하면 10분의 1에도 못 미친다. 물론 생활비 차이와 국민소득 격차를 감안해야 하지만, 사회 평균임금 대비로 보더라도 중국 의사 소득은 1.3~1.8배에 불과해, 선진국의 3~5배에 크게 차이가 난다. 다시 말해 중국에서 의사는 고수입 전문직이 아니라 평균 대비 약간 높은 보통 직장인 정도의 처우를 받고 있다. 낮은 기본 급여 외에도 성과급 위주의 병원 보상체계도 문제로 지적된다. 중국 공립병원 의사들은 기본급이 낮은 대신 진료 실적에 따른 성과급이나 부수입에 의존하는 경우가 많았는데, 최근 정부의 의료비 개혁으로 이러한 추가 수입원이 대폭 줄어든 상황이다. 과거 공립병원들은 약품 판매에 15%의 마진을 붙여 "약값으로 의료 재정을 충당하는 구조였지만, 2017년 국무원 지시로 이 약품 가격 인상분 허용 정책이 전면 폐지되었다. 그 결과 병원은 약 판매로 수익을 내지 못하고, 정부 보조나 수가 인상으로 메우기도 충분치 않다. 더 나아가 2018년부터 도입된 국가 조직의약품 집중조달(带量采购) 정책이 주요 약품 가격을 평균 50% 이상 떨어트렸고, 2023년에도 80개 의약품을 대상으로 평균 57% 가격 인하를 달성하는 등 의약품 전반의 이익을 크게 낮추는 변화가 일어났다. 이는 인민의 약값 부담을 줄이는 긍정적 효과가 있지만, 병원과 의사의 수익에는 큰 타격을 주었다. 병원들은 검사나 시술 등으로 수입 보전을 시도하지만, 이것도 정부가 의료 남용을 단속하고 있어서 쉽지 않아서, 의사들의 합법적 보상은 감소하는 반면, 책임과 업무량은 줄지 않는 악순환이 이어지고 있다. 여기에 2023년 시작된 대대적인 의료 부패 척결 캠페인은 의사들의 직업 안정성을 흔드는 변수가 되었다. 정부는 의약품 리베이트, 학회 지원 등 일체의 이권 개입을 뿌리뽑기 위해 2018년 이후 의사들이 받은 부당금품을 전액 반납하도록 하고, 주요 도시 병원에서는 의사 임금을 20~50% 삭감한 사례까지 나타났다. 일부 3급 병원(최고등급 병원)에서 의사 월급이 절반 가까이 줄었다는 보도가 나와서 의사 사회에 큰 충격을 주었다. 이러한 조치는 과잉진료와 뇌물 관행을 근절하고 의료비를 낮추기 위한 것이지만, 또 다른 면에서는 성실히 일해 온 의사의 사기 저하의 상황이 벌어지고 있다.

의료진에 대한 불신과 사기 저하는 장기적으로 환자 치료의 질 저하와 환자-의사 관계 악화로 이어질 수 있으며, 의료진의 "탕핑(躺平)"으로, 필수 의료 서비스마저 위축되는 것이다. 이러한 보상 체계와 환경 문제가 의사라는 직업의 경제적 효용을 떨어뜨려 인력 유출을 초래하고 있다. 중국 공중보건당국의 추계한 2022년 말 등록 의사 수는 약 440만 명으로, 인구 1,000명당 의사 3.1명 수준까지 늘었다. 일견 100만 의사 1,000명당 2.6명의 환자를 보는 미국과 별 반 차이가 없어 보이지만, 사실 중국은 조무사까지 다 포함한 수치이므로, 1인당 의료 접근 수준은 선진국보다 못하고, 또 도시와 농촌의 의료진 불균형도 심각하다. 여러 이유로 우수한 젊은 인재들이 다른 산업으로 빠져나가, 향후 의료 서비스의 질과 혁신은 정체될 수밖에 없는 바, 민간 의료 시장의 부상 또는 디지털 의료기술로 대체하려는 시도로 연결되면서, 투자업계도 이런 시장 신호를 주목하고 있다. 최근 원격진료, 의료 AI 스타트업 등에 대한 투자가 증가는 공공 의료인력의 부족과 비효율을 보완하려는 움직임으로 볼 수 있다.

중국 의료 시스템의 구조적 특징은 선진국과 비교하면 그 한계가 더 분명하다. 첫째, 재원 구조상 중국 공립병원은 명목상 공공재이지만 정부 예산 지원이 10% 남짓에 불과하여, 대부분의 운영비를 환자 진료에서 충당한다. 재원 부족은 곧 낮은 인건비와 시설 투자 제한으로 이어져, 의사들의 처우와 병원 서비스 환경 개선에 제약을 준다. 둘째, 1차 진료와 전문의 체계의 차이다. 미국, 유럽 등이 가정의·일차의료 시스템과 전문의 레퍼럴 제도로 의료 서비스를 효율화한 데 반해, 중국은 경증 환자부터 중증 환자까지 모두 종합병원에 몰리는 구조다. 환자들이 신뢰할 동네 주치의가 없으니, 자연히 큰 병원을 선호하게 되어 3급 대형병원은 외래 환자로 인산인해를 이루며, 의사들은 하루에 수십 명씩 빠르게 환자를 보고, 환자는 또 진료시간 부족에 불만이 터지는 악순환이다. 중국의 과중한 업무량은 의료 사고 위험과 환자 불만, 의료진의 스트레스로 이어진다. 셋째, 의료 분쟁과 안전 측면에서, 중국은 의사에 대한 폭언·폭행 등 진료에 불만을 품은 환자나 보호자가 병원을 상대로 물리적 행동을 하는 일명 "의료 난동"이 중국 언론에 종종 보도되어 왔으며, 이는 의사가 기피 직업으로 인식되는 요인 중 하나이다. 넷째, 보상 및 인센티브 구조이다. 미국은 의료수가가 높고 민간보험 체계 덕분에 전문의들은 높은 수입을 올리지만, 중국은 국민의료보험 재정 압박과 저수가 정책으로 의사 보수가 낮게 책정되어 있다. 중국 당국은 의료비 인상을 억제하여 국민 부담을 줄이는 정책을 펴고 있지만, 그 부담의 상당 부분을 의료진의 저임금으로 선가되어 온 측면이 있다. 최근 의료보험 지출 증가와 인구 고령화로 중국도 의료비 지출이 급증하고 있으나 1인당 의료비는 아직 미국의 5% 수준에도 못 미친다. 다시 말해 국민건강을 떠받치는 재정투입과 의료진 보상에 인색한 구조가 지속되어 왔고, 이는 숙련 인력의 사기 저하와 이탈로 이어질 수 있는 구조적 한계다.

물론 명의로 이름이 나면 매번 의사를 만날 때 마다 내는 문진비의 수준이 달라진다. 일반적으로 병원에서 의사를 만날 때 일반 의사의 문진비로 20위안(3,800원)을 내지만, 과별 주임급, 심지어 국가급 명의로 인정받는 경우는 800위안, 2,000위안 이상의 의사 문진비가 인정된다. 같은 공공 종합 병원에서, 오랜 경력의 높은 수준의 의사를 보려면 보통 의사보다 100배 이상의 문진료를 내야 하며, 이 특별 문진은 일반 문진과 달리 의료보험이 전혀 적용되지 않는 차등의 사회가 중국이다. 같은 병원에서도 가격이 달라지는 것이 중국이다.

여러 측면에서 인명을 구하는 의학에 대한 경외심과 사명감 외에, 세속적인 경제적 보상으로만 본다면 중국의 전교 일등, 도시의 일등이 의대를 갈 이유가 없다.

03

피평균의 시대

중국어에 '피평균(被平均)'이라는 말이 있다. 평균에 이끌린다는 뜻으로, 다소 자조적인 표현이라 할 수 있다. 2025년 상반기 이후 중국 금융가에서는 '40조 위안 초과 예금', '평균 예금이 1인당 11만 위안을 넘어' 등의 이야기가 돌았다. 표면적인 수치만 보면 중국의 부가 상당히 축적된 것처럼 보이지만, 현실은 항상 냉혹하다. SNS에서도 이 수치가 만든 평균에도 못미친다는 자조와 더불어 수치에 대한 의혹이 차고 넘친다. 이런 통계만을 보는 수준 낮은 자칭 경제학자들이 적지 않다. 한국에서 중국을 보는 사람들은 거기에 뇌피셜로 덧칠을 한다. 실제 사람들이 사는 세계와 통계 사이에는 두꺼운 유리벽이 서 있는데, 이 벽 너머 예금이 늘어난 이유와 그 예금이 누구의 계좌에 머물고 있는지를 들여다보면 문제도 달리 보이고 흐름도 조금은 더 엿볼수 있다.

10년 전인 2016년 중국 주민의 예금 잔액은 약 60조 위안이었다. 2023년에는 두 배를 훌쩍 넘긴 137조 위안, 그 후 불과 2년도 안 된 2025년 상반기 말에는 162조 위안에 달한다. 증가율로 보면 더 확연하게 다가온다. 2016~2019년 연평균 복합 성장률은 10.5%였지만, 2022~2024년 기간에는 13.9%로 급등했다. 이 속도의 차이에서 40조 위안이 '초과 예금'이라는 것인데, 많은 것을 담고 있는 이 숫자를 제대로 해석하면 중국 경제 또한 좀 더 명확하게 보인다.

사회 안전망 불안으로 의료, 교육, 노후에 대한 예방적 동기가 가계 소득의 더 많은 비중을 저축에 넣어 두려는 심리로 이어졌다고 말도 절반은 맞다. 거기에 더해서 나는 이 돈의 증가를 자산 배분이 붕괴한 결과로 본다. 즉, 20년간 상승 서사를 끝낸 부동산, 변동성이 커진 주식 시장, 기존의 '원리금 보장(刚性兑付)' 관행이 법과 제도로 인해 다 막혀 버린 은행의 이재상품 등, 과거 돈이 흐르던 길들이 동시에 막힌 상황에서 사람들은 은행 계좌를 피난처로 삼았다. 2022년 신규 예금 중 83%가 정기 예금이었고, 요구불 예금은 17%에 불과했다. 방어적 저축이 합리적 선택이 되었고, 예금은 '금융 댐'처럼 고였다. 저축률의 설명도 필요하다. 중국 주민 저축률은 오랫동안 36% 안팎을 유지해 왔다. 2025년 상반기 기준 36.5%다. 1인당 GDP가 1만 달러를 넘긴 국가 중에 이처럼 높은 저축률이 지속되는 사례는 드물다.

미국과 비교하면 성격 차이가 더 분명해진다. 미국의 초과 저축은 팬데믹 기간 정부의 대규모 재정 보조, 즉 돈 풀기의 효과로 주민

소득이 증가하자 저축율도 덩달아 팬데믹 이전 대비 7.2%포인트 치솟았다가 서서히 정상화되었다. 반면 원래도 높았던 중국 저축율은 자산 배분의 붕괴 속에서 예금 비중이 15%에서 20%로 치솟았다. 그나마 흐르던 물이 갈 데가 없어 저수지에 고인 것처럼 추가된 규모가 40조 위안에 달한다는 것이다.

그런데 많은 중국 사람들은 '왜 나에게는 그 돈이 없는지' 스스로 묻는다. 답은 당연히 분배의 구조에서 찾을 수 있다. 전국 은행 수치는 없으니, 공개된 중국 대형 은행인 초상은행의 공시된 자료를 보자. 개인 고객 수가 3억 명에 달하는 초상은행은 중국 가계의 대표성을 가지는 샘플이 될 수 있다고 생각한다. 이 은행의 VIP 고객인 금계화(金桂花) 고객 통계를 보면 상위 2.35%의 VIP가 개인 예금의 81.3%를 차지한다. 20:80의 파레토 법칙이 아니라 그 열 배인 2:80인 것이다. 중국 1인당 평균 예금액이 불과 1년도 안 되서 10만 위안에서 11만 위안으로 늘어난 것이다. 하지만 그 이면의 중위값은 1.8만 위안에 불과하다. 중국 인구 전체로 봐도 50만 위안 이상을 가진 계층은 2%뿐이며, 지역으로 봐도 극명히 대비된다. 베이징의 1인당 예금은 30만 위안, 상하이는 24만 위안인데, 중서부 내륙은 5만 위안, 중부 지역은 7만 위안이 채 안 된다.

현실에는 새벽부터 정기 예금을 넣으려 줄 서는 은퇴자와 다음 배달 수수료와 월세를 걱정하는 중년의 라이더가 공존한다. 그러니 예금이 늘면 소비가 늘어야 한다는 등식은 현실에서 성립하지 않는다. 팬데믹 이후에는 할인 없는 물건에 더 이상 손이 가지 않고, 계좌의 숫자는 심리적 안전망이지만 경제의 동력이 되지는 못하는 것이다. 가계 부채를 펼쳐서 보면 불균형이 더 도드라진다. 2024년 말 기준 중국의 총 예금 잔액은 308조 위안으로 전년 대비 6.4% 증가했다. 그중 2024년 말 주민 예금은 151조 위안으로 1년 동안 14.2조 위안 늘었고, 가계 대출은 주택 담보 대출이 38조 위안(45%), 기타 소비 대출 21조 위안(25%), 개인 경영 대출 24조 위안(30%) 늘었다. 2024년 상반기 가계 대출 증가액은 1.46조 위안으로 2009년 이후 최저였고, 주택 담보 대출은 3,800억 위안 줄었다. 카드·차할부 등 단기 소비 대출의 증가도 1,978억 위안에 그친 반면, 개인 경영 대출은 상반기에 1.65조 위안 급증했다. 이는 차입의 무게 중심이 과거 주택에서 자영업자 등의 사업 영역으로 이동한 것이다.

중국에서도 우리나라 못지않게 부동산은 노후와 소비, 인구 감소의 원인이자 결과이다. 집값이 비싼 지역일수록 월 소득의 절반이 주택 대출 상환으로 나간다. 그나마 2023년 이후 주택 담보 대출 금리가 떨어지면서 상환에 대한 부담이 다소 줄었고, 공무원·공기업·공공기관의 '주택공적금' 대출 금리는 2025년 1월 1일부터 2.35~2.85%로 내려가 상업은행의 3.1~3.5%보다 1%포인트가량 낮아졌다. 2020년 공적금 대출(주택부금의 일종)의 대출 잔고는 1.34조 위안, 건수는 303만 건, 건당 평균 대출액은 44만 위안이었다. 2023년 현재 주택공적금을 납부 중인 사람은 1.75억 명, 납부 총잔고는 10조 위안이다. 그런데 그 납부자 중 45%인 7,900만 명이 공무원 또는 공공부문 종사자다. 반대로 말하면 9억 근로자의 80% 이상은 더 싸게 대출을 받을 수 있는 이 주택공적금의 혜택을 누리지 못한다는 말이다. 낮은 금리를 받는 제도의 사다리는 중국에서도 좁고 그 사다리를 오르지 못하는 사람들은 더 빨리 지친다.

부동산 시장의 부진은 사법 경매장에서도 확인된다. 2024년 법원에 새로 등록된 경매 부동산은 65만 건으로 전년 대비 51.7% 급증했다. 낙찰 건수는 16만 건, 낙찰률 25%, 낙찰가는 시세의 77%였다. 은행(민생은행) 통계를 보면 주택 담보 연체율은 2023년 0.67%에서 2024년 0.96%로 뛰었고, 대형 국유 은행들의 연체율도 0.1~0.3%포인트 오른 0.6~0.8%에 달한다. 연체율의 절대 수준은 1% 미만이지만, 수년간 안정적이던 흐름이 꺾였다는 사실이 중요하다. 더 위험한 것은 기업 부동산 대출이다. 2024년 말 민생은행의 개발업체 대상 대출 부실율은 5.01%로 개인 주택 담보 대출보다 다섯 배 이상 높다. 부동산 개발사의 채무 불이행은 은행의 대손 비용과 자본 건전성에 직격탄을 날리고, 타 산업 대출의 담보로 묶인 부동산 가격 하락은 연쇄적인 담보 가치 훼손을 부른다.

그럼 도대체 앞으로 돈은 어디로 갈까? 나는 2024년 9월을 '저장'에서 '소비', 특히 '투자'로의 진환이 시작된 분수령이라고 보지만, 그 길은 결코 쭉 뻗은 고속도로가 아니다. 소비 성향과 더불어 주택 가격 하락과 청년 실업률 상승이 이어지며 '립스틱 효과'가 소비를 찍어 누른다. 온라인 판매업체 핀둬둬(PDD)가 100억 위안 보조금을 뿌린 것은 중국어로 "消费降级", 즉 소비 다운그레이드다. 이처럼 소비나 투자로 쉽게 방향을 틀지 않고 있지만, 이럴 때일수록 다른 신호들을 봐야 한다.

부동산은 더 이상 예금의 수용지가 되기 어렵다. 신규 착공 면적은 3년 연속 판매 면적보다 낮았고, 기존 주택 재고는 역사적 저점에 다가섰다. 더 결정적인 청년층의 주택 구매 의사 비중은 45%에서 28%로 추락했다. '여섯 개의 지갑' 신화는 더는 작동하지 않는다. 도시화의 한 단계가 끝났고, 인구 구조의 중력은 아래로 향한다.

예금이 부동산으로 흘러가던 경로는 곳곳에서 막히고 갈림길을 찾고 있다. 그래서 시선은 오로지 금융 시장, 더 정확히는 자본 시장으로 향한다. 2025년 4~5월 비은행 금융기관(증권사, 보험사 등) 예금이 2.8조 위안 급증해 2016년 이후 최고치를 기록했다. 자금은 채권에서 주식으로 가려고 시동을 걸고 있다. 주식과 채권의 샤프 비율 차이가 10년 만에 되돌아서는 움직임이 관측된다. 다만 이러한 흐름을 위해 필요한 것은 정책의 신뢰, 상장사의 질과 배당, 감독의 예측 가능성, 그리고 납세자와 투자자 사이의 공정감이다. '정책 풋'에만 기댄 랠리는 짧고, 랠리가 길려면 신뢰가 있어야 하고, 은행의 돈이 거래소로 가려면 '잃지 않을 것'이 아니라 '가치가 있다'는 확신이 필요하다.

여기서도 이미 충분히 불평등하다. 부자들의 예금은 이미 투자·자산 이식의 수단과 결합해 있고, 하부 계층의 예금은 비상금 형태로 얼어붙어 있다. 같은 10만 위안이라도 누군가에게는 1년치 생활비지만, 다른 누군가에게는 하루 단타의 기회 비용인 것이다. 베이징과 상하이의 1인당 예금이 24만~30만 위안이지만, 내륙의 5만 위안은 어쩌면 가족 구성원에게 필요한 한 번의 수술비로도 사라질 수 있는 돈이다. 심리는 숫자를 이끈다. 팬데믹 이후 사람들은 과시적 소비에서 방어적 저축으로 돌아섰다. '인색'은 미덕이 되었고, 계좌 숫자는 심리의 안전판이 되었다. 저축은 미래의 불확실성에 대한 보험이지만, 사회 전체가 보험을 위해 삶을 줄일 때, 경제는 수축한다. 초과 저축은 그래서 또 하나의 중국 사회의 거울이다. 돈이 고인 딱 그만큼 신뢰가 빠져나갔다는 뜻이다.

예금은 대기 중인 탄약이 아니라, 사회적 신뢰 지수의 역방향 척

도일 수 있다. 중국 정부는 정책을 통해 이 지수의 방향을 바꾸려 노력하고 있다. 금리 인하와 지준율 조정, 주택 담보 대출 금리 인하, 노후 주택 개량과 보장성 임대 주택 확대, 1·2선 도시의 호적 제도 개선, 교육·의료 지출의 공공 부문 부담 확대, 청년층 고용 안정과 창업 금융의 보증 기금 확충 등이 그것이다. 중요한 것은 순서와 일관성이다. 먼저 사회 안전망의 바닥을 두껍게 깔아 예방적 저축의 동기를 줄이고, 동시에 소득 분배의 기울기를 완만하게 만들며, 금융 시장의 신뢰를 복원하는 일이다. 은행 VIP 2.35%가 예금의 81.3%를 차지하는 구조가 의미하는 것은 내수 확대가 어렵다는 뜻이다. 중하층의 가처분 소득을 끌어올리려는 정책 없이는 예금의 절반은 계속 잠들어 있을 것이다. 부동산과 은행의 고위험 밀착 관계를 풀어내는 것도 필수적이다.

개인의 주택 담보 대출 부실율은 아직 낮지만 상승세이고, 개발업체 대출의 부실율은 이미 높다. 산업 대출의 담보로 묶인 부동산 가격 하락은 담보 가치를 깎아 추가 부실을 부른다. 가격의 바닥을 찾는 과정에서 금융의 방파제가 필요하다. 프로젝트별 구분 상각, 부실 자산의 시장화 처리, 하향 안정화된 모기지 금리의 지속 가능성, 총부채 상환 비율의 현실화, 무엇보다 지방 정부의 토지 재정에 대한 구조적 의존을 줄이는 재정 개혁이 함께 가야 한다. 그렇지 않으면 예금은 저수지에 고인 채로, 부동산과 은행의 물목만 더 좁아질 것이다. 금융 시장에서의 자금 회전은 장기적으로는 결국 실물 경제에 종속된다.

제조업의 신설 투자와 고부가 서비스업의 고용 창출이 없다면, 예금이 증권 계좌로 잠시 이동하는 것만으로는 내수의 체온을 바꾸기 어렵다. 세제 혜택과 규제 샌드박스, 데이터 인프라와 공공 조달을 통한 신산업 수요 창출, 지역·세대 격차를 줄이는 교육·돌봄 인프라 확충이 병행되어야 예금이 '투자 가능한 기회'를 찾아 움직인다. 거의 대부분의 돈은 길을 닦는 것이 아니라, 길을 따라 흐른다. 초과 예금 40조라는 데이터 외에, 총 예금 308.4조, 가계예금 151.2조, 평균 10만과 중위 1.8만, 80%의 20만 이하, 2%의 50만 이상, 베이징·상하이와 내륙의 격차, 주택 담보 38조와 소비 대출 21조, 개인 경영 24조, 상반기 가계 대출 증가 1.46조, 모기지 -3,800억, 단기 소비 +1,978억, 개인 경영 대출 +1.65조, 공적금 납부자수 1.75억, 경매 신규 65만, 낙찰 16만, 낙찰가 77%, 모기지 연체율 0.67%에서 0.96%로의 변화, 개발업체 대출 부실율 5.01% 등 다양한 통계값이 존재한다. 이처럼 촘촘한 중국의 금융 통계는 그 사회 속 돈이라는 물이 어떻게 고여 있는지, 어떤 저수지는 깊고, 어떤 곳이 말라 있는지 보여준다. 물의 양과, 물의 분포와 압력도 알아야 하지만, 이것들을 합쳐지면서, 예금은 단순한 숫자가 아니라 중국의 불균등과 불안, 제도와 심리의 합성물이라는 결론에 이른다.

예금이 '대기 중인 탄약'이 될지, 고인 물로 썩어 갈지는 신뢰의 회복에 달려 있다. 그래서 결론은 다시 사람이다. 청년들이 대출을 두려워하지 않고 창업하고, 주부가 할인 앱 대신 품질을 고르고, 은퇴한 사람이 주식계좌로 돈을 옮기면 초과 예금의 저수지가 강으로 나와서 굽이치며 흐르고, 지형도 바꾼다. 거기는 예측 가능한 규칙, 보편적 안전망, 공정한 분배, 그리고 길게 쌓아 올린 신뢰가 필요하다. 숫자는 그것을 따라 움직인다.

04

중국 청년의 주거부터 장례까지

중국의 대도시 청년들에게 '내 집 마련'은 갈수록 멀어지는 꿈이다. 베이징, 상하이, 선전 등 1선 도시들의 집값은 중산층 평균 연봉의 20배를 넘는 수준이 되었다.

통상 소득 대비 주택 가격 비율(PIR)이 5~7배를 넘으면 주택 구매가 어렵다고 보는데, 중국 주요 도시 PIR은 20배로 세계 최고 수준이다. 2024년 4분기까지 주요 도시 주택 가격은 전년 대비 8% 이상 하락하는 등 부동산 시장 침체가 장기화되고 있지만 집값과 소득의 격차가 워낙 커 청년층은 사실상 내 집 마련을 포기하거나 늦추는 추세다. 치솟는 집값에 대응하여 청년들은 임대로 눈을 돌리고 있다. 실제로 2024년 한 조사에서 "집을 꼭 살 필요는 없다"고 응답

한 비율이 33.1%에 달해, 무시할 수 없는 수준으로 높아졌다. 특히 1선 도시의 미혼 남성일수록 주택 구매 의지가 약하여, 집 없이 평생 세입자로 살겠다는 생각이 늘어나는 추세다. 주택 임대 시장도 이러한 흐름 속에서 빠르게 팽창하고 있다. 2024년 말 기준 중국의 주택 임차 인구는 약 2억 6천만 명에 달하며, 1·2선 도시의 젊은 층일수록 이러한 "평생 임대" 경향이 강해지는 등 인식의 변화가 나타나고 있다. 그러나 임대의 현실도 녹록지 않다. 중국의 민간 임대차 계약은 통상 1년 단위로, 계약 갱신 시 임대료가 큰 폭으로 오르거나 계약이 종료되어 세입자가 빈번히 이사해야 하는 상황이 벌어진다. 임차인은 자신이 거주하는 집에 대한 권리가 제한적이고, 거주 안정성이 낮아 삶의 계획을 세우기 어려운 등 임대 생활의 불안은 중국 청년 세대의 새로운 사회적 약자로서의 현실을 보여주는 단면이다. 정부도 이러한 주거 불안을 인식하고 "임대-구매 동권(租购同权)" 정책을 추진해 왔다. 이는 집을 소유하지 않아도 교육, 의료 등 공공서비스를 동등하게 받을 권리를 보장하겠다는 취지로, 2017년 광저우 등 일부 도시에서 처음 시도되었다. 광저우는 일정 요건을 충족하는 세입자의 자녀에게 주택 소유자와 동일하게 근거리 공립학교 입학 자격을 부여했고, 선전도 임대 주택 단지에 명문 학교 학군을 우선 배정하는 실험을 했다. 중앙정부도 2020년 "임대주택에도 동등한 공공 서비스 권리 부여를 점진적으로 추진한다"는 방침을 공식화하며, 주택 임대차 시장의 제도를 육성하려는 의지를 보였다. 일부 도시는 세입자에게도 주민등록(户口)을 허용하기 시작했지만, 대개 높은 학력, 일정 기간의 사회보장보험금 납부 등의 조건을 붙이고 있다. 결국 현실에서는 여전히 제약이 많아, 완전한 임대-구매 동등권 실현까지는 갈 길이 멀다는 평가가 나온다. 무엇보다 우수한 학교나 의료 같은 공공자원의 총량이 부족한 상황에서, 세입자까지 동등하게 배분하려 하면 공급 부족과 새로운 불공정이 초래될 수 있다는 지적이 있다. 현행 중국의 지방 재정과 연계된 토지 제도의 테두리에서는 주택 구매자가 비싼 집값에 토지 비용을 부담하는 대신, 그 대가로 양질의 공공 서비스를 얻는 것이라는 암묵적 인식이 단기간에 바뀌기는 어려우며, 임대-구매 동일권리라는 정책의 한계가 뚜렷하여, 공공서비스 저변 확대 등 사회 인프라 확충이 선행되지 않으면 실효를 거두기도 어렵다. 한편 정부가 공공 임대주택 공급 확대에도 힘쓰고 있지만 수요를 따라가지 못하고 있다. 중국의 주택 보장 체계는 공공임대주택(低租金公房, 저소득층용), 보장성 임대주택(保障性租赁住房, 청년·신규 도시민용), 共有产权住房(지분 공유 주택, 일정 소득층 지원)으로 나뉘는데, 이 중 보장성 임대주택이 청년 및 유입인구 주거 안정의 핵심으로 부상했다. 2021년 국무원은 "2021~2025년에 전국에 보장성 임대주택 870만 세대 공급"이라는 목표를 세우고 추진 중이며, 이 중 약 200만 호를 1선 도시에 공급한다는 계획이었는데, 이러한 물량이 민간 임대 시장의 일부를 대체하며 임대료 안정에 기여하고 있다. 실제로 2024년 들어 정부 지원 임대주택 입주가 늘면서 민간 시장 임대료에 하향 압력이 가해졌다. 2024년 11월까지 전국 50대 도시의 평균 임대료는 누적으로 2.7% 하락하여 4년 만에 최저 수준으로 떨어졌고, 특히 베이징, 선전, 상하이 등 1선 도시도 임대료가 전년대비 2~3% 하락했다. 2025년 3월 현재 50대 도시 월평균 임대료는 ㎡당 35.3위안으로 전년 대비 3.4% 낮은 수준이었다. 시장은 정부가 공급한 저렴한 임대주택이 세입자들의 협상력을 높여, 민간 임대업체들이 공실 우려로 기존 세입자의 재계약 조건을 완화하는 효과가 나타났다고 분석한다. 다만 정부 공급 목표인 870만 호는 전체 수억에 달하는 임대 수요에 비하면 턱없이 부족하여 대도시에는 공공임대주택 대기자가 넘치는 상황이다. 임대주택 수요가 특히 높은 인구 순유입 대도시에서 청년과 저소득층을 위한 공급이 절대적으로 부족하여, 많은 이들이 수년째 순번을 기다리고 있다. 중국 임대 시장은 여전히 개인 소유자의 주택이 압도적이다. 2024년 말 30여개의 민간 기업 및 기관이 운영하는 장기임대 아파트의 물량을 전체는 122만 가구에 불과하다. "漂族(피아오주)"라는 말이 있다. 높은 집값과 불안한 임대 시장 속에서 한곳에 정주하지 못하고 도시를 떠돌아다니는 청년들, 물 위에 떠다니는 족속이란 뜻이다. 이들은 안정적인 주거와 직장이 없어서, 낮에는 직장을 찾아 헤매고 밤에는 값싼 합숙 방이나 캡슐 룸에서 숙식을 해결하는 삶을 산다. 거주하는 대도시의 약칭을 앞에 붙여서 베이징은 "北漂(베이피아오)", 상하이는 "沪漂(후피아오)" 등으로 불리며, 개혁개방 이후 수억 명에 달하는 농촌 출신 이주 노동자들과 도시 청년 실업자들의 새로운 계층이다. 2020년 인구 조사에 따르면 중국의 호적지와 거주지가 다른 인구가 3.8억 명으로, 2023년 말에도 도시 상주인구는 전년보다 약 1,200만 명 늘어난 9.3억 명이다. 경제성장의 동력이던 거대한 인구 이동의 양상이 변하고 있다. 매년 수백만 명의 젊은이들이 농촌을 떠나 도시로 몰리던 흐름은 인구 고령화와 출생률 저하로 감소 추세에 접어들었다. 16~59세 노동 인구는 2023년에 61.3%로 줄어들고, 매년 수백만 명씩 감소하여 대도시는 과거 고급 인재를 유치하는 인재 쟁탈(抢人才)에서, 사람 쟁탈(抢人口)을 해야 한다. 여러 지방정부가 이주민에게 후커우를 내주고 주거 보조를 제공하는 등 도시 정착을 장려하고 있는데, 이는 청년층 떠돌이 노동자들에 대한 의존도가 높아진 현실을 반영한다. 집값 불패 신화가 깨진 이후 도시들이 앞다투어 임차인들에게 시민 대우를 해주기 시작했다는 것으로 줄어드는 인구에서 한 명이라도 더 확보하려는 지역 정부의 절박함이 엿보이는 대목이다.

노동력 구조에도 큰 변화가 일어나고 있다. 도시 서비스업과 플랫폼 경제의 발달로 배달원, 차량공유 기사 등 비정형 노동자로 청년층이 대거 유입되고 있지만, 또 다른 쪽 인 제조업 현장에서는 청년 노동자가 줄면서 인력난을 호소한다. 2023년 중반 공식 발표 기준 16~24세 도시 청년 실업률은 21.3%로 사상 최고치를 기록했고, 당국이 통계를 일시 중단할 정도로 충격을 주었다. 이후 재학생을 분모에서 제외하는 등 집계 방식 변경으로 수치가 조정되었으나, 2024년 들어서도 청년 실업률은 15~18% 내외의 높은 수준을 유지하고 있다. 일자리 부족과 과잉학력으로 설 자리를 잃은 청년들이 주거비까지 감당하기 어려워지자, 대도시를 떠나 중소도시나 고향으로 U턴하는 움직임도 나타난다. 향후 5년 내 작은 도시로 내려가 살 의향이 있다는 청년층이 상당수에 달하고, 실제로 부동산 경기 침체로 대도시 집값이 하락하는 와중에도 4선 도시 이하의 변두리 지역 주택 거래가 늘어나는 현상은 고비용의 대도시 생활을 벗어나 삶의 여유를 찾으려는 청년들이 생겨나고 있음을 시사한다. 漂族 유동 인구의 증가는 중국 노동력 구조의 이중성을 드러낸다. 도시 경제는 이들의 값싼 노동에 의존하지만 정작 이들은 정착하지 못한 채 도시 주변에서 떠돌고 있다. 인구 절벽 시대를 맞이하고 있는 중국이 이들을 어떻게 도시의 정규 주민으로 담아낼 것인지가 향후 사회 안정과 경제 지속성의 과제가 되었다. 한편 집 문제는 죽음까지도 이어지고 있다. 인구 대비 토지 부족이 심각해지면서 중국 정부는 수십 년 전부터 매장을 제한해 왔지만, 도시 주변에는 고가의 사설 묘지들이 성업 중이다. 중국의 장례·묘지 산업은 최근 급격한 변화와 사회적 논란거리가 되고 있다. 전통적으로 중국은 화장을 기본으로 하되 유골을 묘지에 매장하거나 봉안하는 방식을 택해왔다. 중국의 묘지는 크게 공익성 묘지(公益性公墓)와 영업성 묘지(经营性 公墓)로 구분된다. 공익성 묘지는 마을 단위로 조성되어 해당 지역 주민(농촌 호적 주민)에게만 제공되는 비영리 묘지로, 지자체의 지원을 받아 저렴하게 운영되며, 외부인이나 도시 호적 주민에게는 판매할 수 없다. 도시 주민은 영업성 묘지, 누구에게도 판매 가능한 상업적 묘지이지만, 민간 또는 지방정부 산하 업체가 이윤을 목적으로 운영한다. 도시 인근에 조성된 대형 묘원(공동묘지)의 대부분이 이러한 영업성 묘지에 속한다. 정부도 각지에 공설 묘지를 늘리려 하고는 있으나, 예산 부족 등으로 공익 묘지 자리가 모자라거나 원하는 위치를 선택할 수 없는 경우가 많다. 결국 도시 주민들은 어쩔 수 없이 값비싼 영업성 묘지 이외에 다른 선택이 없고, 이는 묘지 가격 폭등으로 이어졌다. 최근 중국의 묘지 가격 상승세는 주택 시장의 거품을 방불케 할 정도다. 청명절을 앞둔 2024년 4월, 한 중앙 매체의 보도에 따르면 온라인에서 "묘지가 웬만한 집만큼 비싸다", "죽어서도 집이 없으면 큰일" 등의 반응이 쏟아질 정도로 묘지 비용 문제가 공분을 샀다. 예컨대 푸젠 성 샤먼(厦门) 시의 한 묘원에서는 6㎡(2평 미만) 남짓한 가족 묘의 가격이 24만 위안(약 4,400만 원)에 달해, "샤먼의 아파트 값에 맞먹는다"는 탄식이 나왔다. 2016년에 10만 위안이던 2인용 묘지가 2023년에 24만 위안이 되었다는 것이다. 상하이는 더 심각하다. 한 상하이 시민은 "부모님께 마련해드린 0.8㎡짜리 묘지가 8년 전 10만 위안이었는데, 지금 똑같은 묏자리가 34만 2천 위안이 되었다"고 하소연했다. 제곱미터당 환산하면 8년 전 약 12.5만 위안/㎡에서 42.8만 위안/㎡으로 오른 셈인데, 이는 해당 묘지 인근 신축 아파트 시세(약 6.3만 위안/㎡)의 6배가 넘는 가격이다. 베이징의 경우, 한 중급 묘원에서 0.33㎡ 크기의 최소형 묘 가격이 11만 9,800 위안부터 시작하고, 평범한 입지의 일반 묘도 대개 13~50만 위안선에 형성되어 있다. 1㎡도 안 되는 작은 땅을 한국 돈 수천만 원을 줘야 하는 상황이다. 1선 도시 대부분에서 최소 수만 위안을 줘야 묘 한 칸을 마련할 수 있는 시대로 사후의 묫자리가 살았을 때의 집보다 훨씬 더 비싼 것이다. 묘지 가격 급등의 원인은 복합적이다. 우선 수요에 비해 공급이 턱없이 부족하다. 도시화로 도시 거주자가 폭증했지만, 도시 주변의 영업용 묘지 공급은 그 속도를 따라가지 못했다. 인구 고령화로 매년 사망자 수는 늘어나는데, 묘지 신설은 엄격히 제한되거나 외곽에 소규모로 이루어지다 보니, 좋은 위치의 기존 묘지는 자연히 귀한 매물이 되어 가격이 치솟았다. 둘째, 묘지의 영리화 구조도 한몫을 했다. 대부분 도시 묘지는 민영으로 운영되는데, 정부의 가격 통제나 기준이 미비한 틈을 타 일부 업체는 과도한 이윤을 추구하며 강제 부가서비스나 끼워팔기가 성행한다. 예컨대 묘지 구입 시 묘비도 외부에서 가져오지 못하며 해당 묘지 공원에서 비싼 가격으로 강매를 시킨다. 심지어 계산서를 받아보면 묘비 가격은 지불한 돈의 3분의 1에 불과하고, 중간 업체의 수익으로 나간다. 이런 불투명한 가격 책정과 뒷거래 관행이 묘지 비용을 더 부풀리고 있다. 실제 한 대형 상장 장례기업은 지난 6년 연속 묘지 평균 가격을 인상해왔는데, 고령화로 인한 수요 증가와 이윤 추구가 결합되어 묘지 산업이 고수익 사업으로 변모했음을 보여준다. 땅에 묻혀야 편히 잠든다(入土为安)는 동양 문화적 요인으로 비싼 돈을 주더라도 전통적인 묘지를 갖기를 선호하고, 후손들 입장에서도 성묘를 가야 마음이 편하고 효를 다한 것이라는 인식이 여전해서, 화장 후 수목장·화초장 등 대안적 방법을 제시해도, 선뜻 받아들이지 못하는 사람들이 많다. 이러한 문제에 중앙정부와 지방정부는 묘지 가격 안정과 장례 서비스 개선을 위해 여러 조치를 내놓았다. 예를 들어 랴오닝 성은 2024년 청명절을 앞두고 "묘지 가격 및 부대 서비스 요금에 대한 지도 지침"을 내어, 정부가 정한 기준 이상으로 가격을 올리거나 서비스를 끼워 팔아 추가 요금을 받는 행위를 엄격히 단속하고 있다. 후베이 성, 윈난 성 등도 과도한 묘지 분양가 책정 및 강매 등을 금지하는 문서를 시행하는 등 시장 질서 확립에 나서고 있다. 그러나 전문가들은 묘지 부지 공급을 늘려야 한다"고 조언한다. 일정 기간 해당 지역 인구 구조와 사망률을 감안해 충분한 규모의 공설 묘지를 계획함으로써, 주민들이 순번 대기에 지치거나 타지까지 가서 묘지를 사야 하는 일을 줄여야 한다는 것이다. 물론 묘지 부지를 확보하는 일은 토지 이용 측면에서 쉽지 않다 도시 확장과 개발 압력 속에서 비싼 땅을 묘지화 하면 지방정부는 수익을 포기하는 일이기 때문이다. 또 하나 중요한 축은 장례 문화의 변화다. 정부는 "厚养薄葬"(살아 있을 때는 잘 봉양하고, 죽은 후에는 검소하게)라는 슬로건을 내걸고 생태 장례를 적극 장려하고 있다. 해장(海葬), 수목장(樹葬),

화초장(花坛葬), 잔디장(草坪葬) 등 땅을 차지하지 않는 방식으로 자연에 돌려보내는 장례가 그것이다. 특히 바다에 유골을 뿌리는 해장(海葬)은 정부가 인프라와 비용 측면에서 가장 적극적으로 지원하는 방식이다. 베이징 시는 1994년부터 해장을 시행해왔고, 2017년부터는 베이징 호적 주민이 사망하여 유해를 바다에 뿌릴 경우 장례 관련 기본 서비스(시신 운구, 냉장 보관, 화장, 유골 단기 안치 등) 비용 전액을 면제해 주며, 해장을 신청하면 유족 6명의 뱃삯을 무료로 지원하고, 해양 환경을 고려한 유골 전용 수용기(물에 녹는 유골함) 등 서비스 패키지를 제공한다. 시안(西安)은 해양·자연장 선택 시 1건당 5,000위안, 푸저우(福州)도 3,000위안의 장례 보조금을 지급하고 있다. 선양(瀋陽)은 2012년부터 해양 장례를 시작해, 10년간 2만 6천여 구의 유골을 바다에 안치했는데, 이로써 대형 공원 묘원 하나에 해당하는 부지를 절약한 효과를 거두었다고 평가된다.

이처럼 중국 정부의 지원과 홍보에 힘입어 해장 참여자는 해마다 증가하고 있다. 물론 아직은 대부분의 국민이 전통 묘지를 선호하지만, 고비용 장례에 대한 부담과 환경 의식의 성장으로 친환경 장례를 고려하는 사람들이 늘고 있다. 해양 장례는 개인이 임의로 할 수는 없고, 반드시 지정된 해역에서 정부 허가를 받은 장례 기관이 주관해야 한다. 최근 당국은 불법으로 유골을 바다에 버리는 일을 막기 위해 해양 장례 절차를 법제화하고, 해양 환경부와 민정부의 허가 아래 진행하도록 규정을 강화했다. 이는 친환경 장례 확대라는 대의와 환경 보호 두 마리 토끼를 잡으려는 노력이라 할 수 있다.

집에서 시작된 양극화와 불안정이 삶의 마무리 국면까지도 이어지는 모습이 오늘날 중국 사회의 한 단면이다. 청년 세대는 비싼 집값에 밀려 평생을 세입자로 살아야 할지를 고민하고, 도시는 이들을 잡으려고 공공임대주택을 짓고 각종 혜택을 내걸고 있지만 아직 갈 길은 멀기만 하다. 떠돌이 청년 노동자들은 도시 경제의 풀뿌리 역할을 하지만 정착하지 못한 채 부유하는 삶에 놓여 있고, 인구 구조 변화 속에 노동력의 세대교체와 일자리 재편이 진행되고 있다. 그리고 죽음조차 양극화되면서, 여유 있는 사람은 값비싼 묏자리를 사고 그렇지 못한 사람은 "죽어서도 서럽지 않기 위해" 바다를 선택한다.

정부는 "房住不炒(집은 투기 대상이 아니라 거주 공간)"이라는 원칙 아래 주거 안정과 민생 개선을 최우선 과제로 삼고 있다. 최근 부동산 거품이 일부 해소되면서 1선 도시의 PIR도 소폭 개선되고, 청년층의 새로운 라이프 스타일에 맞춰 임대차 시장과 장례 문화도 조금씩 변화의 조짐을 보이고 있다. 궁극적으로 중국 청년 세대의 생활상 변화는 한 나라의 경제·사회 구조 전환을 반영하는 지표라 할 수 있다. "집 걱정 없이 안정된 삶"과 "죽어서도 존엄을 지킬 수 있는 마무리"를 위해, 중국 사회는 지금도 개혁을 이어가고 있다.

05

중국의 식량 안보

전 세계 9%의 경작지로 18%에 달하는 인구가 살아가야 하는 중국에서 먹거리 문제는 어떤 문제보다 중요했다. 그래서 역대 위정자들은 "백성에게는 먹거리가 하늘이다(民以食为天)"라는 말을 되새기고 살았다. 2023년 중국의 곡물 총생산량은 6.9억 톤으로 2015년 이후 9년 연속 6.5억 톤 이상을 수확하고 있다.

1949년 건국 당시보다 식량 생산량은 5.1배 늘었고, 1인당 식량 보유량도 1949년 209kg에서 2023년에는 493kg으로 국제 식량 안보 기준선인 400kg을 웃돈다.

중국의 쌀, 밀, 옥수수 등 주 곡물은 국내 수요의 거의 전부를 충당할 정도로 높고 자급률이 95%를 넘는다. 실제로 쌀과 밀과 같은 식량 작물의 경우 "절대 안전" 수준으로 국내 생산량이 수요를 상회한다.

쌀은 연간 2억 톤 안팎을 생산하여 국내 수요를 충족하고 일부는 수출한다. 2022년 중국은 세계 쌀 무역량의 약 3.5%, 세계 6위 쌀 수출국에 올랐다.

밀 역시 연간 1억 3천만~1억 4천만 톤 이상을 생산하여 주로 식량으로 소비하고, 일부 제분용 고단백 밀 등 품질 개선을 위해 연 500만~1,000만 톤을 수입하지만 이는 전체 소비의 5~7%로, 자급률은 98%이다.

옥수수는 곡물 생산량의 약 40%의 최대 품목으로, 2023년 생산량은 약 3억 톤이지만, 축산 사료용으로 약 800만~1000만 톤을 수입하는 수준이다.

대두(콩)는 식량자급률 논의에서 가장 취약한 고리로 언급된다. 식용유와 사료 단백질 공급원으로서 막대한 대두를 소비하는데, 국내 생산만으로는 수요를 감당하기 어렵다. 2023년 중국의 대두 생산은 2,060만 톤, 수입은 9,941만 톤으로 소비량의 4분의 3을 브라질, 미국 등에서 수입 의존하며, 주로 식용 식물유(콩기름) 수요와 축산용 사료인 콩비지(대두박) 수요에 충당된다. 중국의 식량 자급 상황은 품목별로 상이하다. 쌀·밀·옥수수 등 식량 작물은 거의 전량을 자국에서 생산하며, 이들 곡물의 자급률은 95~100%로 매우 높다. 반면 대두와 일부 유지작물, 사료용 곡물에 수입 의존도가 높아 전체 식량 자급률 통계를 떨어뜨리고 있지만, 대두는 육류 생산을 위한 사료 및 식용유 원료이므로 이를 단순히 "식량 부족"으로 해석하는 것은 과장된 해석이며, "곡물 자급률이 낮아 전시에 취약하다"는 일각의 주장은 곡물 자급률 지표의 맥락을 간과한 면이 있다.

중국인의 식생활 변화는 식량 수급 구조에 큰 영향을 미쳤다. 1970년대만 해도 중국인 1인당 연간 육류 소비량은 10kg도 채 되지 않았으나, 2022년에는 1인당 약 70kg에 달할 정도로 늘어났다.

이는 불과 한 세대 만에 육류 섭취량이 7, 8배 이상 증가하여, 중국은 현재 세계 최대의 육류 소비국으로 전 세계 육류 소비량의 약 27%를 차지한다. 2022년 중국의 육류 총소비량은 약 9,877만 톤, 1인당 육류 소비량은 69.97kg로 집계되었다.

전통적으로 돼지고기는 중국 전체 육류 소비의 60% 이상으로, 1인당 돼지고기 소비량은 2022년 기준 약 26.9kg에 이른다. 이밖에 가금류(닭·오리고기 등), 소고기·양고기 소비도 더 증가하는 추세다. 동시에 계란과 유제품 소비도 증가하여 동물성 단백질 섭취가 전반적으로 확대되었다. 이러한 식생활의 고단백화, 서구화 추세는 국민 영양 개선의 긍정적 지표이지만, 다른 한편으로 축산물 생산을 위한 사료 곡물 수요의 폭발적 증가를 가져왔다.

식단의 서구화로 중국의 1인당 칼로리 중 동물성 식품이 차지하는 비중이 높아졌는데, 이는 국민 영양상태 개선(단백질·지방 섭취 증가)을 의미하면서도 또한 동일 칼로리를 얻기 위해 더 많은 곡물이 간접적으로 필요해졌음을 뜻한다.

예를 들어, 소고기 1kg을 생산하려면 수십 킬로그램의 사료 곡물이 필요하고 돼지고기 1kg에도 3, 4kg의 사료가 요구된다. 이는 옥수수, 대두박 등 사료용 곡물 수요 급증을 수반하여, 단백질 공급원인 대두박 수입이 늘어난 것으로"중국이 식량을 많이 수입한다"는 것의 상당 부분은 "중국이 고기 생산 사료를 수입한다"는 의미로 해석해야 한다.

결국 "중국의 대두 수입 의존 = 식량안보 취약"이라는 도식은 실제 사정과 다르며, 오히려 향후 중국이 육류 소비를 조절하거나 기술을 도입해 사료 효율을 높일 경우 대두 수입 수요를 상당 부분 완화할 수 있다. 또 중국 정부는 식량 위기 상황에 대비한 종합 대응 체계를 구축해왔다. 방대한 인구를 먹여 살려야 한다는 부담 때문에, 평시에도 전략적인 식량 비축과 유통망 관리를 중시하고 있다. 국가식량물자비축국 당국자는 "중국의 식량 비축량은 6억 5천만 톤을 넘어 매우 안정적인 수준"이며, 14억 인구를 먹일 충분한 저장량이라고 강조했다. 주요 소비 지역의 6개월치에 달하며, 국가적으로 쌀과 밀의 재고는 1년 이상이 확보하고, 평소에 곡물을 비축 창고에 저장해 두었다가 시장 수급이 불안정할 경우 방출하여 공급을 보장하고 가격을 안정시키는 것이다. 국제기구 권고는 재고/소비 비율이 17~18% 이상이면 식량안보에 비교적 안전하다고 보는데, 중국의 곡물 재고율은 평균 50%의 높은 수치로, 만약 수입이 끊기거나 흉작이 발생하더라도 상당 기간 비축분으로 연명할 수 있는 완충 장치를 갖추고 있다.

중국의 식량 비축 시스템은 중앙과 지방정부의 이중 구조로 운영된다. 중앙 직속의 중국비축량관리공사(中储粮, Sinograin)가 전략적 비축을 총괄하고, 각 성(省)과 주요 도시는 자체 상비 비축고를 운용하는데, 베이징, 상하이는 자체적으로 6개월치 이상의 양을 확보해두고 있다. 비상시의 식량 배급망도 방대하다. 전국적으로 5,448개의 곡물·식용유 비상가공 기업, 2,777개의 비상 물자배송센터, 3,741개의 비상 저장·운송 기업, 43,573개의 비상 공급망 지점을 운영 중이다. 이들은 재난이나 전시 등 정상적인 시장 공급이 어려워질 경우 곧바로 정부 지시에 따라 식량을 생산·가공하고 분배하는 역할을 맡는다. 예컨대 코로나19 당시 두 달간 완전 봉쇄된 상하이의 집에서 배송업체 라이더들을 통해 받던 그 식료품들의 뒤에는 바로 이런 비상 시스템 있었다는 것을 한참 나중에 듣게 되었지만, 그런 예측 불가한 상황에서 이 모든 시스템들이 정상적으로 작동되어, 인구 2,600만의 상하이 시민들이 각자의 집 안에서 나오지 않고 굶지 않고 두 달을 보냈다는 것은 달리 보면 충분한 사회적, 그리고 정치경제학적 연구의 대상일 터인데, 우리 언론과 투자자들은 체제의 리스크로만 보고 있는 것도 역시 인식의 차이라고 생각한다. 가격 안정을 위한 정책 수단도 다양하게 마련되어 있다. 주요 곡물의 최저수매가 제도를 운용하여 시장 가격이 일정 수준 아래로 내려가 농가 수입이 줄어들 위험이 있을 때, 정부가 지정 가격으로 수매한다. 식량 유통 분야에서는 국영기업과 민간을 조율하여 곡물 조달, 운송, 가공, 판매의 각 고리를 관리하고, 곡물 도매시장과 물류 인프라를 지속적으로 개선해왔다. 그 결과 생산지에서 소비지까지의 식량 이동이 효율적으로 이뤄지고, 전국적 범위의 조달 다변화도 가능하다.

중국의 곡물 생산량 중 상당 부분이 북쪽 생산지(동북 및 화북평원)에서 남쪽 소비지로 이동하는데, 철도와 수로를 통한 대량수송 체계가 확립되어 있다. 법·제도적 측면에서는 기존에 "쌀자루 책임제(粮袋子省长负责制)" 등 여러 부처 지침이나 조례 형태로 흩어져 있던 식량안보 조치들을 반영한 종합식량안보 법률인 〈식량안전보장법〉이 2023년 12월에 제정되었다. 또 전국 경작지 18억 무(1억2천만 ha) 보호도 법률로 명기되어, 무분별한 농지 전용을 막고 기본 농업생산

능력을 유지하도록 규정하였다. 이런 법규 제정의 배경에는 코로나19 팬데믹과 국제 정세 불안으로 글로벌 공급망이 흔들리는 상황에서 식량안보를 국가 안보의 필수 요소로 격상해야 한다는 목소리가 반영된 것으로, 향후 법률에 따라 식량 공급을 안정시킬 수 있는 토대가 마련된 것이다. 전쟁이나 글로벌 공급망 차단 등의 비상사태가 발생할 경우, 중국은 국내 농업 생산 구조를 신속히 전환하여 식량 공급을 유지할 시나리오가 다양하게 검토하고 있다. 첫째, 경작지 용도의 전환이다. 현재 중국의 경작지 중 상당 면적은 식량 이외의 경제작물 재배에 활용되고 있다. 중국은 특히 채소 재배 면적이 곡물 재배 면적의 상당 부분을 차지하며 전 세계 채소의 절반 이상을 생산한다. 전시나 국가비상사태에 정부는 일부 경제작물 재배지를 곡물 재배지로 전환하도록 지시할 수 있다. 둘째, 현재 곡물 생산 중 일부는 산업용·에너지용으로 사용되지만, 위기 시 용도의 축소가 가능하다. 예를 들어 옥수수의 약 30%는 전분, 에탄올, 아미노산 등 산업 원료로 가공되는데, 전시에는 옥수수의 산업적 소비를 줄이고 식량 및 사료 위주로 돌릴 수 있다. 특히 에탄올 생산(옥수수의 25% 사용)은 연료 공급 목적이므로, 유사시에 이를 중단하면 상당량의 옥수수를 식량으로 전환할 수 있다. 같은 맥락에서, 일부 곡물의 주류·당제조 용도도 긴급 시 제한할 수 있다. 예컨대 쌀과 수수를 원료로 하는 증류주(백주) 생산을 통제하면 해당 곡물을 식용으로 돌릴 수 있고, 맥주 원료인 보리 수입을 줄여 밀이나 옥수수로 대체할 수도 있다. 이는 전시동원법 등에서 농산물 생산과 유통의 법적 근거가 마련되어, 즉시 시행될 수 있다. 셋째, 다계층 식량 체계 활용이다. 식량을 곡물로만 보지 않고, 넓게는 모든 먹을 수 있는 자원을 포괄적으로 인식하는 것으로, 감자류, 잡곡, 콩류, 어류, 해조류, 버섯, 곤충 등 다양한 식품 자원이 모두 식량 안보의 범주에 포함된다. 예를 들어, 쌀·밀 생산이 차질을 빚더라도 감자, 고구마 같은 작물은 비교적 재배하기 쉽고 단위면적당 칼로리가 높아 대안이 될 수 있다. 중국은 2020년 감자를 "제4의 주 식량 작물"로 지정하여 가공산업을 육성하며, 전시에는 감자, 옥수수 등으로 밀·쌀의 일부를 대체할 수 있다. 또 세계 최대의 수산물 생산·소비국으로서 민물양식은 곡물 사료 투입을 최소화하면서 단백질을 생산할 수 있는 전시 식량으로 유용하다. 가령 돼지 사육이 어려워지면 그 사료 일부로 어류를 기르는 쪽으로 전환하거나, 해안 지역 인구는 어패류 소비를 늘려 내륙 곡물 부담을 줄일 수 있다. 중국은 이미 세계 양식 어류의 60% 이상을 생산할 정도로 관련 기술과 산업이 발달해서 육상 작물만이 아닌 "물속의 식량"도 중요한 식량안보 자산으로 고려 중이다. 넷째, 대체 단백질원 개발과 이용이다. 축산 위주의 단백질 공급이 줄어들 가능성에 대비해서 식물성 단백질 식품과 대체육(代肉), 곤충 단백질 등에 관심을 두고 있다. 예를 들어 식물 기반 인조육 산업이 성장 중으로 콩이나 곤충에서 추출한 단백질로 만든 식품이 등장하고 있다. 중국 스타트업들은 귀뚜라미 파리 유충 등 곤충 단백질을 사료에 활용하는 기술을 개발 중이고, 다수의 곤충 단백질 기업들이 투자를 유치하는 등 정부의 지원 아래 14차 5개년 계획 기간(2021~2025)에 대체 단백 기술 개발이 중요 과제로 포함되어 있어서 전통 축산을 보완하는 새 단백질 공급원이 나올 가능성이 높다. 다섯째, 육류 소비 배급제이다. 90년대까지도 배급제가 존재하던 중국이라서 아직도 상당수의 국민이 익숙하지만, 외부 식량 조달이 완전히 끊어질 경우 등의 극단적인 상황에서도 통제할 제도적 준비가 되어 있다는 것이 핵심이다. 1인당 육류 소비를 현재 70kg 수준에서 절반 이하로 줄여 곡물과 채소 위주의 식단으로 돌리는 것이다. 중국은 과거 1960년대 대기근을 거치며 배급제를 통해 최소한의 식량 분배를 시행했던 경험을 가지고 비상시에 대비한 배급체제 시뮬레이션을 부단히 연구하고 있다.

중국인들 스스로도 eat bitter(吃苦吃草) 능력, 즉 풀만 먹고도 10년은 버틴다는 농담처럼 하지만 코로나를 겪으면서도 정부의 혹독한 요구에도 순응하는 이들을 직접 본 입장에서는 충분히 그럴 수 있을 것이라고 생각한다. 마지막으로, 식량 수입선 다변화다. 특정 국가와의 무역이 단절될 위험에 대비해, 수입원 다양화가 진행 중이다. 대두의 경우 브라질, 아르헨티나, 우루과이 등으로 수입선을 다변화했다. 2024년 현재 브라질이 대두의 60% 이상, 미국은 20%로 떨어졌다. 주로 미국에 의존했던 옥수수도 우크라이나, 러시아 및 동남아로, 밀은 호주, 캐나다, 카자흐스탄, 프랑스 등으로 분산하고 있다. 어떤 면에서는 중국의 거대 식량 시장 자체가 레버리지로 작용하여, 수출 국가의 농업계가 중국과의 무역 단절 시 큰 타격을 입게 되는 '역의존 관계'가 형성되어, 국제분쟁 시에도 상대국이 식량 압박을 가하기 어렵게 만드는 효과를 낳는다.

중국 국민의 영양 상태는 지난 수십 년간 극적으로 개선되었다. 유엔 식량농업기구(FAO)의 글로벌 식량안보 지표(GFSI)에 따르면 중국의 영양부족 인구 비율은 2.5%로, 결식이나 영양실조 상태에 있는 사람이 세계 평균보다 훨씬 낮다. 국제사회는 이러한 수치를 근거로 중국의 기아 문제가 사실상 해결된 것으로 평가한다. 세계 기아지수(GHI)도 중국 기아지수를 최상위 그룹으로 분류하고 있다. 중국인들의 1인당 칼로리 및 영양소 섭취량은 경제 성장과 함께 꾸준히 상승해왔다. 2020년대 초반 3,100kcal 전후로 증가한 것으로 추정된다. 과거에 곡물에서 대부분의 칼로리를 얻던 구조에서, 이제는 육류·유지·설탕 및 채소·과일의 비중이 높아졌다. 실제 통계에서 중국인 1인당 연간 곡물 소비량(직접 식용 기준)은 2010년대 후반부터 소폭 감소 추세인데, 2022년에 전년보다 5.4% 감소한 136.8kg을 기록한 반면 육류 소비량은 5.0% 증가했고, 계란 소비도 2.4% 증가하여 단백질 식품의 소비가 늘었다. 또 우유는 1인당 연간 30kg 이상(2000년대 초반의 3배 수준)을 소비하고, 과일과 채소 섭취량 역시 1인당 하루 500g 이상으로 WHO 권고치를 상회한다. 이러한 식품 소비 트렌드의 변화로 영양 결핍으로 인한 질환은 줄고, 기대수명은 78.2세로 1970년대의 60세에서 18년이 늘어났다. 그러나 비만과 성인병 증가가 새로운 보건 과제가 되고 있다. 중국의 성인 비만율은 6.6%로 아직 미국(40% 내외)이나 한국(34%, BMI 기준 overweight 포함)보다 낮지만, 빠르게 증가하는 추세다. 이와 같은 식생활 변화는 식량안보 측면에서 두 가지 의미를 가진다. 긍정적으로 보면, 중국 국민은 식량 공급이 부족하여 굶주리는 단계는 완전히 벗어났고, 영양 측면에서 비교적 안전한 상태에 있다. 국민 다수가 먹거리 접근성이 높고 구매력도 뒷받침되어 "배고픔"은 사회적 이슈에서 사라졌다. 그러나 부정적으로 보면, 소비 구조가 고도화되면서 예전보다 식량 생산과 유통의 복잡성이 증가하고, 수입품 및 사료에 대한 간접 의존이 커졌다. 예를 들어 1980년대에는 국민이 주로 쌀과 밀가루만 충분하면 되었지만, 지금은 육류, 유제품, 과일, 가공식품 등 다양하고 품질 높은 먹거리에 대한 수요가 높다. 이 중 상당수는 국내 생산만으로 충족이 어렵거나(예: 대두로 만든 식용유, 일부 열대과일, 고품질 밀 등) 국제 무역에 연결된 부분이 있다. 따라서 중국 정부는 국민 식생활의 질을 유지하면서도 안정성을 확보하는 균형을 고민하고 있다. 이를 위해 국내 생산 다변화를 통해 이전에 수입에 의존하던 품목도 국산화를 추진하고 있다. 예를 들어 낙농업을 적극 육성하여 국내 우유 생산을 늘렸고, 2020년대부터는 우유 생산 세계 3위권에 올라설 정도로 성장했다. 식량 안보의 최종 목표는 국민의 영양권 보장인데, 이 측면에서 중국은 많은 발전도상국들과 달리 영양 공급 측면에서 비교적 안정적이고 우수한 성과를 거두고 있다. 즉 지금 중국에서 식량 문제는 "굶주릴지도 모른다"는 생존의 문제가 아니라, "얼마나 균형되고 건강하게 먹을까" 하는 생활의 질 문제로 전환된 것이다.

종종 "중국은 식량을 많이 수입하는 세계 최대 식품 수입국"이라는 수치가 부각되지만, 이는 구매력과 소비 규모가 크기 때문에 발생하는 현상이며, 국내 생산 기반 자체가 빈약하다는 의미는 아니다. 오히려 중국은 절대량 측면에서 세계 최대의 식량 생산국이며, 자급 능력이 뛰어난 편이다.

〈이코노미스트〉의 2022년 글로벌 식량안보 지수(GFSI)에서 중국은 113개국 중 25위를 기록하며, "매우 높은 식량 접근성과 품질" 부문 점수를 받았다. 이는 중국이 전반적으로 식량의 가격적 접근성, 물리적 공급 안정성, 영양 및 안전 면에서 양호한 여건을 갖추고 있음을 의미한다. 또 세계기아지수(GHI)에서 최상위 그룹(굶주림 최소 상태)에 속하고, 유엔 인도개발지수(HDI) 상으로도 식품 공급의 질이 상당 수준 확보된 국가군에 들어간다. 이러한 국제 평가는 중국의 식량 상황이 절대적인 안정 궤도에 진입했음을 뒷받침한다.

일본의 경우 산업화와 도시화로 식량자급률이 현저히 낮아, 2023년 기준 칼로리 자급률이 38%에 불과하다. 나머지 60% 이상 식량을 해외 수입에 의존하지만, 일본은 부유한 경제력을 바탕으로 평시에는 부족을 메우고 있다. 그러나 전시에는 해상 봉쇄 등에 극도로 취약한 구조다. 한국도 사정이 비슷하여 곡물 자급률 20%대, 칼로리 자급률 40%대에 머물러 식량안보 취약국으로 평가된다.

실제 러시아 우크라이나 전쟁으로 2022년 국제 곡물 교역에 차질이 생겼을 때도 중국은 영향을 적게 받았다. 같은 시기 인도, 태국 등이 자국 식량 보호를 위해 쌀·밀 수출을 통제했지만, 중국은 자체 재고와 생산으로 국내 수급을 안정시켰다. 중국은 식량 무역에서 수입국이지만 동시에 수출도 하는 이중적 지위를 갖고 있다. 2023년 중국의 농산품 수입액은 세계 1위, 농산품 수출은 세계 5위였다. 특히 중국산 과일, 채소, 수산물 등은 해외로 많이 팔리고 있다. 95% 이상의 곡물 자급률과 방대한 비축을 감안하면, 외부 공급 없이도 생존에 필요한 기본 식량은 마련할 수 있다는 계산이다. 또한 세계 최대 규모의 식량 비축과 법으로 뒷받침된 위기 대응체제를 구축하여, 단기간의 봉쇄나 흉작은 충분히 견딜 수 있는 능력을 갖추고 있다. 전쟁과 같은 극한 상황에서도 중국은 내수 생산과 비축을 기반으로, 필요하다면 소비 구조를 조정하면서 자국민을 먹여 살릴 충분한 역량을 갖춘 것이다. 최악을 대비하는 중국을 제대로 보지 못하고 것이야말로 최악의 결과를 가져올 수 있다. 중국 식량이 부족하다는 논리들이야말로 최악이다.

06

전력 소비와 경제 발전의 역학 관계

중국은 세계 최대의 전력 소비국으로, 세계 전력 수요의 약 3분의 1을 쓰고 있다. 2024년 한 해 전력 소비량이 약 9.85조 kWh에 달한다.

그 중 85%는 산업 생산 부문이 무엇인가 만드는 데 사용하므로, 중국 전력 수요 증감이 경제성장 및 산업 활동의 "晴雨表(바로미터)"로 불리고, 경제 활력과 추세를 가늠하는 중요한 지표로 활용된다. 실제로 중국의 전력 소비 증가율은 GDP 성장률과 긴밀한 연관을 보여 왔으며, 2023년 전력 소비가 6.7% 늘어나는 동안 GDP도 5.2% 성장하여 전력 수요 증가 폭은 경제성장률을 웃돌았다.

중국 국내 전력 소비 규모는 지역과 산업에 따라 크게 편차가 있다. 경제 규모가 큰 동부 연해 지역이 전력 수요를 주도하여, 2023년 전국 전력 사용량 상위 4개 성(省)은 광둥, 장쑤, 산둥, 저장성 등이고, 최하위는 시짱(티베트)이었다 특히 광둥성은 2023년 8,502억 kWh로 중국 최초로 전력 소비량이 8,000억 kWh를 돌파하며, 중국 전체 전력 소비의 9.2%, 1인당 소비는 선진국 수준인 6,718 kWh였다. 장쑤 성도 7,833억 kWh를 사용했고, 산둥성과 저장성 역시 각각 수천억 kWh 수준의 막대한 전력을 소비하는 반면 서부 내륙의 시짱(티베트) 등은 산업 규모와 인구가 적어 상대적으로 소비량이 매우 낮다.

중국의 전력 소비 구조를 산업별로 보면, 2024년 현재 중국 2차 산업의 전력 소비량은 6.4조 kWh로 전체의 65%를 점유한다. 1차 산업은 1,357억 kWh로 1, 2%에 불과했고, 3차산업은 1.8조 kWh로 18%, 주민 생활용 전력은 1.49조 kWh로 15%였나. 나시 발해서 숭국 전력 소비는 3분의 2/가 공업용, 서비스업과 가정용 소비가 3분의 1이다. 농업 부문이 1%로 매우 낮은 것은 규모가 작고 전력화 정도도 낮기 때문이다. 산업별 전력 소비 변화의 추이는 경제 구조 변화를 반영한다. 2024년 제조업 등 2차산업 전력 사용은 특히 첨단 기술 및 장비 제조업 분야에서 전력 소비가 10.3% 늘며 제조업 평균을 크게 웃돌았다. 반면 전통적인 4대 고에너지소비 업종의 전력 증가는 2.2%에 그쳤다. 이는 제조업 내의 산업구조가 노동·에너지 집약형에서 기술 집약형으로 전환되는 추세를 보여준다. 9.9%가 늘어난 3차 산업 전력 소비는 디지털 경제의 성장에 의한 데이터센터, 전기차 등 신흥 서비스 수요가 급증한 결과가 반영된 것이다. 또한 가전제품의 보급 확대와 생활 수준의 향상으로 주민 생활 전력 사용도

10.6% 증가했다.

중국의 에너지 자원 분포와 전력 소비지의 불일치로 지역별로 전력 공급과 수요 불균형이 나타난다. 석탄·수력·풍력 자원은 주로 서부와 북부 지역에서 생산되지만, 실제 전력 수요는 산업과 인구가 밀집된 동부 연해 지역에 집중되어 있다. 이를 해소하기 위해서 "서전동송(西電東送)"이라 불리는 서부 전력을 동부로 보내는 국가 전략을 추진해 왔는데, 이는 초고압(UHV) 송전망을 통해 원거리에서 대량의 전력을 송전함으로써, 서부의 잉여 발전을 동부의 소비지에 공급하는 것이다. 북부, 중부, 남부 3대 서전동송 송전 회랑(루트)이 구축되어, ±800kV, ±1,100kV 등의 초고압 직류(HVDC) 및 1,000kV급 초고압 교류(UHVAC) 설비들이 가동 중이다. 초고압 송전선만 39개 노선(교류 19개, 직류 20개)이 운영되며, 송전선로 연장은 총 4만 km 이상에 달한다. 2013~2023년 사이에 서전동송 누적 전력량은 9조 kWh를 넘고, 실시간 서전동송 전력 송출 능력은 3억 kW(300GW)로, 이는 최대 인구 밀집 지역인 동부 및 중부지역 전체 수요의 약 20%를 타지역에서 온 전기로 충당한다는 것이다. 이러한 대규모 송전 인프라의 각 노선은 저마다 역할을 가지고 있다. 예를 들어 남부 송전 회랑은 주로 윈난·구이저우 등의 수력 발전 전력을 남부 연해 지역 (광둥·광시 등)에 공급하는 역할을 한다. 북부 회랑은 내몽골, 산시(山西) 등 화력·풍력 등의 전력을 베이징·톈진·허베이 및 산둥 등지로 보내는 역할을 하며, 중부 회랑은 양쯔강 상류 및 서북부의 수력·석탄 전원을 중동부 지역에 공급한다.

2024년 7월에는 간쑤~저장 간 ±800kV 초고압 직류 송전선을 착공했다. 간쑤 지역의 11.2GW 규모 풍력·태양광 전원을 저장성으로 송전하는 이 노선이 완공되면 저장성이 외부에서 공급받는 전력을 추가로 360억 kWh를 확보하여, 동부 지역 전력난 해소와 서부의 개발에 상호 기여할 것으로 기대하고 있다. 석탄·풍력 자원이 풍부한 내몽골 자치구는 2023년 3,064억 kWh를 송전하여 전국 1위를 기록했는데, 이는 세계 최대 수력댐인 싼샤(三峡) 댐 연간 발전량의 3배의 전력을 내보낸 셈이다. 산시(山西)성도 성내 발전량의 1/3인 1,576억 kWh를 외부로 수출했다. 신장(新疆) 자치구도 1,262억 kWh를 송전하여 2010년보다 400배 이상 폭증했다. 한편 전력 수입 측면에서는, 경제활동이 집중된 동부 지역이 주요 전력 순수입 지역이다. 광둥 성은 2023년 1,500억 kWh 전력을 외지 조달로 30%를 충당했고, 그 중 60%는 수력·풍력 등 청정 에너지였다. 저장성, 상하이, 베이징 등 대도시는 대부분 전력을 받는 등 서부의 잉여 발전을 동부의 부족한 수요와 연결함으로써, 지역 간 전력 불균형을 해소하고 있다. 중국의 발전 전원 구성은 석탄을 주 연료로 한 화력 발전이 절대적이지만, 최근 빠른 재생에너지 확대로 에너지 믹스에 변화가 일고 있다.

2023년 중국의 전체 발전량 중 60%가량을 석탄 화력이 공급한다. 태양광·풍력 설비 용량의 증가에도 불구하고 실제 발전량의 기여는 제한적이어서, 석탄을 포함한 화력 발전이 전체 전력의 약 70%, 비화석 연료가 30%이다. 비화석 연료 발전 중 수력 13%, 풍력 9%, 원자력 5%, 태양광 3% 순이다.

한편 2023년 중국은 태양광 216GW, 풍력 76GW를 신규 설치했는데, 이러한 설비 증설에도 불구하고 수력 가뭄 등의 영향으로 석탄 발전량이 오히려 6.1% 증가하여 부족분을 메웠다. 중국 정부는

2030년까지 비화석 에너지 발전 비중을 50% 이상으로 끌어올릴 계획이며, 대규모 풍력·태양광 기지 건설, 원자력 확대 등을 통해 장기적으로 석탄 의존도를 줄이고 저탄소 전력체계로 전환을 추진 중이다. 중국의 전기요금은 국제적으로 비교해 비교적 낮은 수준에 속한다. 가정용과 산업용을 막론하고, 중국 전기요금은 OECD 선진국 평균보다 저렴하다. 2019년 기준 중국의 평균 판매전력 단가는 0.61위안/kWh($0.09/kWh)인데, 이는 미국 평균 0.73위안/kWh($0.11)보다도 낮은 수준이다. 특히 가정용 전기요금은 0.54위안/kWh(약 $0.08)로, OECD 35개국 평균(약 $0.18)의 40% 수준에 불과하여 36개국 중 두 번째로 낮았다.

산업용 요금도 OECD평균($0.13)의 70% 수준이고, 36개국 중 하위 9위로 낮은 편이다. 대부분 선진국은 가정용 전기가 산업용보다 단가가 높지만, 중국은 오히려 주민용 전기가 산업용의 85% 수준으로 더 저렴하다. OECD 국가의 가정용 요금은 산업용의 1.53배인데, 중국은 0.85배이다. 이는 중국이 산업·상업용 전기의 수익으로 가정·농업용 전기를 교차보조cross-subsidize하기 때문인데, 주민 생활과 농업 부문의 전기요금을 낮게 억제하여 민생 안정을 도모하고, 거기서 발생하는 손실은 공업용 전기요금에서 충당하는 구조다. 예컨대 미국은 전체 전력 소비 중 가정용 비중이 크며 요금도 더 높은 구조이고, 산업용 비중은 작으면서 요금이 낮은 전형적 선진국형 구조인 반면, 중국은 산업 비중이 더 크고 단가도 상대적으로 높게 설정되어 가정용·농업용의 낮은 단가를 보전하는 것이며, 중국은 다르다는 또 하나의 사례이다.

전력 소비량, 특히 공업용 전력 사용량은 경기 동향을 예측하는 선행지표로 자주 활용된다. 앞서 언급한 대로 전력 소비는 "경제의 온도계"로 불릴 만큼 GDP 등 거시경제와 밀접한 관계를 보여왔고, 2010년 영국 이코노미스트지는 중국의 GDP 성장 평가를 위해 '리커창 지수'를 소개했다.

당시 랴오닝 성 당서기 리커창(李克强)이 전력 소비량, 철도화물 운송량, 신규 대출이라는 세 가지 지표로 랴오닝 성의 경제 상황을 분석하고자 했던 것은, 2010년 중국 전체 GDP의 2차산업 비중은 46.7%로 절반에 못 미쳤지만 랴오닝 성은 54%로 지역 경제와 전력 사용량과의 관계가 더 컸던 지역적 특성을 고려한 것이었다. 이 가운데 특히 공업용 전력 소비 증감률은 GDP 산업증가율과 거의 동일한 추이를 보일 정도로 높은 설명력을 가지는데, 해당 지수에서 전력 소비에 가장 높은 가중치(40%)를 부여했다.

2013년, 시티 은행이 만든 지수에서는 간단한 회귀 분석을 통해 세 가지 요소를 간단한 공식으로 만들었다.

리커창 지수 = (산업 전력 사용량 증가율×40%) + (중장기 대출 잔액 증가율×35%) + (철도 화물 운송량 증가율×25%)

이를 바탕으로 2017년 이전의 GDP 산업 증가액과 리커창 지수의 관계를 보면, 그 흐름이 상당히 일치하는 그래프를 얻을 수 있었다. 물론 경제 구조가 서비스 중심으로 변모하면서 2017년 이후로는 수정된 지표를 사용하지만, 제조업 동향을 파악하는 데 전력 소비량만큼 직관적인 지표도 드물다. 실제 민생증권 연구에 따르면, 경기 사이클 저점에서 매출 회복 국면일 때 전력 사용량 증가가 생산자물

가지수(PPI)의 반등에 선행하며, 이후 "전력량"과 PPI "가격"이 함께 상승하며 기업 이익이 개선되는 패턴이 반복되었는데, 이는 전력 소비와 산업경기의 선행·동행 관계를 잘 보여준다. 전력 소비는 주식 시장, 특히 제조업 비중이 높은 중국 A주 시장의 선행지표로도 주목을 받기도 한다. 현재 상하이·선전 증시에 상장된 종목의 약 75%가 제조업·에너지·건설업 등 산업용 전력과 밀접한 업종에 속하고, 이들이 전체 매출의 69%를 차지할 정도로 A주 시장은 2차산업 집중도가 매우 높다. 따라서 산업 전력수요의 증감은 기업들의 생산활동과 실적 변화를 미리 보여주는 신호가 될 수 있다. 실제로 최근 10년간 공업용 전력 소비 증가율과 A주 상장기업들의 분기 매출 증가율은 추세가 비슷했으며, 특히 2023년 이전까지는 상관도가 매우 높았다. 전력 사용 증감이 같은 분기 내 기업 매출 증감에 직접적인 영향을 미쳐, 분기 중 전력 사용 변화가 기업 실적에 즉각적으로 반영되는 것으로 나타났다. 2023년 이후 서비스업 상장사 비중이 늘어나며 전체 상관관계가 다소 낮아졌지만, 제조업 종목만 놓고 보면 전력 소비와 매출 간 강한 상관관계가 지속되고 있다. 주가 측면에서도 산업용 전력 데이터는 주식 시장의 변동에 선행하는 경향을 보다. 제조업 전력 사용량의 증감이 시장 밸류에이션 변동에 일정한 선행성을 지닌다고 보고 있지만, 다만 투자자들이 전력 데이터를 충분히 주목하지 않는 경우가 많아 전력 지표의 변화에 비해 증시의 반응이 지연되는 현상도 확인된다. 즉, 경기가 서서히 회복되는 국면에서 전력 소비가 늘어도, 기업 실적 발표를 통해 확인되기 전까지 주가가 늦게 반응하는 경우가 있다는 것이다. 하지만 시장 과열 또는 과도한 투기적 분위기가 아닌 비교적 시장이 안정된 시기에는, 전력 소비 증감이 향후 업황을 가늠하는 지표로 유용하며 약 1개월 정도 선행하여 주가지표와 유사한 움직임을 보이는 것으로 분석되었다. 요컨대 산업 전력 사용량 증가는 경기 회복과 기업 실적 개선의 신호탄이며, 이러한 추세가 지속된다면 주식시장에도 긍정적 모멘텀으로 작용할 가능성이 높다. 실제로 2023년 하반기 중국 A증시가 저점에서 반등할 당시, 전력 소비와 PPI 등이 먼저 바닥을 찍고 상승세로 전환한 바 있어 두 지표 간의 선행 관계가 주목받았다. 물론 주식시장은 유동성, 투자 심리 등 복합 요인의 영향을 받기에 전력 지표만으로 완벽히 예측할 순 없지만, 전력 소비 동향은 중국 실물 경제의 맥박으로서 경기 및 기업 활동의 흐름을 이해하는 데 여전히 중요한 역할을 하고 있다.

07

중국 제조업의 아킬레스건

국제적으로 명확히 통일된 정의는 없지만 "생산성" 서비스업은 일반 소비자(2C)가 아니라, 기업(2B)에 제공되는 서비스 업종을 말한다. 통상 제조업·농업 등 타 산업의 효율과 부가가치를 높여주는 서비스를 생산성(혹은 생산자) 서비스업으로 분류한다. 예를 들면 6,000위안짜리 스마트폰에 들어가는 1,000개 이상의 부품 총 가치는 3,000위안, 나머지 3,000위안은 소프트웨어 특허나 프로그램, 각종 지식재산권 서비스의 가치다. 생산성 서비스업은 지식 집약적이며, 인재 집약적인 산업이기 때문에, 이 분야에 더 많은 투자가 이루어질수록 경제 발전 과정에서 노동력과 화폐적 요소 자원의 투입은 줄고, 전요소생산성(TFP)이 향상될 수 있다. 중국 국가통계국의 생산성 서비스업 통계분류 기준은 대분류 10개 대분류와 348개 세부 업종으로 구분된다. 그중 10개 대분류는 다음과 같다.

1. 연구개발·설계 및 기타 기술 서비스: 기초과학 연구, 신제품 개발, 산업설계, 기술자문 등 R&D 및 전문기술 서비스.
2. 화물 운송, 통상항공, 창고 및 우편·택배 서비스: 육상/해상/항공 화물운송, 물류 보조, 보관창고, 포장 및 운송대행, 우편·물류택배 등.
3. 정보서비스: 정보통신, 소프트웨어 개발, IT 솔루션, 데이터 처리 등 디지털 서비스.
4. 금융서비스: 은행, 보험, 투자 등 금융 중 기업금융 및 생산활동 지원 분야.
5. 에너지 절약 및 환경서비스: 산업 에너지관리, 오염방지, 폐기물 처리 등 환경기술 서비스.
6. 생산용 임대 서비스: 기계·설비 임대, 금융리스 등 기업 대상 임대서비스.
7. 비즈니스 지원 서비스: 법률, 회계, 광고, 마케팅, 공급망 관리, 검측인증 등의 기업 전문서비스.
8. 인력관리 및 직업교육 서비스: 인사파견, HR컨설팅, 직무훈련, 생산관리 컨설팅 등.
9. 도매 및 무역중개 서비스: 각종 원자재·상품의 도매 유통, 중개, 거래 플랫폼 운영 등.
10. 생산지원 서비스 기타: 시설 유지보수, 산업단지 서비스, 공공 기술플랫폼 등 기타 제조·농업 활동 지원 서비스

2023년 중국의 생산성 서비스업은 GDP의 31%로 추산하지만, 소비자 대상 서비스(소매, 개인금융 등)를 제외한 "순수 생산 부문 지원 서비스"만 집계하면 중국 GDP의 15~20% 정도에 그친다는 분석도 있는 것처럼, 정의에 따라 수치의 차이가 존재한다. 예를 들면 도매업은 생산성 서비스업, 소매업은 생활성 서비스업으로 구분되고, 화물 운송은 생산성 서비스업, 여객 운송은 생활성 서비스업에 해당한다. 이처럼 서비스 제공 대상과 기능에 따라 생산성과 생활성으로 구분되며, 통신, 교육, 의료 등 일부 업종은 생산·생활 양쪽 성격을 다 가지고 있기도 하다. UN과 OECD 국가 등 국제적으로도 각기 기준상의 차이가 있지만, 결국 생산성 서비스업의 본질은 "산업의 밸류 체인 상에서 생산 과정의 연속성, 효율, 부가가치를 높여주는 서비스"라고 할 수 있다. 이러한 서비스업이 발전하면 기업들이 비핵심 기능을 외부 전문서비스에 맡겨 규모의 경제와 전문성 제고를 달성하고, 제조업·농업 등 실물산업이 고부가가치 사슬로 진입하는 데 핵심적인 역할을 한다. 생산성 서비스업은 고품질 제조업의 토양이자 생태 기반으로서 매우 중요하다.

첫째, 현대 경제에서 가장 빠르게 성장한 분야다. 4,300억 달러였던 1950년 미국의 GDP중 1차산업 10%, 2차산업 50%, 3차산업 40%였다. 그 40%의 서비스업 중 생활형이 30%, 생산성이 10%였다. 70여 년이 지난 오늘날 29조 달러인 미국 GDP의 산업구조는 1차산업 2%, 2차산업 18%, 3차산업은 80%로 크게 변화했는데, 그 중 80%에서 생활형 서비스업은 30% 비율 그대로지만, 생산성 서비스업은 50%로 늘어났다. 즉 GDP 성장에서 가장 빠르게 성장하는 부문이 바로 "생산성 서비스업"이다. 농촌 청년들은 제조·서비스 부문으로 이동하고, 도시화 성숙기의 건설 수요 감소로, 건설업 종사자는 기존 건축물의 에너지 효율 개선, 도시 재생사업 등으로 질적 전환이 일어나고 있다. 또한 농업 부문에서도 고부가 농식품 가공, 농촌 관광, 생태환경 서비스 등으로 일자리 창출로 남는 농촌 인구를 흡수하려 한다. 이때는 해당 산업의 생산성 향상과 인력의 전환이 도전이 되지만, 생산성 서비스업이 발전하면 질적인 전환에 도움이 된다. 서비스업이 창출하는 새로운 일자리가 농촌·건설 분야 인력을 흡수하면 전체 경제의 부문 간 균형 발전이 이루어질 것이다. 둘째, 생산성 서비스업이 고품질 제조업과 과학기술 혁신을 촉진한다. 현재 미국 자본 시장의 시가총액 70조 달러 중 특별한 7개 회사별 시가총액은 각기 1~3조 달러로 합치면 14~15조 달러에 달하는데, 이들의 공통점은 제조업 기반의 하이테크 기업이면서, 자체 제조는 거의 하지 않는다. 매년 2억 대 이상의 아이폰 제조는 폭스콘 등이 도맡고, 정작 애플이 쥐고 있는 것은 설계, R&D, 특허, 유통, AS 등 10대 생산성 서비스업 벨류 체인의 핵심이다. 닦고 조이고 기름을 치지도 않으면서 벨류체인의 수익의 2/3를 가진다. 중국 기업 중에서는 화웨이가 대표적인 생산성 서비스 기업이다. 직원 25만 명 중 생산라인에서 나사를 조이는 사람은 없다. 화웨이의 5대 제품—스마트폰, 노트북, 통신 기지국, 5G 기지국, 서버 및 라우터, 스마트 자동차까지 모두 외주로 생산한다. 지난 10년간 화웨이는 매출의 20% 이상을 꾸준히 R&D에 투입하여 기술을 확보했다. 이처럼 중국 제조업체가 스스로 서비스화되면서 밸류 체인의 선두로 올라선 사례는 샤오미, 지리 자동차, DJI 등 갈수록 더 늘어나고 있다. 셋째, 생산성 서비스업은 서비스 무역의 성장 동력이다. 현재 글로벌 전체 무역에서 서비스 무역이 차지하는 비중은 25%, 미국과 EU는 30~40%에 이른다. 중국 무역에서 서비스 무역의 비중은 겨우 12%인데, 이 마저도 생산성 서비스업의 수입이니, 서비스 수출의 역량이 많이 부족하다는 의미가 된다. 즉 수출하는 것은 거의 생활성 서비스이고, 반대로 수입하는 생산성 서비스는 자본 집약적, 인재 집약적, 투자 집약적, 부가가치형 산업이다. 다시 말해서, 중국은 서비스 무역에서도 싼 것을 팔고 비싼 것을 사오는 것이다. 넷째, 생산성 서비스업은 타 산업들의 부가가치를 높여준다. 생산용 장비나 생활 속 소비재 등의 고부가가치 제품 속에 스며들어 있는 생산성 서비스업의 가치가 전체적으로 전요소생산성(TFP)을 높인다. 과거 중국의 생산성은 자원 요소, 자금, 노동력을 퍼부어서 얻은 것이지만, 미래의 중국은 지식, 인재, 혁신을 통한 TFP를 제고하려는 것이다. 선진국의 GDP 성장 중 40~50%는 전요소생산력 증가에서 오지만, 중국은 20~30%에 그친다. 많은 성과를 이룬 중국식 현대화 산업체계의 아킬레스건이 바로 낮은 생산성 서비스업 비중이며, 고용 측면의 취약점 또한 여기다. 상품 무역은 세계 1위를 유지해 왔지만, 서비스 무역 비중은 12%로, 미국과 EU의 30~40% 그리고 세계 평균인 25%의 절반에도 미치지 못하므로, 2020년 이후 매년 베이징 서비스 무역 박람회를 개최하면서 서비스 무역 비중을 높이려 하고 있다. 중국 중앙정부에서는 생산성 서비스업을 2005년 제11차 5개년 계획부터 별도 단락을 두고 설명했고, 12차 5개년 계획 기간인 2014년 'MIC 2025' 정책의 보완으로 5,000자가 넘는 생산성 서비스업 10대 산업 발전 문건이 나왔지만 지방 정부는 큰 관심이 없었다. 중국 지방정부의 인민대표대회 연례 및 5개년 계획 보고서는 통상 2만~3만 자 분량으로 작성되며,

과거 성과 요약, 향후 발전 방향, 세부 실행 계획의 3단계로 구성되어 있지만, 생산성 서비스업을 다루는 별도의 단락도 없었다. 또 하급 부문의 통계국에서 보고하지 않기 때문에, 결국 국가 통계국에도 데이터가 집계되지 않는 상황은 전반적으로 생산성 서비스업을 경시하는 분위기였다.

이런 상황들이 이제는 변화하고 있다. 제14차 5개년 계획(2021~2025)에서는 "제조업 고품질 발전을 위해 생산성 서비스업을 집중 육성한다"고 명시되었고, 또 공업정보화부 등 부처들은 서비스형 제조 시범 사업 등을 통해 제조 서비스 융합 모델 확산에 주력하고 있다. 실제로 2016년 이후 제조업 서비스화Servitization를 촉진하기 위한 서비스형 제조 시범기업/프로젝트가 수백 건 선정되어, 제조기업의 서비스 비중 확대와 서비스기업의 제조 연계 강화가 추진 중이다. 향후 AI, IoT 기술로 인해 제조업의 서비스화Servitization가 더 진전되면, 제조와 서비스업의 구분이 모호해지고 모든 기업이 부분적으로는 서비스 기업이 되는 추세가 강해질 것이다.

산업구조가 고도화되면 통상적으로 농업, 건설업 등 부문의 비중은 감소한다. 현재 중국 GDP에서 1차산업의 비중은 7%대로 과거보다 낮아진 것이지만 미국 등 선진국보다는 여전히 높다. 건설업도 선진 경제에서는 통상 GDP의 3~5% 수준이지만, 투자 주도 성장의 중국은 8%를 넘었고, 지난 4년간의 부동산 경기 조정과 인프라 포화로 그 성장세는 지속 하락 중이다. 중국이 고부가가치 제조 및 서비스 중심으로 재편은 바로 이런 1차산업과 건설업 등의 비중이 축소되는 과정인 것이다. 만약 혁신 경제 전환이 순조롭게 이루어지는 낙관적 가정을 한다면, 2035년경 서비스업 비중 65~70%, 1차 산업 3% 이하, 건설업 5% 미만의 선진국형 경제 구조가 될 것이다. 베이스 시나리오로는 서비스업이 연 1%p 성장하여 2030년 60% 중반, 2035년에 70% 초반, 1차산업은 4~5%대로 낮아지고, 건설업은 6% 내외가 되는 것이다. 최악의 시나리오는 제조업 업그레이드와 서비스 발전이 정체되고, 중소 도시 부동산 투자는 계속되고 농촌 인구 전환도 느려지는 것이다.

그러나 인구 구조의 변화로 농촌 잉여인력 감소로 농업의 비중은 하락하고, 건설업도 과잉시설 문제로 예전 같은 고성장을 지속하기 어려워 구조적 비중 하락은 불가피하다는 것이 합리적인 추정이다.

무엇보다 중앙정부의 생산성 서비스업 육성 의지가 강력해서, 지방정부도 각자의 산업구조에 맞춘 발전 목표를 내걸고 있다. 예를 들어 베이징 시는 풍부한 R&D 및 대학 자원으로 "과학-산업-서비스의 융합"체계의 생산성 서비스업을 디지털화 전략을 추진 중이다. 2023년 서비스업 부가가치 3.7조 위안 중 상당 부분이 과학기술 정보서비스로부터 나왔다. 상하이 시는 국제금융센터 위상에 걸맞게 2023년 상하이 생산성 서비스업 부가가치는 3.1조 위안이며, 제조업 1위인 광둥성은 선전·광저우 서비스업 클러스터를 조성하여 2023년 생산성 서비스업 부가가치는 7.6조 위안(성 GDP 55.8%)에 이른다. 15차 5개년 계획 완료 시점의 중국 산업 구조는 현재 각각 27%인 제조업과 생활성 서비스업 비중은 그대로 유지되고, 현재 10%대인 건설업, 광업, 전력산업 등 비제조업 비중은 7%로, 7%대인 농업 비중도 5%대로 하락하며, 핵심인 생산성 서비스업 비중은 35%로 증가하는 산업 구조상의 변화가 나타날 것으로 예상한다.

08

미국의 반도체와 중국의 희토류

중국의 개혁개방 총설계사 덩샤오핑은 1992년 남방 시찰 당시 "중동에는 석유가 있고, 중국에는 희토가 있다"는 유명한 말을 남겼다. 이는 희토류가 전략적 자원으로서 석유에 필적하는 가치를 지닌다는 인식을 담고 있는데, 실제로 덩샤오핑은 당시 "중국의 희토 자원이 이미 알려진 전세계 매장량의 80%를 차지하며 그 지위는 중동 석유에 비견될 만큼 중요하니 반드시 희토 문제를 잘 해결해야 한다"고 강조했다.

당시 덩샤오핑의 통찰은 이후 중국 희토 산업 정책의 방향타가 되었다. 1980년대까지만 해도 중국의 희토 생산은 20톤에 불과했으나, 개혁개방 이후 지방 기업과 민간 자본의 대거 진출 및 생산으로 2006년 8만 톤으로 4,000배가 늘었다. 여기는 운도 따랐다. 2000년대 일본, 미국, 독일 등의 자석 제조 기업들은 저렴한 희토를 안정적으로 얻기 위해 중국 현지에 생산 거점을 세웠고, 이 과정에서 핵심 기술과 인력이 중국으로 이전되면서 중국이 희토류의 기술 굴기를 이룰 수 있는 기반이 마련되었고 희토 원료, 분리 정제 기술, 합금·자석 제조 기술에서 독보적 경쟁력을 보유하게 된 것이다. 한때 중국이 세계 희토 생산량의 90%를 공급하자, 값싼 중국산의 범람으로 국제 가격이 폭락하면서 그야말로 "흙값"으로 떨어졌다. 서방 선진국들은 이 시기에 중국산 희토류를 대량 수입하여 막대한 재고를 비축했다. "白菜价(배추값)"으로 팔아 자원을 낭비했다는 평가이후, 2010년 전후로 중요성을 재인식하고 전략적 통제에 나서게 된다. 또한 중국은 희토 공급망을 외교·안보 지렛대로 활용함으로써 전략적 영향력을 행사하고 있다. 희토류의 "공급망 무기화"를 최초로 보여준 사례는 2010년 중일 센카쿠 열도 분쟁 당시 중국이 일본에 대한 희토 수출을 비공식 중단한 사건이다. 일본 첨단 제조업계가 큰 충격을 받았고, 이후 일본은 호주 등 대체 공급원을 찾기 위해 분주하게 움직였지만 지금도 별 뾰족한 수는 없는 상황이다.

2024년 현재 중국은 세계 희토류 채굴 양의 70%, 정제·분리의 90%를 담당하고 있다. 특히 영구자석 등 고부가가치 가공품 생산의 90% 이상이 중국산이다. 중국 정부는 희토 채굴 및 제련에 생산 총량 규제(총량调控) 정책을 시행하여 연간 채굴·정제량을 국가 계획에 맞춰 관리를 통해 공급과잉을 막고 가격과 수급에 영향력을 행사하고 있다.

중국의 희토류 산업은 국가 주도의 대형 기업 중심으로 고도로 집중화되어 있다. 1990년대부터 난립했던 수많은 채굴 업체들을 정비하기 위해, 중국 정부는 2015년까지 산발적으로 존재하던 기업을 알루미늄공사Chinalco, 북방희토(바오터우) 등의 6개 국유기업으로 집중시켰다.

2021년에는 추가로 중국희토집단China Rare Earth Group이라는 초대형 통합 기업이 출범했는데, 이는 6대 그룹 중 3개를 합병하여 탄생한 것이다.

이 중국희토집단은 중(重)희토 생산의 70%를 담당하여, 디스프로슘(Dy)·테르븀(Tb) 등 군사·첨단용 희소 금속의 가격 결정권을 쥐게 되었다. 북방희토(북부)와 중국희토(남부)가 양대 축으로, 채굴에서 금속분리·합금·자석 제조까지 수직 계열화 공급망을 완비한 것이다. 또 공급망 전반에 대한 추적 시스템과 유통 관리로 불법 채굴과 암시장 거래를 엄히 난속하고, 승인된 기업 외에는 채굴· 정제를 규제하고 있다. 이처럼 거대한 국유 기업들의 카르텔 구조로 운영되며, 국가 전략에 따라 생산량과 수출을 통제할 수 있는 체제를 구축했다.

희토류Rare Earth Elements는 원소번호 57~71번 란타넘계 15종에 스칸듐(Sc)과 이트륨(Y)을 더한 총 17개의 금속 원소 군을 일컫는다. 이 원소들은 "현대 산업의 비타민"으로 첨가하면 소재의 성능을 획기적으로 향상시키는 특성을 지닌다.

우선 민간 산업 분야에서 희토류의 가장 큰 수요처는 영구자석이다. 네오디뮴(Nd), 프라세오디뮴(Pr), 디스프로슘(Dy), 테르븀(Tb) 등이 합금 된 NDFeB(네오디뮴-철-붕소) 는 최고 성능의 영구자석으로, 전기차(EV) 구동 모터, 풍력발전 터빈의 발전기에 필수적이다. 기술과 차종에 따라 다르지만 전기차(BEV) 1대에는 5~10kg, 하이브리드(PHEV)에는 2~3kg의 자석이 쓰인다. 테슬라가 희토류 없는 영구자석 모터 개발을 한다고 했지만, 단기간에 상용화는 어려울 것이라는 분석이다. 전기차 평균 대당 적어도 3kg이 들어간다. 대형 풍력 발전기에는 수백 kg의 희토 자석이 들어가며, 산업용 로봇의 전동기, 에어컨·냉장고 같은 가전의 고효율 모터, 스마트폰 진동모터와 스피커 등 움직임이 발생되는 모든 전기·전자 제품에 희토류 자석이 활용된다. 자석 외에도 광섬유 통신용 증폭기, LCD·LED 디스플레이의 형광체, 카메라·센서의 광학유리, 석유 정제와 배기가스 촉매 등 다양한 산업에 희토류가 쓰인다. 군사 무기와 방위산업에서도 첨단 무기의 경량화·고성능화에 필수적인 소재로서, F-35 스텔스 전투기에는 417kg 이상, 이지스 구축함(DDG-51)에는 약 2.4톤, 버지니아급 핵잠수함에는 4.2톤에 달하는 희토류 금속이 들어간다. 정밀 유도 미사일과 스마트 폭탄의 유도제어 시스템에는 사마륨-코발트(SmCo) 또는 네오디뮴-철-붕소(NdFeB) 영구 자석이 수 kg씩 들어가서 전자빔을 집중시켜 표적 탐지와 유도 기능을 수행한다. 미국 패트리어트 미사일은 3kg의 희토 자석이 사용되어야 날아오는 미사일을 정확히 요격할 수 있다. 그 외에도 탱크 조준경과 야간투시경의 광학 소자, 위성 통신 시스템 등 사실상 모든 현대 첨단 무기 체계에는 희토 부품이 내장되어 있다고 해도 과언이 아니다.

〈월스트리트 저널〉은 "만약 희토가 없다면 더 이상 텔레비전 화면, 컴퓨터 하드디스크, 광섬유 케이블, 디지털 카메라, 대부분의 의료 영상장비를 가질 수 없을 것이며, 희토 없이는 현대 문명의 기반이 무너진다"고 경고했다.

중국 정부는 희토류에 대한 국가 차원의 첫 종합 입법으로 2024년 10월 1일부터 〈稀土管理条例〉(희토 관리 조례)를 시행하였다. 이 조례는 희토 자원의 개발·이용·유통 전 과정을 포괄적으로 규율하는 기본 법규로서, 중국 희토 산업 발전에 제도적 틀을 마련한 것이다. 조례의 핵심 내용은 세 가지이다. 첫째, 희토 자원을 국가 소유제로서 보호 및 채굴한다. 둘째, 총량 조절제를 도입하여 채굴량을 탄력적으로 관리하되 관련 기업은 허가제로 규정한다. 셋째, 산업 및 기술 혁신을 장려하여 경쟁력을 높인다.

중국은 2015년 WTO 분쟁 패소 이후 희토류 수출 쿼터를 공식 폐지했으나, 이번 조례로 사실상 국내 생산량 통제와 기업별 수출 가능 물량을 국가가 완전하게 조절하게 된 셈이다. 아울러 중국은 2020년 出口管制法(수출 통제법)을 제정하여 안보상 이유로 민감 기술과 자원 수출을 제한의 법적 틀을 갖췄고, 2023년 12월에는 희토 광산 채굴 및 분리 정제 기술의 해외 이전 금지 조치로 해외의 공급망 구축을 어렵게 만들었다.

이러한 기술 수출 금지는 중국의 희토 정련 노하우와 장비가 유출되는 것을 막아 중국이 쌓아온 분리·정제 기술적 우위를 지키려는 의도로. 실제로 희토 원소들을 고순도로 분리하는 용매 추출solvent extraction 공정 기술은 중국이 수십 년간 막대한 투자를 통해 습득한 핵심역량으로, 서방 국가들은 환경규제와 비용 문제로 이런 대규모 습식제련 기술에서 뒤쳐진 상태다.

중국은 이처럼 법·제도를 총망라한 자원 안보 전략을 통해, 희토 자원의 생산부터 수출까지 전방위적인 통제력을 확보하고 있다. 사실 미국은 희토류 공급에서 심각하게 중국에 의존하고 있다. 냉전 시대 한때 세계 최대 희토 생산국이었던 미국은 1990년대 이후 가격 경쟁력과 환경규제에 밀려 자국 생산을 거의 포기했다. 2023년 기준 미국 내 희토 원료·화합물 수입의 72%가 중국산이며, 말레이시아(11%), 일본(6%), 에스토니아(5%) 등이지만 이들 국가도 호주·중국 등에서 들여온 중간재를 재가공한 것이었다. 미국 지질조사국(USGS)에 따르면 최근 수년간 미국의 희토류 순수입 의존도는 95~100%에 달했으며, 자급률은 사실상 제로에 가까운 실정이었다. 미중 전략 경쟁이 심화하면서 미국은 이러한 취약성을 직시하고 희토 공급망 국산화를 추진하기 시작했다. 특히 2018~2019년 미중 무역분쟁과 2020년 이후 미중 기술 패권 경쟁 국면에서, 국방부(DOD)를 중심으로 희토류를 비롯한 "국방 필수 광물"의 안전한 공급망 구축이 국가과제로 부상했다. 미국 국방부는 2020년 이후 국방물자생산법(DPA) 프로그램 등을 통해 희토 채굴·분리·자석 제조 전주기에 걸쳐 민간 기업에 재정 지원을 늘렸다. 예를 들어, 미국 내 유일한 희토 광산인 마운틴패스 광산을 운영하는 MP Materials사는 2020년 경 DPA Title III 자금 960만 달러를 지원받아 경(輕)희토 분리시설 건설을 시작했고, 2022년에는 3,500만 달러를 추가로 받아중(重)희토 정제시설을 건립 중이다. 또한 호주 기업 라이너스Lynas가 미국 텍사스에 경희토 분리 공장을 세우는 프로젝트에도 2021~2022년 미 국방부가 총 1억 5천만 달러 이상을 지원하여 호주-미국 희토 공급망 형성을 독려했다. 이 같은 투자로 어느 정도 성과도 나타나고 있다. MP Materials는 2024년 네오디뮴-프라세오디뮴(NdPr) 산화물 1,300톤 생산을 발표했다. 또한 2025년 초에는 USA Rare Earth가 텍사스 Round Top 광산 원료로부터 순도 99.1%의 디스프로슘

산화물 시제품을 추출하는 데 성공하는 등, 실험실 단계이지만 중희토 정제 기술 국산화가 진행 중이다. 그러나 그것만 가지고 부족하다는 것을 알게 된 트럼프 행정부는 MP 머티리얼스의 국유화를 공식화했다. 미국방부가 MP의 우선주를 4억 달러 매입하고 워런트(주식 매입권) 확보를 통해 최대 주주를 공시하면서 당일 주가는 60% 급등했다. 미국 국방부와 수십억 달러 규모의 계약을 체결하고 새로운 희토류 영구자석 공장 건설은 기본이고, 덤으로 10년간 영구자석 희토 NdPr(네오디뮴 프라세오디뮴)의 가격을 킬로그램당 중국산의 두 배인 110달러로 보장했다.

이번 거래의 재무 자문은 JP모건이 맡았고, 향후 공장 자금은 JP모건과 골드만삭스가 10억 달러, 국방부가 1.5억 달러의 대출로 Mountain Pass 시설의 중희토류 분리 능력을 확대하는 데 쓰일 예정이다. 2028년에는 공장 가동이 예상되고, 연간 생신 능력은 1만 톤에 이를 것으로 전망되는데, 이 정도면 작년 미국 내 수요는 커버가 되는 정도이지만 향후 증가분은 불안한 수치다. 언제나 자유시장을 외쳐왔던 자본주의의 등대 국가인 미국이 중국과 똑같은 일을 하는 것에서 미국의 초초함이 묻어난다.

2024년 12월부터 2025년 4월까지 태국과 멕시코를 경유해 미국으로 수입된 산화안티몬은 3,834톤으로 과거 3년간 수입량을 합친 것보다도 더 큰 규모다. 이는 미국이 중국의 수출 금지 조치를 피해서, 태국과 멕시코를 통해 바로 이 안티몬(삼산화이안티몬)을 대량으로 확보했다는 것으로, 중국 해관의 안티몬 통계에서 톱 10에도 들지 못하던 태국과 멕시코 두 나라가 동시에 톱 3에 진입한 것이다. 중국에서 산 희토류를 미국에 되파는 우회 수출, 중국 측의 표현으로는 불법 무역인 것이다. 이 두 나라는 중국도 자주 이용하는 불법 루트니 미국도 똑같이 써먹고 있고, 둘 다 미중 양국 사이에서 돈을 버는 것이 아이러니이다. 그러나 미국의 희토 자립은 아직 갈 길이 멀다는 평가가 지배적이다. 우선 중희토 (디스프로슘, 테르븀 등) 분야에서 미국 내 상업적 분리 생산은 전무한 실정이며, 실증 플랜트 건설은 이제 막 시작 단계다. 중국은 생산 제한과 수출 통제를 통해 미국의 희토 접근을 더욱 어렵게 만들 수 있어서, 미국이 단기간에 구조적 취약성을 해소하기 어렵다.

핵심은 중국이 오랜 기간 구축한 희토류 공급망의 "초크포인트 chokepoint" 지배이다. 중국은 세계 희토 원료 생산을 장악한 것은 물론, 값싸고 대량의 희토 공급으로 해외 제조업을 중국에 끌어들였고, 이를 통해 희토 자석 가공 등 다운스트림 산업까지도 중국이 주도하게 만들었다. 2023년부터 2025년 사이 중국은 미국을 향해 갈륨, 게르마늄, 흑연, 텅스텐 등의 수출 제한을 연이어 발표했고, 2025년 4월에는 미국의 대중 추가관세 부과에 대응하여 7개 중·중희토 원소 및 자석 합금에 대한 수출 라이선스제를 도입했다. 수출 면허제는 완전한 금지보다는 "수출시 당국 허가를 받아야 하는" 규제이지만, 심사 지연이나 불허를 통해 사실상 공급을 차단할 수 있는 강력한 도구다. 실제로 중국 상무부가 희토 수출 규제를 발표하자 중국 항구에서 미국행 희토 화물 선적이 멈추었고, 수출 허가를 신청하더라도 2~3개월 이상이 걸려 미국 기업들의 공급망에 차질이 발생하고 있다. 특히 중국은 동시에 미국 방산·항공우주 분야 16개 업체를 블랙리스트에 올려 이들에 대한 희토류 공급을 제한했는데, 이들은 거의 모두 국방산업과 연계된 기업들로, 미국의 안보를 압박하려는 의

도로 해석된다. 중국의 희토 "초크홀드chokehold"는 공급망의 아킬레스건을 쥐고 흔드는 힘으로, 미·일·유럽 등은 이를 새로운 지정학적 리스크로 인식하고 있다.

브루킹즈 연구소의 연구자인 리얀 해스Ryan Hass는 "중국의 희토 통제력과 지렛대 사용의 의지는, 워싱턴으로 하여금 일방적으로 유리한 합의를 끌어내기 어렵게 만들었다"고 지적했다. 실제로 중국의 희토 전략은 자원의 경제적 가치 극대화뿐 아니라, 첨단산업의 소재 공급을 틀어쥐고 상대국에 대한 협상 우위를 확보함으로써 중국의 기술 굴기와 안보 이익을 뒷받침하고 있다. 2025년 6월 영국 런던에서 열린 미중 무역협상에서 중국 측은 4월에 시행한 희토류 수출 통제조치의 일부 완화를 교섭 카드로 꺼내 들었다. 구체적으로, 비(非) 군사 목적 미국 수요처에 대해서는 희토류 수출 허가 심사를 신속처리fast-track하겠다고 약속하여, 당시 수만 건이 대기 중인 미국행 허가 신청 중 일부를 몇 달 내 승인해주겠다고 한 것이다. 또한 신뢰할 수 있는 미국 기업에 대해서는 "그린 채널"을 마련하여 우선적으로 수출 라이선스를 내주는 방안을 제시했다. 실제로 중국의 주요 자석 제조기업인 JL MAG는 곧바로 미국을 포함한 수출 면허를 받았고, 중국 상무부도 일부 "요건을 충족하는 신청"을 승인하기 시작했다고 발표했다. 이는 중국이 희토 규제를 협상 가능한 지렛대로 활용하여 일정 부분 양보함으로써 미국으로부터 다른 양보를 얻어내려는 움직임으로 풀이되었다. 그러나 군사용으로 직결되는 희귀 소재에 대해서는 중국이 끝내 양보하지 않았다. 런던 협상 결과, Samarium(사마륨) 등의 특정 군사전용 희토 자석은 이번 신속 수출 승인 대상에서 제외되었다. 중국은 해당 품목들의 수출 통제는 지속 유지함으로써, 미군 전력에 핵심적인 희토류 수출 제한과 완화라는 킹카드를 손에 쥐고 미국의 AI 반도체 등 첨단 기술의 대중 수출 통제와 연계하려는 모습을 보였다. 즉 미국이 안보 이유로 중국에 가한 첨단 반도체 수출 규제를 완화한다면, 중국도 미국 군사용 희토 공급을 풀어줄 수 있다는 연계 전략을 시사한 것이다. 이것은 애초 관세나 무역수지 등의 경제 의제에서 시작된 미·중 협상이 희토와 AI칩이라는 안보 전략 물자를 맞교환하는 새로운 국면으로 전환되었음을 의미한다. 희토류 문제는 더 이상 부차적인 이슈가 아니라 미·중 기술패권 협상의 핵심이다. 중국은 희토 수출 통제를 협상 카드로 활용하면서, 비군사용 수요에는 일시적 유연성을 보였지만, 군사용 핵심소재에 대해서는 단호한 금수 입장을 유지했다. 이는 중국이 단지 통상적 이익을 위한 대응이 아닌, 전략물자 공급망을 중심으로 한 미중 기술패권전쟁의 프레임 안에서 행동하고 있다는 점을 분명히 보여준다. 호기롭게 중국과의 관세 및 기술전쟁을 시작한 미국은 이 정도로 중요한 희토류에 대해 이미 상당한 대책을 만들어 놓았을 것이라고 본 사람들이 많았지만 지금까지의 상황은 미국은 과정과 결과 두 가지 측면에서 거의 무대책 상태였던 것으로 보인다. 많은 미국의 관련 전문가들은 이번 중국의 조치를 두고 "미국 산업의 가장 아픈 부분을 정확히 겨냥한 정밀타격"이라거나 "중국이 전략적 수단을 활용해 엄청난 경제력을 발휘할 수 있다는 것을 보여주는 사례"라고 말하고 있다.

결국 트럼프의 관세에 맞선 중국의 희토류 수출 통제는 수동적으로 몰리면서 쓰게 된 '정학적 무기weaponization of supply chain'인데, 아이러니하게 미중 무역전쟁에서 가장 큰 변수로 작용하고 있다. 덩샤오핑은 30여 년 전 "중동엔 석유가 있다면, 중국엔 희토가 있다"는 말만 했지만, 오늘날의 시진핑은 "미국에 반도체가 있다면, 중국엔 희토가 있다"는 것을 말이 아닌 실행하고 있다.

09

Made in China 2025

2015년 중국은 2025년까지 첨단 제조 강국 도약을 위한 대대적 제조업 혁신 전략인 〈중국 제조 2025(Made in China 2025, MIC25)〉를 발표했다.

MIC25의 주요 목표는 제조업 수입 의존도를 줄이고, 외국 기술·기업에 대한 의존을 낮추며, 국내 혁신 역량과 글로벌 경쟁력을 높여 전략 산업에서 세계 선도 기업을 육성하는 것이었다.

로봇, 반도체, 전기차 등 10대 핵심 산업 분야별로 구체적인 국산화 및 시장점유 목표를 제시하였고, 기술 자립과 "자주 혁신"을 강조했다.

그러나 이 정책은 시장 왜곡과 기술 강제 이전 등에 대한 국제사회의 비판을 받았고, 2018년 이후 중국 정부 공식 담론에서 〈중국 제조 2025〉 언급이 자취를 감추게 되었다.

그럼에도 불구하고 핵심 목표들은 명칭만 바뀐 채 계속 추진되어, 현지 생산 장려와 전략 산업 지원 정책은 이후로도 지속되고 있다.

미국 상공회의소 의뢰로 로디움그룹Rhodium Group이 2025년 5월 발간한 "Was Made in China 2025 successful?" 보고서는 MIC25의 성과와 한계를 재정·세제 지원, 시장 접근 제한, 이행 수단과 그 효과를 심층적으로 분석하였다.

로디움 보고서는 ① 수입 의존도 감소, ② 외국기업 의존도 감소, ③ 글로벌 경쟁력, ④ 기술 리더십의 네 가지 핵심 범주별로 살펴보고, 특히 MIC25 시행 후 2018~2022년 혁신 장려 세액 공제 연평균 28.8% 증가, 정부 재정 지원 확대 등 외국 기업에 대한 현지화 압박이 어떻게 제조업 생태계를 변화시켰는지, 그리고 이 정책이 거시경제에 미친 구조적 영향까지 평가하였다.

① 수입 의존도 감소

MIC25의 최우선 목표 중 하나는 첨단 제품의 외국산 수입 의존을 줄이는 것이었다. 이를 위해 중국 정부는 외국 기업에 대한 현지 생산 요구와 해외 기술 인수 전략을 병행하였다. 즉, 해외 첨단기업이 중국 시장에 계속 접근하려면 생산과 R&D 시설을 중국에 이전하도록 압박하고, 국유 펀드 등을 통해 해외 기업 인수를 지원함으로써 기술 이전을 가속화한 것이다. 이러한 전략은 특히 메모리 반도체나 일부 의료기기·장비 분야에서 성공적이었다. 실제로 한국의 삼성과 SK가 중국에 최신 공장을 짓고 대규모 생산을 하여, 중국 내

메모리칩 공급의 약 62%가 한국 기업 소유 시설에서 생산될 정도로 해당 분야 수입 의존이 급감했다. 이처럼 외국 기업의 현지화에 힘입어, 2015년 이후 MIC25 대상 모든 산업에서 수입 의존도가 뚜렷이 감소하는 성과를 보였다. 철도차량과 발전설비의 경우 2015년 이후 수입대체가 거의 완료되어 해당 분야에서 중국이 더 이상 외국 제품을 거의 수입하지 않을 정도가 되었다.

2015년까지만 해도 중국이 7천만 달러어치를 수입하던 철도 부품의 수입액이 2023년에 140만 달러로 급감하였다.

한편 첨단 의료기기·바이오 분야는 2015년 수입 비중 39%에서 2023년 38%로, 항공우주 분야도 41%에서40% 정도로 거의 변화가 없었다.

첨단 전자 부문은 30%에서 22%로 다소 나아졌지만 여전히 상당한 대외 의존을 보인다. 이는 외국 첨단기업들이 가장 앞선 기술은 중국에 이전하지 않거나 중국 밖에 남겨둔 사례가 많기 때문이다. 요컨대 MIC25 기간 동안 대부분 산업의 수입 취약성이 10년 전에 비해 줄어든 것은 분명하지만, 최첨단 분야의 몇몇 핵심품목에서는 오히려 중국의 수입 수요 증가도 일부 나타났다. 이는 중국이 산업 고도화로 더 전문화된 부품·소재를 필요로 하게 된 반증이며, 이러한 특수 분야의 수입 의존이 향후 남은 취약점으로 지적한다.

② 외국 기업 의존도 감소

해외 기업에 대한 중국의 산업적 의존 감소, 즉 국산 대체율을 보면, 지난 10년간 중국 토종 기업들은 대부분의 MIC25 중점 산업에서 급성장하여, 기존 외국 기업들의 중국 내 시장점유율을 상당 부분 잠식하였다.

정부는 외국계 진입 제한, 국산품 우대 조달, 보조금 지원 등의 정책을 통해 국내 업체를 보호·육성했고, 그 결과 산업용 클라우드, 전기차 및 부품, 발전설비 등에서 국내 기업이 압도적 우위를 확보하였다.

또한 중국 기업들은 LiDAR 센서, 자동차용 센서, 고속철 브레이크 등 신흥 제품군에서는 선제적 혁신으로 외국 선도기업을 추월하기도 했다. 실제로 철도 분야를 보면 중국산 고속열차의 국산화율이 97%에 달하고 핵심 신호제어 장치도 90% 이상을 중국 기업이 공급하는 등, 사실상 완전한 자립을 이루었다.

전력설비, 농기계 등도 대형 국유기업 중심으로 국산 공급망이 확립되어 수입·외국기업 의존 모두 "매우 낮은" 수준으로 평가된다. 철도 장비와 전력장비 분야의 "수입 의존도"와 "외국 기업 의존도"가 모두 강하게 개선된 반면, 항공우주, 의료기기 등은 여전히 취약하다고 평가한다.

외국 기업에 대한 높은 의존이 남아 있는 분야들은 존재한다. 바이오 의약, 고급 기계류 및 공작기계, 상업용 항공기, 첨단 반도체 등을 취약 분야로 꼽는데, 이들 분야에서는 중국 토종 기업의 기술 격차가 커서 외국 업체들이 시장을 주도하고 있다.

예를 들어 상업용 항공기 분야는 MIC25 로드맵상 2025년까지 국산화율을 크게 높일 목표를 세웠지만, 대형 여객기 엔진 등 핵심 기술에서 현저한 격차로 인해 실현되지 못했다.

항공우주 장비 분야 전반이 수입·외국기업 의존 "취약" 수준에 머물러 있고, 첨단 소재 분야도 일부를 제외하면 국산 기업이 시장을 주도하지 못하고 있다. 다만 향후 수년 간 이들 분야에서도 국내 기업의 시장점유 확대가 예상되며, 현재 외국 기업이 선점한 최첨단 기술 영역은 여전히 현지화에 어려움이 따를 것이라고 전망한다. 즉, 일반 제조 분야에서는 외국 기업을 상당 부분 대체했으나, 최첨단 핵심기술 영역에서는 외국 선도기업에 의존하는 이중적 구조가 남아 있는 것이다.

③ 글로벌 경쟁력

글로벌 경쟁력 측면에서, MIC25 이후 중국 기업들의 국제 시장 지위는 크게 향상되었다. 중국 기업들은 전통적으로 저가 경쟁력을 바탕으로 중저기술 분야에서는 세계 시장을 장악해왔는데, MIC25 추진 후 일부 첨단 분야에서도 국제 경쟁력을 확보하기 시작했다. 특히 정보통신 장비, 신재생에너지 설비, 전기차 및 커넥티드 카, 농업 기계, 선박, 드론, 고속철 등에서는 중국산 제품이 세계 시장에서 두각을 나타내거나 선도적 위치를 차지하고 있다.

이러한 분야의 공통점은 자본집약적 산업, 거대한 내수시장 및 정부 지원, 글로벌 선도기업이 부재한 신흥산업 등의 세 가지인데, 이런 조건 하에서 중국 토종 기업들이 빠른 기술 발전과 시장 확대를 이루었다.

예컨대 발전 설비와 송배전 기기의 중국 세계 수출 점유율은 2015년 28%에서 2024년 40%가 되었고, 자동차 산업의 세계 수출 점유율도 같은 기간 3%에서 9%로 상승했다.

이러한 성장에 힘입어 중국은 글로벌 제조업 교역에서 이미 지배적인 위상을 갖게 되었는데, 2019년 이후 수출이 폭증하며 무역흑자가 크게 확대된 점도 이를 방증한다.

하지만 "가격 경쟁력"을 통한 성공이 반드시 "기술 선도"로 직결되지 않았다는 점도 지적한다. 다수의 MIC25 대상 산업에서 중국 기업의 글로벌 매출 규모, 시장점유율, 기술력은 여전히 선진국 경쟁사 대비 뒤처져 있다.

가령 중국 업체들이 자급자족에 성공한 자동차 안테나, 텔레매틱스 등의 부품도 국제 시장에서는 중국산이 표준을 주도하지 못하고 있다. 의료기기 및 의료용 소모품 분야도 중국이 내수 시장 자급에는 성공했지만 세계 시장 점유율은 미미하여, 여전히 다국적 기업들이 첨단 제품군을 선도한다. 한편 조선업의 경우 중국이 세계 1위 조선국으로서 LNG선 등 고부가가치 선박에서도 한국의 지배력을 상당 부분 따라잡았으나, 항공우주 분야는 여전히 글로벌 리더들과 큰 격차를 보이고 있다.

요약하면, 일부 신산업을 제외하면 중국 제조기업의 국제시장 지배력은 제한적이며, "세계 1등"을 다투는 기업은 일부 분야에 국한되어 있다. 다만 무인기(드론) 분야는 예외적으로 중국이 모든 세부시장에서 독보적 1위를 차지하였고, 태양광 패널, 에너지 저장용 배터리, 풍력터빈 등 청정기술 분야에서는 세계 Top10 기업 중 60~80%가 중국 기업일 정도로 압도적인 경쟁력을 확보했다. 이러한 분야에서는 MIC25의 목표를 훨씬 뛰어넘어 이미 글로벌 시장 구조 자체를 재편하고 있으며, 향후 관련 산업의 글로벌 기술 표준과 공급망에 대한 중국의 영향력이 매우 커졌다는 평가이다.

④ 기술 리더십

기술 리더십 부문에서 중국 기업들의 기술 수준이 상당히 향상되어 일부 영역에서는 선진 기업들과 어깨를 나란히 하거나 앞서가는 사례도 나타났다. MIC25 기간 동안 중국의 세계 기술 혁신 기여도는 뚜렷이 상승하였는데, 예를 들어 국제특허 출원(PCT 기준)에서 중국이 차지하는 비중은 전기차, 신소재, 전자, 로봇 등 여러 산업에서 4%p 이상 증가하였다.

또 기초과학 연구 부문에서도 2015~2023년 사이 중국의 상위 학술논문 점유율이 평균 18%p 증가하는 등 연구 성과 측면에서 괄목할 만한 성장을 보였다. 이러한 노력의 결과 일부 분야에서는 중국이 기술 최전선에 근접하거나 선도하기 시작했으며, 한 조사에서는 "향후 5~10년 내 중국 경쟁사가 기술격차를 따라잡을 것"이라고 예상하는 해외 기업이 62%가 넘었다. 전기차, 바이오텍, 의료기기, 로봇 등은 중국이 향후 주도권을 확보할 가능성이 높은 분야로 꼽힌다. 특히 인공지능AI 분야는 애초 MIC25의 범주에 포함되지 않았지만, 중국의 AI 기술력이 제조업 혁신을 가속화하고 신기술 융합의 촉매 역할을 하면서 중국 제조업 전반의 경쟁력을 견인할 전략적 분야로 부상했다. 그럼에도 불구하고 여전히 상당수 MIC25 분야에서 중국이 기술 패권을 쥐었다고 보기 어려운 실정이다. 첨단 반도체처럼 세계 최고 수준과 격차가 큰 핵심기술 영역들이 존재하고, 일부 하드웨어 분야에서는 국내 생산 능력은 갖췄지만 원천기술은 외국에 의존하는 경우도 남아있다.

또한 국가 안보 강화에 따른 정보 비공개 기조로 중국의 실제 기술역량을 투명하게 파악하기 어려워졌다는 점도 향후 평가의 난점으로 지적했 다. 그럼에도 불구하고 MIC25 기간 중국이 축적한 방대한 기술 인프라와 인적자원은 향후 첨단 분야 도약의 토대가 되고 있다.

중국은 이미 다수의 산업에서 막강한 공급망 지배력을 구축하여 세계 각국이 중국산 기술·제품에 의존하는 "역의존" 현상도 심화되고 있다. 요컨대 MIC25를 통해 중국은 "기술 추격자"에서 일부 영역은 "동등한 경쟁자"로 부상했으나, 전체적인 기술패권에서는 아직 취약 고리가 남아있는 상태로 평가된다.

보고서는 MIC25의 유산legacy에 대해 "중대한 진전과 구조적 취약성이 공존"하는 구조라고 보고 있다.

무엇보다 MIC25를 비롯한 중국의 공격적인 산업정책은 의도하지 않은 부작용과 구조적 문제도 낳았다.

첫째, 중앙·지방정부가 경쟁적으로 추진한 산업 프로젝트들 가운데 중복 투자와 비효율이 발생하여 막대한 자원의 낭비를 초래했다. 보고서는 지난 10년간 중국의 총요소생산성(TFP) 성장 정체와 경제성장 둔화에 MIC25식 산업육성 정책이 일부 기여했을 가능성을 제기한다. 정부가 생산자 위주의 보조금·지원에 치중한 결과, 경제 체질 개선과 구조개혁이 지연되고 가계소비 등 내수의 활력은 상대적으로 위축되는 부작용이 나타났다. 둘째, 중복 투자로 인한 산업 과잉설비가 문제이다. 전기차, 배터리, 범용 반도체 등 여러 분야에서 공급과잉이 벌어져 내수 수요와의 불균형이 커졌고, 이를 해소하기 위한 중국 기업들의 수출 공세는 세계 무역 불균형을 심화시키고 있다. 실제로 MIC25 시행 이후 중국의 제조업 무역흑자가 급증하여 각국과의 무역마찰 요인이 되었다. 셋째, 지방정부 재정 부담의 증대이다. 산업 정책 추진을 위한 막대한 보조금, 투자펀드 조성으로 지방정부 부채가 누적되고 있어, 향후 복지·민생 예산과의 트레이드오프가 불가피해졌다. 요컨대 중국의 국가 주도 산업육성은 단기적으로 첨단 제조업의 비약적 성장을 이끌었지만, 거시경제의 비효율성과 불균형이라는 대가를 수반했다. 이는 중국이 앞으로 성장률 둔화와 재원 제약 속에서 현재와 같은 대규모 지원 정책을 지속하기 어려울 수 있음을 시사한다.

지난 10년간 중국은 전례 없는 규모의 재정·정책 지원을 통해 거대한 첨단 제조 능력과 기술역량을 구축하였고, 일부 분야에서는 세계 시장을 재편할 정도의 경쟁력을 확보하였다.

동시에 이러한 성공은 계속되는 대외 기술 의존과 경제적 비효율로 상쇄되어, 성장은 둔화되는 가운데 산업·기술 경쟁력은 강화되는 이중적 양상이 나타나고 있다.

향후에도 중국은 MIC25라는 이름은 사용하지 않더라도 핵심 기술자립과 제조 강국 달성이라는 장기 목표를 지속 추구할 것으로 보인다.

실제로 MIC25 폐기가 선언된 후에도 동일한 취지의 자주 혁신 정책들이 "기술 자립 자강", "쌍순환" 등의 기치 아래 전개되어 왔으며, 최근에도 국산 제품 우대 조달 등 후속 조치들이 이어지고 있다. 다만 중국 정부는 이전보다 표면적인 슬로건을 자제하고 국가 안보와 공급망 안전을 내세워 핵심 기술 육성을 한층 조용히 추진할 가능성이 있다.

또한 경기 둔화로 인한 재정 여건 악화와 민간 혁신에 대한 국가 개입 확대는 향후 정책 추진에 제약 요인이 될 수 있다.

그럼에도 불구하고 중국 경제 규모와 전략적 의지를 고려할 때, 첨단 제조업 분야에서의 중국의 상승세는 당분간 지속될 전망이다. 이는 곧 글로벌 기술 패권 경쟁의 심화를 의미하며, 미국과 동맹국들은 자국 핵심 산업 보호와 기술주권 확보를 위한 대응에 나서고 있다. 중국발 산업정책의 파급으로 각국이 자체적인 산업전략과 공급망 재편을 모색하면서, 세계 무역질서와 경제 거버넌스에도 변화가 불가피해졌다.

예컨대 보조금 규율 강화나 핵심 기술 수출 통제 등 새로운 국제규범 논의가 활발해지고, 세계경제는 점차 블록화와 경쟁적 산업 정책 시대로 접어들고 있다. 결국 MIC25가 촉발한 중국의 산업 도약은 세계 기술환경에 도전 과제를 던짐과 동시에, 글로벌 경제 거버넌스에 새로운 균형과 협력 모델을 요구하고 있다.

10
국영기업과 민영기업

개혁개방 이후 중국의 민영경제는 비약적으로 성장은 "56789"라는 수치로 묘사된다. 민영기업이 국가 세수의 50%, GDP의 60%, 기술 혁신의 70%, 도시 고용의 80%, 기업 수의 90% 이상을 차지하다는 이 수치는 중국 경제속의 비중을 말해준다. 그러나 은행이 국가의 자금조달 시스템에서 큰 비중을 차지하는 중국에서 전체 대출의 30%만이 민영기업의 몫이라는 것은 여전히 국유기업이 점유하는 돈이 막대하다는 것이다.

2012년부터 2022년까지 민영기업 수는 4배 이상 급증했고, 2025년 1월 말 기준 중국의 민영기업 수는 5,670만 개로 전체 기업의 97%이다.

지역별 경제발전 수준과 밀접한 상관관계가 있다, 상하이(267만 개), 선전(240만 개), 광저우(202만 개), 베이징(198만 개) 등 1선 도시에 더 많고, 청두(153.5만 개)와 충칭(113.9만 개) 등 내륙 거점도 100만 개 이상의 민영기업이 있다.

특이하게 후난(湖南)성은 2022년 민영경제 부가가치 GDP의 70%(3.39万亿元)로 전국 최고이고, 푸젠(福建)성 69.4%, 저장성 60% 중반, 광둥·장쑤 등도 55~60%에 달한다.

이에 비해 서부 내륙이나 동북 일부 지역은 민영경제 비중이 상대적으로 낮다.

2020년 말 이후 중국 정부는 플랫폼 기업들의 독점 행위 규제, 교외교육 및 부동산 규제 등은 자본의 무질서한 확장(资本无序扩张)에 대한 단속을 강화하면서 알리바바의 금융 자회사 앤트그룹 상장 취소, 온라인 교육의 약화, 텐센트 등 기술기업에 대한 반독점 벌금 부과 등의 사건이 이어지며 민영기업의 투자심리가 크게 위축되었다.

그러나 2022년 말부터 정책 기조에 변화가 감지되었고, 2023년 들어 "플랫폼 경제의 규범·건전 발전을 지원" 등의 분위기 전환이 나타나고, 2025년 2월 민영기업 좌담회는 이러한 정책 전환의 공식화된 분수령으로, 시진핑 주석은 베이징에서 민영기업 대표들과 좌담회에서 "당과 국가의 민영경제 방침은 변함없고, 민영 경제발전 전경은 광활하고 크게 유망하며, 민영기업인들이 한껏 재능을 발휘하기에 때가 무르익었다"고 강조하며 발전을 독려했는데, 이는 지난 몇 년간의 광범위한 규제에 마침표를 찍은 정책적 화해의 신호를 보낸 것으로 평가되고 있다.

실제 중국 내외 관측통들은 "향후 기술기업에 대한 노골적 탄압은 끝났다"는 상징적 선언이며, 시 주석의 이번 민영기업인 회동은 분명히 중대한 노선 수정을"광범위한 규제의 종식과 친(親)민영 정책 기조로의 전면적 스탠스 전환"으로 분석했다.

특히 알리바바 마윈의 회의 참석은 지난 기술기업 단속 국면을 마무리하고 민영기업과 화해의 신호이며 또한 참석 민영기업가들의 모습은 민영기업 군단의 축소판이다.

1950년대부터 1990년대까지 40년 차이가 노장청년층의 신구 조화를 이룬 기업가 군단이며, 또 한 가지 공통점은 모두 물려받은 것이 없는 창업 1세대이고, 앞으로 10년은 변화가 크지 않을 것이다. 이미 3세, 4세까지 넘어가면서, 기업가적 도전 정신이 좀 사라지는 우리나라나 일본과 비교된다는 생각을 한다. 게다가 얼마전 수십 년 간 해외 사업만을 담당하던 대형 로펌 출신의 지인으로부터 본인이 갈 로펌이 없다는 말과 함께 지금 한국 법률 시장이 한국 사회를 대변한다는 사례를 들었다. 크게 내란 관련, 기업 재산의 상속 분쟁 관련, 즉 형법 전문 변호사와 상속 등 가정법원 전문 변호사 시장이 열리고 있다는 것이다. 이런 상황에서 과연 기업가들이 해외, 특히 중국과 같이 복잡다단하고 긴 투자가 필요한 시장에 관심이 있을까라는 생각을 하면서 또 중국의 기업과 기업가들을 보게 된다. 이번 회의에서 미국의 압박을 가장 심하게 받고 있는 화웨이의 런정페이가 중심에 있었고, 노년 중년 청년 삼대 기업가들이 참석했다. 31개 기업의 대표들이 초청받아, 6개 회사의 대표들이 발언을 했다. 31개중 상장회사는 21개, 비상장사가 10개이며, 업종은 주로 하이테크, 인터넷, 로봇 등이지만, 유업이나 목축 등 전통산업도 있었다.

중국에서 민영기업들은 경제 전반의 "펌프" 역할을 하며, 세

수·고용·투자·혁신 등 다방면에서 국가에 기여하고 있다. 특히 대형 민영기업들은 막대한 납세와 고용 창출로 지역사회와 국가 재정에 보탬이 되고 있다. 예를 들어 중국 민영기업 500강의 2021년 합계 실적을 보면, 이들 500대 민영기업이 납부한 세금 총액은 1.37万亿元에 달해 전국 세수의 7.91%를 차지했다. 특히 제조업·부동산·인터넷 서비스 등 영역에서 민영기업들이 납세 상위를 기록하여, 과거 국유기업 위주의 세수 구조가 다양화되었음을 보여준다.

또한 500강 기업이 고용은 1,094만 명으로, 전국 취업자의 1.5%이다. 2020년보다는 고용 규모가 15만 명 감소하긴 했으나, 이는 대형 플랫폼 기업들의 구조조정 영향 때문이며, 고용과 세수 측면에서 기여를 국가 경제에 실질적 공헌을 하고 있다.

민영기업은 기술 혁신과 R&D 투자 측면에서도 핵심적인 역할을 맡아서 중국의 특허와 신기술 상당 부분은 활발한 민영 부문에서 나오고 있다. 국내 발명특허 취득 상위 10대 기업 중 7곳이 민영기업인 것은 매출의 10% 이상을 R&D에 꾸준히 재투자한 결과이다. 2022년 화웨이는 매출 감소에도 불구하고 R&D에 1,611亿 위안(매출 25.1%)을 퍼부었고, 알리바바도 1,200亿 위안으로 전년 대비 10%를 더 늘렸다. BYD, CATL 등 제조기술 기업들 역시 매출액 대비 5%대의 R&D를 하고 있다.

국가급 첨단기술기업 인증 기준에는 최근 3년간 R&D 지출 매출액이 3%초과 규정이 있는데, 민영기업들이 다수 조건을 충족하면서, 2012년만 해도 2만여 개에 불과했던 민영 첨단기술기업이 2022년에 42만 개로 늘어난 것은 중국 혁신 생태계를 크게 바꾸면서 기술 벤처 스타트업의 폭발적 성장이 동시에 일어나고 있다.

전통 제조업 강자인 웨이차이(潍柴)부터, 최근 급성장한 전기차·배터리 기업, 전자상거래, 소셜미디어, O2O 등의 영역에서 알리바바, 텐센트, 메이퇀(美团) 등이 새로운 일자리와 소비 트렌드를 창출하며 도시형 서비스업 고용을 창출했다. 민영 스타트업들은 인공지능, 바이오테크, 신소재 등 신흥 산업에서 첨단 제품과 기술을 내놓으며 경제 신성장 동력으로 부상 중이며, 특히 AI 분야는 민영 IT기업들이 주도하는 등 첨단 산업의 민영경제 기여율은 조만간 70%를 초과할 전망이다.

미국 증시를 이끄는 이른바 M7(7대 기술 대기업)에 대응하는 개념으로 글로벌 IB들이 꼽은 중국'Prominent 10'(卓越十企) 혹은 "Terrific 10"은 텐센트, 알리바바, 샤오미, 비야디(BYD), 메이퇀, 넷이즈, 메이디, 헝루이, 씨트립, 안타 등이다.

중국의 "P10"은 미국 "M7"보다 수가 많지만, 업종별로 유사한 대응 관계를 보인다.

전자상거래·클라우드 영역에서는 아마존Amazon이 글로벌 전자상거래와 클라우드 인프라의 선두 주자라면, 중국에는 알리바바Alibaba와 징둥(JD닷컴)이 있다. 알리바바는 전자상거래 플랫폼(타오바오, 티몰)으로 아마존에 대응되며, 동시에 알리바바 클라우드(阿里云) 사업으로 아마존 AWS와 경쟁 구도를 이룬다.

JD닷컴은 자체 물류망을 갖춘 온라인 리테일러로 아마존의 이커머스+물류 모델과 유사하다. 두 기업 모두 방대한 사용자 기반과 물류 인프라로 국내 시장을 장악해 "중국판 아마존"으로 불리지만, 글로벌 진출 정도에서는 아마존에 못 미친다.

소셜미디어·엔터테인먼트에서는 미국의 메타(페이스북, 인스타그램)와 알파벳(유튜브)은 전세계 소셜 네트워크와 영상 플랫폼을 지배한다. 이에 대응하는 텐센트Tencent는 위챗(微信) 메신저와 QQ 등 거대 소셜 플랫폼을 운영하며, 12억 명의 월간 활성사용자(MAU)로서 중국의 페이스북+왓츠앱 역할을 한다. 또 글로벌 게임 1위로, 메타나 알파벳의 엔터테인먼트 생태계에 필적하는 게임·콘텐츠 제국을 구축했다. 유튜브에 해당하는 중국 비리비리(哔哩哔哩)나 틱톡(바이트댄스)도 있지만, 틱톡의 모회사인 바이트댄스는 비상장 민영기업이지만, 글로벌 사용자 15억 명으로 인터넷 서비스의 세계적 성공사례로 분류된다.

테슬라Tesla 전기차는 비야디BYD가 강력한 경쟁자로 2022년부터 자국 승용차 판매에서 VW 등을 제치고 1위를 기록했고, 2025년 전기차(BEV) 생산량에서 테슬라를 근소하게 앞서고 있다. 테슬라가 고급 전기차 시장을 시향한다면, BYD는 보급형~고급형 풀라인업과 자체 배터리 기술로 대량 판매를 이끌고 있다. 또 테슬라의 배터리 셀 상당수를 중국 CATL(宁德时代)이 공급한다. CATL은 글로벌 EV 배터리 시장 점유율이 36.8% (2023년)인 세계 1위 배터리 제조사로, EV 산업에서는 중국의 BYD·CATL 연합과 미국의 테슬라가 글로벌 3강 구도를 형성하고 있다고 볼 수 있다.

AI·GPU의 엔비디아는 가장 압도적 지위를 가진 기업이고, 마이크로소프트와 구글은 클라우드 AI와 소프트웨어 플랫폼의 최강자이다. 중국은 이 분야에서 화웨이, 알리바바, 텐센트 등이 클라우드 컴퓨팅과 AI 인프라에 대규모 투자하고 있다. 특히 화웨이는 미국 제재 속에서도 2023년 자체 스마트폰 AP 칩(Kirin 9000s)을 복귀시키고, AI 서버용 Ascend 칩셋을 개발하는 등 반도체 자주화를 추진하고 있다.

미국 M7은 클라우드·플랫폼·반도체 설계 등 소프트웨어 지식산업에 강점이 있지만, 중국 P10은 인터넷 서비스 및 제조업 기반의 하드웨어 기술 기업들까지 포괄하는 것이 특징이다. 이는 중국 경제의 강점인 제조 역량과 결합된 민영 대기업들이 보다 실물 지향적인 혁신을 추구하고 있음을 의미한다.

이와 관련하여 골드만삭스는 2025년 6월 "The tide has turned"라는 제목의 보고서를 냈다. GS는 중국의 민영기업 중 10대 대기업의 미래 성장 전망이 매우 밝고, 향후 일정 기간 동안 이들은 상당한 투자 가치를 지닐 것이라고 판단한다.

이 판단의 근거인 7가지 이유를 데이터로 설명하고 있다.

첫째, 거시적 차원에서, 중국 정책 결정권자들이 민영기업의 중요성을 명확히 인식하기 시작했다는 점이다. 예를 들어 올해 초 있었던 민영기업가 간담회에 참석한 민영기업 창업자들의 존재감과 올해 시행된 '민영 경제 촉진법' 역시 민영기업의 신뢰와 자신감을 일정 수준 고양시켰다는 점에서 긍정적으로 작용하고 있다.

둘째, 민영기업에 대한 규제가 새로운 국면으로 접어들었다는 점이다. 기존의 '엄격한 감독' 체계에서 점차 완화되는 방향으로 전환되고 있으며, 이는 민영기업의 성장을 위한 여지를 만들어주는 것이다.

셋째, 최근 AI 기술 분야에서의 일련의 돌파들이 민영기업의 미래 성장에 낙관적 기대를 더하고, 전요소 생산성(TFP)의 향상, 원가 절감 및 효율 증대, AI가 만들어낼 신규 비즈니스 기회 등이 민영기업에 새로운 성장 공간을 열어주고 있다.

넷째, 민영기업의 해외 진출 가속화이다. 무역전쟁 2.0의 불확실성 속에서도 이기업 들은 전략적 배치를 모색하고 있고, 해외 시장의 수익성과 이익이 국내보다 더 우수한 것은 해외는 인플레이션 환경에 있는 반면, 국내는 디플레이션 상태에 있기 때문이다.

다섯째, 민영기업의 수익성과 자본수익률(ROE)이 회복 국면에 진입했으며, 앞으로도 더 개선될 가능성이 있다는 점이다.

여섯째, 민영기업가들의 '동물적 본능'이 다시 살아나고 있으며, 이는 투자, 해외 확장, 연구개발 등 여러 측면에서 확인된다.

일곱째, 현재 민영기업의 주가가 국영기업에 비해 저평가 상태로 민영기업 주식이 밸류에이션이 재평가될 여지가 있다.

최근 몇 년간 중국 정부는 민영기업 정책 기조를 "옛 규제에서 새 지원"으로 선회하며 다양한 조치를 내놓고 있다. 앞서 언급한 시진핑 주석의 연실이 이러한 전환의 신호탄이었다면, 이후 구체적인 정책 변화들이 잇따랐다.

2023년 7월 국무원의 〈민영경제 발전 장대 의견〉은 민영경제의 발전환경, 정책지원, 법치보장 등의 31개 조치로, 금융지원 정책 개선이 핵심으로 "민영 중소기업이 채권시장에서 자금조달을 지원하고, 기술혁신 회사채 발행을 독려하며, 민영기업 채권 금융지원 도구의 적용 범위를 확대하고 신용보강을 강화한다"는 방안을 명시했다.

또한 은행 대출 분야에서도 국유 은행들에게 민영기업 대출을 더 확대하라는 지침으로, 민영기업 금융지원 전담 창구 등이 운영되어 2023년 하반기부터 민영기업의 자금조달 지표들이 뚜렷이 개선되었다. 예를 들어 2024년 한 해 민영기업 회사채 발행 규모는 약 3.34조 위안으로 전년 대비 13% 증가했고, 상환을 감안한 순발행 규모는

2,413억 위안 순증으로 2020년 이래 처음 플러스로 돌아섰다.

인프라 분야 개방도 중요한 변화이다. 과거 교통, 에너지, 통신 등 기간산업 인프라는 주로 국유기업 독무대였으나, 이제 민간자본 참여를 독려하여 철도·전력망·통신망 건설 등에 민영기업이 투자·운영에 참가할 수 있는 여지를 열어 두었다.

실제로 2022년 이후 민간 자본이 참여하는 철도 PPP 사업이나 민자 발전소 프로젝트가 승인되고 있는데, 이는 민간의 투자 활력을 공공지출에 보완적으로 활용함과 동시에, 민영기업에 새로운 사업 기회를 제공하려는 의도로 풀이된다.

또 한 가지 주목되는 정책 변화는 정부와 민영기업의 관계 개선이다. 예전엔 부정부패 단속 등으로 관료들이 기업인 접촉을 피했으나, 최근 중앙은 "정책 집행의 마지막 1km까지 기업들이 혜택을 체감하도록 하라"며 민영기업 애로 해결을 주문하고 있다.

지방정부들은 앞다투어 기업 애로사항 신고센터, 지방관료-기업인 간담회 등을 열어 규제개선 의견을 듣고 있다.

또 2025년 4월 〈민영기업촉진법〉이 표결되어, 5월 20일부터 시행에 들어갔다. 이는 민영 경제 발전 촉진에 관한 기본 법률로서, 민영기업의 법적 지위와 재산권 보호, 공평 경쟁 권리 등을 명문화하였다. 종전에도 관련 정책이 없던 것은 아니지만 법률로 격상시킨 것은 상징적 의미가 있다. 즉, 민영경제에 대한 정책적 지지가 일시적 경기 부양책이 아니라 장기적 제도 보장의 궤도로 들어섰다는 신호인 것으로 기업인들에게 제도적 안정감을 주어, 장기 투자를 결심하는 데 긍정적 요인으로 작용할 것이다.

요약하면, 최근 중국 정부의 민영기업 정책은 "규제 일변도 → 성장지원 병행"으로 큰 틀에서 전환되었다. 플랫폼 독점 규제나 자본확장 억제 같은 구호는 자취를 감추었고, 대신 "민영경제 활력 제고", "민간투자 신뢰 진작" 같은 표현이 정책문서에 빈번히 등장한다. 이러한 변화의 배경은 성장 둔화의 위기감과 미·중 패권 경쟁 속에서 민영 기업 역할의 중요성 재인식이 있다. 즉, 혁신과 고용을 창출하는 민영기업 없이는 경제 구조전환과 대외 경쟁에서 승리하기 어렵다는 현실론이 힘을 얻은 것이다. 물론 정책 기조가 바뀌었다고 곧바로 민영기업의 모든 어려움이 해소되는 것은 아니겠지만, 금융·시장·법치 환경 전반에 걸친 지원 강화 등 다각적 조치가 진행 중이다.

또 기업 자체의 변화도 진행 중이다. 중국 민영기업의 창업 1세대(创一代)는 대체로 1980~90년대 시장 경제 여명기에 맨손으로 사업을 일군 기업가들인데, 이들은 과거 계획 경제의 빈틈을 과감히 파고들어 시장 공백을 사업 기회로 바꾸는 뛰어난 감각과 배짱을 지녔다. 그 당시 중국 환경을 감안하여 본다면, 이들은 상상하기 어려운 모험을 한 것이라고 할 수 있다.

지금은 많은 1세대 창업자들의 은퇴로, "创二代"라 불리는 후계세대가 경영 전면에 나설 시기가 도래하고 있다. 중국민영경제연구회의 조사를 보면 중국 민영기업의 80% 이상이 가족 기업이고, 그중 3/4 이상이 2020년대 들어 승계 물결이 진행된다고 보고 있다. 그러나 부자3대 못간다(富不过三代)는 말처럼, 가업 승계는 중국에서도 큰 도전이다.

동우(东吴)증권은 A주 상장사에서 자녀가 승계한 기업들의 61%가 이익성장률이 악화되고, 주가도 약세를 보인다는 보고서를 낸 바 있는데 이는 신세대 경영자들이 사업을 다각화하려는 경향이 높아 핵심 사업의 집중도가 하락하고, 또 1세대만큼 강인한 리더십이나 현장 경험이 부족한 점 등이 원인이다. 또 많은 2세들은 부모 세대가 구축한 제조업보다는 상대적으로 편한 업종, 자신이 흥미 있는 새로운 분야를 선택하는 경향도 있다.

향후 10년, 중국 민영기업과 기업가 정신에는 몇 가지 중요한 변화와 전망이 예상된다.

첫째, 기술 혁신형 기업가의 부상이다. 공동 부유 및 산업 고도화 정책 하에서, 단순 부동산·교육 사업으로 돈 버는 시대가 아닌, 반도체, AI, 친환경 등 분야에서 스타트업들이 속속 등장할 것이다. 이는 미국의 실리콘밸리식 테크 기업가 정신을 중국판으로 구현하는 것으로, 정부도 R&D 지원과 인재 양성을 뒷받침하고 있다. 둘째, 기업의 사회적 책임과 준법 경영이 기업가 정신의 일부로 내재화될 것이다. 1세대 기업가들이 성장기에 "법보다 성장이 우선"인 측면이 있었다면, 이제는 법치 환경 속에서 지속가능 경영을 추구해야 함을 신세대들은 잘 이해하고 있다. 셋째, 세대 교체에 따른 경영 방식의 변화이다. 1세대는 창업자 1인에 의존하는 경향이 강했지만, 2세 경영자들은 보다 전문화된 경영기법, 전문경영인 활용, 현대적 기업지배구조를 도입할 것이다. 실제로 많은 신세대 CEO들이 선진화 교육으로 체득한 과학적 경영을 적용하고, 외부 전문가에게 경영을 맡기는 추세가 늘고 있다. 넷째, 민영기업의 국제화와 역경 극복이다. 미·중 디커플링에도 불구하고 유망 민영기업들의 해외 진출이 가속될 것이다. 전기차, 전자상거래, 스마트폰 등 분야에서 이미 중국 민영기업들은 선진국 시장도 적극 공략하고 있다. 다섯째, 국가 발전 비전과 민영기업의 역할 재정립이다. 중국은 2035년 사회주의 현대화 달성을 목표로 하고, 민영경제에도 질적 고도화와 양적 안정을 요구하고 있다. 향후 10년간 민영기업들은 단순히 규모 확장보다 혁신성과 효율성 제고에 힘쓸 것이다.

중국은 민영경제를 공유경제와 상호 보완적인 경제체제의 일환으로 간주하고, 흔들림 없이 둘 다 추진한다(两个毫不动摇)는 것이다. 이는 민영기업에 제도적 안전망을 제공하는 한편, 국유기업과의 공정경쟁을 유도하는 방향으로 정책이 전개됨을 의미한다.

중국은 장기적으로 경제는 허리는 국유 대기업이 받치고, 첨단산업은 민영기업들이 최전선에서 미국과 맞서는 투 트랙 전략을 그려가고 있는 것이다.

11

중국 증시의 두 가지 매력적인 이야기

그중 하나는 “돈 풀기”이고, 다른 하나는 “과학기술 혁명”이다.

딥시크 출현 이후, LLM 산업의 중요한 혁신으로서 A주 시장에서 2024년 9.24 정책에 이어, 2025년 초 딥시크 R1 발표 후 두 달 정도 AI 관련 업종의 뚜렷한 구조적 상승장을 보였지만, 이후의 중국 주식시장의 상승세를 계속 이어갈지 주목된다.

여기서 참고할 만한 것이 OpenAI와 미국 증시의 관계이다. 2022년 초, 미국은 불황의 그림자로 인해, 연준은 강력한 금리 인상을 통한 QT(연준 대차대조표 축소)를 추진하게 되었다. 통화 유동성 풀기는 이어지지 못했고, 미국 증시가 지속 하락하던 11월 누구도 예상하지 못했던 OpenAI의 ChatGPT의 AI 혁명으로, 투자자들이 다시 흥분하며 대량의 자금이 미국 증시로 유입되었다. ChatGPT가 유발한 AI 혁명의 서사는 미국 증시 위기 설을 되돌리면서 빅테크 7대 기업이 미국 증시 상승폭의 70%를 차지했다.

미국 증시를 구했을 뿐만 아니라 미국 경제도 구한 것이다. 활발한 증시는 부의 효과와 낙관적인 예상을 더 강화하면서 미국의 강력한 소비를 유지시켰다.

AI 기술 업그레이드에 거대한 자본 지출까지 합쳐, 미국 경제는 연착륙했을 뿐만 아니라 전 세계 경제가 약세인 상황에서 독보적인 성장을 이어왔다.

여기서 자본 시장의 번영과 경제성장의 관계를 보자.

증시가 대폭 상승하면 자산 가격 상승폭이 인플레이션보다 크며, 미국의 중산층이 보유한 펀드와 연금 계좌 수익도 물가상승률을 웃돌기 때문에 인플레이션은 늘어난 재산성 소득으로서 상쇄된다.

부의 효과는 계속 소비를 자극함과 동시에 물가와 임금의 나선형 상승이 고용 수요를 높인다. 미국은 최근 몇 년 동안 수백만 명의 이민자가 유입된 상황에서도 역사적으로도 낮은 실업률을 유지하고 있다.

물론, 금융 자산에 투자하지 않은 저소득 계층과 젊은 세대는 명목 임금이 계속 상승하고 고용 기회가 늘어난다고 해도 여전히 인플레이션의 피해자이다.

대다수 미국인들은 저축하는 습관이 없기 때문에 생활비의 지속 상승에 직감적으로 고통을 느꼈고, 이것은 트럼프의 부활로 이어지는 이 논리적 고리는 자연스레 연결된다.

인플레이션으로 미국 경제와 증시를 걱정할 때 생성형 AI 혁신이 증시 거품의 수명을 연장해주고, 어느 정도의 자산 가격 버블을 통해 심각한 인플레이션의 균형을 맞춰왔다.

인플레이션은 명목 소득과 소비를 계속 끌어올리고, 거대한 AI 기반 시설과 기업의 새로운 자본 지출은 미국 경제의 명목 총수요를 지지하였다.

중국은 디플레이션, 유럽도 약세인 세계 경제 회복이 미약한 상황에서 미국 경제는 독보적으로 성장을 계속 유지한 국운이 따른 것이다.

묘하게도 2022년은 중국 경제가 디플레이션으로 접어들고 부동산과 증시 등 자산가격은 할인 재평가되는 시기였다. 그러므로 글로벌 투자 기관들은 "ABC"(Anywhere But China)를 외쳤고, 투자자들은 거기에 발맞추어 GCA(Great China Area, 범중화권) 자산을 디플레이션형 자산으로 할인 저평가했다.

실제로, 디플레이션형 경제체에서는 명목 자산 수익률이 계속 감소하며, 자산의 평가치도 신용과 레버리지로 인해서 더 크게 수축된다.

부동산은 명목 총수요를 붕괴시키고, 채무 주기의 축소와 겹쳐 자산 감소와 채무 디플레이션이 동시에 발생했다.

중국의 국가의 대차대조표와 자산은 극단적인 도전에 직면했고, 전 세계 자본은 중국형 자산을 비관적으로 보고 유출하면서 중국 자산 평가의 지속적인 악화를 더욱 가속화되면서 A, H, N주 등 대중화권 자산은 회복이 불가능할 것 같았다.

그러나 현대 경제는 단 하나의 변수만으로 구성되지 않는다.

경제 하락 사이클에 대응하는 힘도 계속 커지고 있다.

첫째 힘은 정책이다. 특히 항상 "전략적 안정감을 유지"해온 중국 은행, 즉 인민폐 자산 가격을 바꿀 수 있는 "화폐 레비아탄"이다.

중국 은행과 각 부처의 결사적 반격은 2024년 "924" 정채부터 시작되어 중국 증시에 첫째로 동물 정신을 불러일으킬 수 있는 매력적인 이야기인 대규모 화폐 유동성을 가져왔다.

두 가지 증시 안정화 도구는 시장에 무료 풋옵션을 제공했는데, 이는 연준과 유사하다. 재정 측면에서는 중앙 채무 조달 도구의 혁신과 지방 특별채 사용 범위의 확대가 현재 중국 최대의 체계적 위험인 지방 채무를 해결하기 위한 보장 수단을 제공했다.

채무를 다 상환할 수는 없지만, 재편할 수는 있다. 부동산과 지방 채무가 붕괴하지 않도록 관리하는 시간을 벌어서 새로운 생산력의 신구 동력 전환의 공간을 마련하는 것이다.

이것이 바로 "시간으로 공간을 바꾸는"(拿时间换空间) 전략이다. 이 거시 전략의 공간적 응용은 2025년에는 내수로 외수를 대체하는 것이지만 이 전환 과정에서의 고통을 감당하기는 쉽지 않다. 중앙 정치국회의가 "부동산 시장과 증시를 안정시키기"의 수준을 올렸을 때, 정책이 새로운 단계에 들어설 것이란 기대를 하게 된다. 두 번째 힘은 시장 경제와 기업가들로부터 나온 것이다. 경제 하락기에 시간은 점점 더 싸게 되고, 혁신의 기회 비용이 상대적으로 낮아지기 시작한다. 깊은 조정을 거친 부동산 업종에 축적되거나 매몰되었던 대량의 요소 자원, 자본, 노동력이 다른 업종으로 전향한다. 수백만 명의 노동력과 수십조 원의 자본이 다른 분야에 몰려드는 경우, 이 분야는 치열한 내전 상태로 들어간다. 내전이라고 말하는 것은 요소들이 유한한 수요를 쟁탈하려는 공급과 수요가 불균형 상태이기 때문이다. 공급은 빠르게 확장되지만, 수요는 노동력 소득 증가 및 장기 예상과 관련이 있기 때문에 느리게 늘어나므로 과잉 생산능력과 수요 감축의 어려움에 빠지게 된다. 지금 중국의 CPI와 PPI 모두 낮은데, 그 낮은 정도와 긴 지속 시간은 역사적으로 보기 드문 경우이다. 사람들의 부동산에 대한 환상이 깨지면서 요소 비용이 감소하고, 돈과 사람 모두 중국 제조의 경쟁력을 향상시켰다.

전 세계 인플레이션의 환경에서 중국 제조는 가성비 좋은 상품을 수출하며, 글로벌 인플레이션 감소에 중요한 기여를 했다. 2024년 중국은 인류 역사상 최초로 경상수지 흑자 1조 달러를 기록한 것은 사실은 중국 경제의 현재 내외부 경제발전 불균형의 표현이다.

여기서 두 번째 반항하는 힘이 가져온 혁신은 딥시크가 대표적이다. 물론 딥시크를 키운 돈은 자본 시장에서 나온 것이다. 그것은 그동안의 전통적인 중국의 내러티브와 결을 달리한다. 딥시크 창업자 량원펑으로 대표되는 젊은 기업가는 개혁개방 이후 세대로 80~90년대에 사업을 시작한 기성 기업가 다르다. 기성 기업가들 중 자본 수익을 본업에 재투자한 사람들은 그래도 기업가 정신과 장인 정신이 있는 것이다. 많은 기업가들이 본업에서 번 돈을 부동산에 재투자하여 튀기거나 해외로 빼돌리는데 진심이었다. 물론 배경은 체제 불안이었을 것이다.

그런데 량원펑을 필두로 한 청년 기업가들이 달라졌다. 이것은 아마 우리가 중국에 대해서 전혀 안 보거나, 작게 보고 있는 큰 변화이다. 그는 자기의 꿈과 혁신, 탐색, 지식 습득에 사용했다. 결국 AI 혁신의 파도에서 독특한 일을 펼쳤다. 공학적 최적화를 통해 효율을 높이고 비용을 낮추며 가중치를 개방하여 LLM의 적용 과정을 크게 가속화했다. 이것은 다양한 적용과 응용의 시나리오를 가진 중국 산업에 매우 중요하다. 따라서 이번 딥시크 충격은 거의 죽어가고 있던 자본 시장에 다시 "에니멀 스피릿"을 불어넣었으며, "하이테크 상승장"으로 들어가는 계기를 마련해 주었다.

딥시크는 A주 시장에 세 가지 긍정적인 영향을 미칠 것이다. 첫째, "LLM +"과 "AI +"가 '차이나 스피드'로 거의 모든 업종에서 동시다발적으로 응용되면서, 중국 주식형 자산에 다시 상상력을 불어넣고 기대치를 올릴 것이다. 둘째, AI 신형 인프라 투자를 유발하여 경제 회복을 이끌 것이다. 현재 부족한 것은 돈이 아니라, 좋은 프로젝트다. 매년 수조원의 특별채와 투자할 지방정부 특별채권(专项债)은 이런 프로젝트로 대폭 투자될 것이다. LLM 산업 부상으로 각 지방정부가 반도체 산업난지, 슈퍼컴퓨터 센터, 신에너지 등 고정 자산 건설을 가속화해 투자 수요의 유효성을 높이고, 내수 부족의 격차를 메울 것으로 예상된다.

셋째, 기업들도 LLM 시스템에 대한 자본 지출을 늘릴 것이며, 이로 인해 발생하는 투자수요는 경제와 고용에 대한 좋은 지지가 될 것이다. 과거나 현재나 중국 경제의 가장 고질적인 문제는 유효수요의 부족이며, 여기는 유효한 투자 수요의 부족도 포함된다. 딥시크가 일으킨 LLM 산업의 폭발로 각 기업과 관련 시스템 투자를 늘릴 것이며, 모든 비즈니스와 서비스가 AI를 이용해 다시 구성될 것이며, 그 투자 수요는 매우 거대하다. 이것은 기업의 비용을 대폭 절감하고 단기 EPS를 높여 자본 시장에도 반영이 될 것이다.

그러나 딥시크가 OpenAI 정도로 중국 자본 시장의 "하이테크의 상승장"을 일으키지는 못한다. 그 이유는 중국 경제 구조적 문제와 자본 시장의 효율성 부족으로, 미국 정도로 그 변화의 크기를 다 수용하지는 못하기 때문이라고 생각한다. 그럼에도 불구하고 자본 시장의 변화의 가능성을 높일 것이며, 여전히 제조업 위주의 자본 시장이 점진적으로 AI 등으로 연결되는 생산형 서비스 산업 비중이 늘어나는 중요한 변화는 이미 시작되었다고 판단한다.

중국 경제구조와 자본 시장도 이렇게 변해간다면, 우리가 살고 있는 대부분의 세상이 다 예상 가능한 미래에 그렇게 변하게 될 가능성이 크다. 그럼 중요한 본질적인 질문이 하나 남는다. AI와 로봇에게 내 일자리를 넘겨주고, 노동 소득을 상실하게 되면, 나는 어떻게 살 것인가?

로봇이 나를 대체하겠지만, 로봇을 생산하는 회사는 나에게 배당금을 지급하게 해야 한다. 물론 그 회사의 주식을 보유하고 있다는 전제 하에서다. 무엇보다 장기적으로 보면, AI가 사람을 대체하는 시대에 계속 생존하려면 관련 자산을 보유한 "자본가"가 되어야 한다. 그래서 AI 관련 자산은 기본 포트폴리오에 포함되어야 한다. 이것은 본질적으로 변화되는 세상에 대한 일종의 헷지 포지션이다. 주식 배당금과 이자 등 재산 소득이 유일한 보상과 소득원이 된다는 것은 AI 시대의 투자와 자산 관리의 중요성을 충분히 보여준다.

물론 지금은 춘추전국시대라서 어디 한곳에 베팅하는 것 자체가 큰 리스크가 된다.

하지만 그런 세상에 대비해서 계속 따라가다 보면 알아가면서 보이는 기회가 올 것이다.

12

미국은 왜 화웨이를 죽여야만 하는가

1999년에 쉬관화 정보통신부장이 중국은 "핵심과 영혼이 부족하다"라는 말을 했다. 이는 반도체와 소프트웨어가 부족하는 말이었는데, 중국 관료들은 25년 전부터 이런 걱정이 있었다. 지난 2월 7년만에 다시 열린 민영기업인 좌담회에서 화웨이 런정페이 회장이 시진핑 주석에게 핵심과 영혼의 부족 문제가 조만간 해소될 것으로 믿는다고 말했다. 화웨이는 1987년 중국 선전(深圳)에서 런정페이(任正非)에 의해 창립되었다. 전량 수입하던 전화교환기 등 통신장비의 국산화를 위해 외국 교환기의 기술을 역공학reverse engineering 하여, 내수시장에서 입지를 다졌다.

1990년대 후반부터 농어촌 지역의 교환기 시장을 석권하며 성장

가도를 달렸고 도시의 통신망 사업까지 확대했다. 중국 정부의 통신망 현대화 정책과 맞물려, 통신망 구축의 핵심 파트너로 부상했던 그 무렵부터 중국 정부와 국유기업으로부터 저리 대출이나 감세 등 막대한 국가의 지원을 받았다고도 추측을 하기도 한다. 2000년대 들어 해외 시장 진출을 본격화하면서, 아프리카와 아시아, 중남미 등지에서 가격 경쟁력을 앞세워 통신장비 공급 계약을 따냈다. 선진국 시장에서도 통신사들과 협력하며 입지를 넓혔고, 2012년에는 스웨덴 에릭슨을 제치고 세계 1위 통신 장비 기업에 올랐고, 이후 스마트폰 사업에서도 두각을 나타냈다. 2010년대 초반부터 스마트폰 시장에 진출하여 고사양 대비 저렴한 '가성비' 제품 전략으로 급성장하면서 2018년 애플을 제치고 세계 2위 스마트폰 제조사가 되었고, 마침내 2020년에는 삼성전자까지 뛰어넘어 세계 1위 스마트폰 판매량을 기록했다. 이처럼 2010년대 후반까지 통신장비와 스마트폰 영역에서 글로벌 정상을 차지하며 기술 대국 중국의 상징적인 기업으로 자리매김했다.

미국의 제재 배경은 불신 누적에 의한 국가 안보 우려

이런 눈부신 성장의 이면에서 서방의 의구심과 경계심은 꾸준히 쌓여왔다.

여러 분쟁을 거치면서 서방의 첨단기술을 베껴 따라오는 기업이라는 인식을 심어 주었고, 창업자의 군 경력과 중국 정부와의 밀접한 관계가 의심되면서, 안보 위협설도 고개를 들었다. 2012년 미국 하원 정보위원회는 화웨이와 ZTE를 국가 안보 위협으로 지목하며 미국 통신망에서 퇴출할 것을 권고하는 보고서를 발간했는데, 특히 화웨이 장비가 중국 정부의 스파이 활동에 악용될 수 있다는 우려를 표명하여, 이후 미국의 정책에 중요한 근거가 되었다. 화웨이는 줄곧 "민간기업일 뿐, 어떠한 정부 스파이 행위에도 관여하지 않는다"며 결백을 주장했고, 구체적인 스파이 증거는 제시되지 않았다는 반론도 있었지만, 서방의 경계심은 쉽게 가라앉지 않았다. 2017년 중국이 제정한 〈중국국가정보법〉이 논란을 키웠다. 이 법률은 모든 중국 기업과 국민이 국가 정보활동에 협조할 의무를 명시하고 있어, 중국 기업이 원치 않아도 정부 요구에 따라 해외에서 첩보 행위를 도울 수 있다는 서방의 우려를 불렀다. 2018년 미국은 자국 소비자가 화웨이, ZTE의 스마트폰 사용을 금지하는 법안을 통과시켜 사실상 미국 시장과 완전한 결별을 하게 된다. 또 이란 제재 위반 혐의가 불거지며 양국 간 갈등은 외교 문제로도 확대되어 2018년 12월, 캐나다 벤쿠버 공항에서 화웨이의 CFO멍완저우(孟晩舟)가 미국의 요청으로 전격 체포되었다. 미국 법무부는 화웨이가 이란과의 거래에서 미국 금융시스템을 이용해 제재를 위반하고 금융사기를 저질렀다고 기소했고, 멍완저우의 신병 인도를 요구했다. 중국 정부는 즉각 반발하며 캐나다 국민을 구금하는 등 대응에 나서면서 이 사건은 외교와 안보의 문제로 격상되었다. 회장의 딸이기도 한 멍완저우는 약 3년간의 가택연금 끝에 2021년 석방되어 영웅처럼 중국으로 돌아왔지만, 화웨이에 대한 미국의 대응은 더욱 강경해졌다. 2019년 5월, 미국 상무부는 화웨이가 이란 제재를 위반하고, 미국 기술을 악용해 미국 안보와 이익에 반하는 활동을 했다며 68개의 계열사를 Entity List에 등재했고, 구글, 인텔, 퀄컴, 마이크로소프트 등 미국 IT 기업들은 즉각 거래 중단을 발표했다. 결국 화웨이 스마트폰은 안드로이드 운영

체제의 업데이트와 구글의 앱 지원 등을 못하게 되었고, 미국산 반도체 칩과 소프트웨어 공급도 불가능하게 되었다. 2020년 5월, 미국 상무부는 미국 기술을 활용하여 해외에서 생산된 반도체라도 화웨이가 설계 및 주문할 경우 판매 금지 규정을 발표했다. 외국직접제품규칙(FDPR) 수정으로 인해 전 세계 어디서 만들었건, 미국 소프트웨어나 장비를 사용한 칩을 화웨이에 팔지 못하도록 한 것으로, 사실상 그 표적은 타이완의 TSMC였다. 이전까지 화웨이가 설계한 고성능 모바일 AP인 기린Kirin 칩을 TSMC의 7나노 (당시 최첨단) 공정으로 생산해주던 TSMC를 막은 것이다. 2020년 8월 미국은 모든 종류의 반도체를 화웨이에 수출하지 못하도록 포괄적 금지를 발표 및 발효하여 단지 스마트폰 AP뿐만 아니라 모뎀, 메모리, 디스플레이 구동칩 등 모든 핵심 부품 공급에서 완전히 차단시켰다. 동시에 삼성과 LG등의 첨단 OLED 패널도 미국 기술 사용을 이유로 화웨이 공급이 금지되어 2020년 9월 이후 상황은 "숨통이 끊길" 위기에 놓였다고 할 수 있다. 실제로 런정페이 회장은 "우리는 지금 생존을 위한 싸움을 하고 있다. 살아남기만 하면 미래가 있을 것"이라며 절박함을 토로했다. 2020년 11월 트럼프는 행정명령을 통해 화웨이를 포함한 중국 군산복합체 관련 기업에 미국의 투자를 금지했고, 바이든도 2021년 6월 화웨이 통신장비의 승인 자체를 금지했고, 보안장비법Secure Equipment Act을 제정하여 화웨이와 ZTE 같은 기업이 미국의 신규 장비 인증을 영구 차단했다. 미국의 제재는 반도체 등 핵심 기술 수출 통제로도 확장되었다. 2022년 10월 미국 상무부는 대중(對中) 수출통제의 범위를 대폭 넓혀, 중국으로 향하는 첨단 반도체와 제조장비를 원천 차단하는 포괄적 수출 규제안을 발표했다. 이 조치는 중국의 모든 기업을 겨냥한 것으로, 14나노 이하 공정의 로직칩, 18nm 이하 D램, 128단 이상 낸드플래시 및 이들 반도체를 만드는 장비·소프트웨어의 중국행을 금지했고, 미국 기술을 활용한 전 세계의 생산과 미국의 기술이 중국에 흘러 들어가지 못하게 쐐기를 박은 것이었다. 어차피 화웨이는 이미 개별 제재로 궁지에 몰린 상태였지만, 광범위한 대중국 기술 봉쇄는 가령 중국 파운드리 SMIC를 통해 생산하려 해도, 미국 장비나 인력이 필요한 14nm 미만 미세 공정을 허가 없이는 진행이 불가능해짐으로써 그나마 화웨이의 마지막 남은 기술 루트가 차단되는 효과를 낳았다

미국은 2023년 1월 네덜란드와 일본까지 압박하여 EUV와 일부 DUV마저도 중국에는 팔지 않는다는 원칙적 합의를 끌어냈다. 2023년 들어서는 AI 반도체 분야로 제재가 구체화됐다. 2022년 이미 미국은 AI 슈퍼컴퓨터에 쓰이는 엔비디아의 A100, H100 GPU를 중국 판매를 금지시키자, 엔비디아는 중국 전용 다운그레이드 모델인 A800, H800로 대체하였다.

그러나 미국은 그해 10월에 기준을 더 강화하면서 H100의 중국 수출마저 금지시켰고, 이에 엔비디아는 보란 듯이 또다시 사양을 규제 기준에 맞춰 조절한 H20을 내놓았다. 이처럼 엔비디아는 미국 다음으로 큰 시장인 중국 시장을 포기할 수 없었던 것이다. 중국 현지에서는 이 H20을 고자칩(阉割芯片)으로 불렀다. 미국 규제를 피할 목적으로 설계된 AI 칩이었지만, 미국은 훈련에는 약한 이 칩이 추론에 강점이 있다는 것을 알게 되자 이마저도 금지해버렸다. 엔비디아는 중국 시장 상실로 수십억 달러의 매출 손실을 입을 것이라며 반발했지만, 미국은 AI 시대의 "두뇌"인 고성능 칩을 용인할 수 없었

다. 미국의 전방위 제재는 동맹국과 세계 기업들의 행보에도 영향을 미쳤다. 영국, 호주, 캐나다, 뉴질랜드 등 파이브 아이즈Five Eyes 동맹과 일본, 인도, 프랑스, 독일 등 다수의 국가들이 자국 5G 네트워크에서 화웨이를 배제하거나 단계적 퇴출 계획을 발표했다. 예컨대 영국, 일본, 호주, 캐나다 등이 화웨이 장비를 쓰지 않게 되었고, EU도 2023년 화웨이에 대한 의존을 줄이라는 권고를 하며 주요 통신사들이 교체를 가속화하고 있다. 미국은 동맹과의 협력을 통해 중국의 기술 부상을 제도적으로 봉쇄하는 기술 동맹망을 구축한 셈이다. 화웨이의 해외 통신장비 시장은 급속히 위축되어, 중국 내수와 일부 개발도상국 시장에 집중할 수밖에 없는 처지가 되었다. 2019년까지만 해도 1년 매출 1,220억 달러(약 160조 원)로 사상 최대 실적을 올렸지만, 2020년부터 급격한 매출 감소와 사업 축소를 겪었다. 스마트폰 사업이 특히 타격이 컸다. 구글 서비스 이용 불가와 칩 공급 중단으로 매력도를 상실한 화웨이 스마트폰은 해외 시장에서 판매가 급감하자, 2020년 화웨이는 자사의 중저가폰 브랜드 '아너'Honor를 선전시 정부 산하 기업에 매각되면서 아너는 미국 제재 대상에서 벗어나게 되었다. 통신장비 사업도 불확실성이 커졌다. 핵심 시장이던 유럽과 일본, 인도 등에서 배제되면서 해외 신규 수주는 줄었고, 5G 장비 분야에서는 노키아, 에릭슨 등의 경쟁사가 반사이익을 얻었다. 다만 중국 국내 시장에서는 여전히 막강한 영향력을 유지했다.

중국 정부와 국유 통신사들이 5G 인프라에 화웨이 장비 대거 구매하여 네트워크 장비 부문 매출이 유지되었다. 이후 전체 매출에서 중국 비중은 제재 이후 더욱 높아져, 2022년 매출의 70%가 넘었고, 수익성은 낮아졌다. 미국 제재 이전에는 연 90억 달러에 달하던 순

이익이 급감했고, 2021년 사상 첫 분기 적자를 기록했다. 제재로 인한 사업 위축, 부품 사전 비축 및 연구개발에 막대한 비용을 쓴 탓이다. 생존을 위한 대대적 비용 절감을 하면서도, 핵심기술 R&D 투자는 줄이지 않으면서 매출의 25%를 투자했다. 동시에 전략적으로는 크게 부품·장비 비축, 핵심 기술 내재화, 신사업으로의 전환이란 세 가지 대응 노선을 그렸다.

먼저 제재 유예 기간 동안 핵심 부품을 가능한 한 비축했다. 미국의 제재 움직임이 본격화된 2018년부터 이미 장기전 대비에 들어갔다. 2018년 말부터 화웨이는 스마트폰 AP, 5G 통신칩, 메모리와 디스플레이 구동칩, 전력반도체에 이르기까지 핵심 반도체를 사재기를 시작했다. 2019년 비축한 부품 재고액은 234억 달러로, 전년대비 73%나 늘어났다. 특히 2020년 9월 칩셋 공급 완전 중단 시한을 앞두고, TSMC의 마지막 물량을 필사적으로 실어 나른 결과 네트워크 장비 및 서버에 필요한 칩 물량을 2년치 확보하여 사업을 이어갈 수 있었다.

하지만 비축은 임시방편일 뿐, 공급망 자체의 재편이 근본 과제일 것이다.

일각에서는 화웨이가 음지에서 자체 반도체 생산시설망을 구축하고 있다는 주장도 한다. 2023년 8월 미국 반도체산업협회(SIA)는 화웨이가 중국 각지에 정체를 숨긴 채 최소 두 개의 반도체 공장을 인수하고 세 곳의 신규 공장을 건설 중이라는 정보를 공개했다. 다른 회사 명의를 앞세워 미국 장비를 우회 구매하고, 국가로부터 약 300억 달러의 자금을 지원받아 "비밀 공장" 네트워크를 꾸리고 있다는 것이다.

중국 반도체 장비업체 AMEC(中微公司), NAURA(北方华创) 등의 노광기와 에칭 장비 를 도입하고, 해외 장비가 필요하면 중고로 우회 입수하는 방식 등이 거론되었다.

물론 화웨이는 이에 대해 공식적인 언급을 하지 않았지만, 적어도 중국 정부와 자본의 전폭적 지원 속에 화웨이가 뭔가를 준비하고 있다는 점은 분명해 보인다.

또 상하이 IC R&D센터 등 중국 정부 산하 연구소와 협력하여 기술 인력을 확보하고, 국가적인 반도체 굴기 프로젝트에 참여하기 시작했다. 2020년 이후 자체적으로 첨단 기술력이 있는 중국 팹리스나 장비 스타트업에 지분 투자하는 Hubble Tech Fund(哈勃科技创业投资基金)를 설립하여 공급망 생태계를 키우기 시작했다.

서방의 제재가 갈수록 폭넓은 기술 영역으로 확대되리라는 판단에서 이 펀드를 만든 화웨이는 광학 노광장비, 감광액 기업 등 100여 개의 스타트업에 투자하면서 반도체 장비·소재 분야에서 중국 자체 생태계를 구축하려는 것이다.

화웨이의 생존 전략은 핵심 기술의 자력 돌파이며, 반도체 칩 설계·생산 역량 확보를 위해 오래전부터 반도체 설계 자회사 하이실리콘HiSilicon이 스마트폰 AP와 통신용 칩을 자체 개발해왔지만, 제재 이전에는 어디까지나 설계에 특화된 회사였고, 제조는 TSMC 등 외부 파운드리에 의존했기 때문에, 파운드리 차단은 치명적 약점이 되었다.

이를 극복하기 위해 화웨이는 AI와 서버용 고성능 칩 개발과 국내 파운드리와의 협력을 통한 생산기술 확보의 투트랙 전략을 쓰고 있다.

우선 AI 시대의 두뇌인 데이터센터용 AI 가속기 개발에 사활을 걸었다. 2019년 발표한 자체 AI 프로세서 Ascend 910은 딥러닝 학습용으로 설계된 칩으로, 한때 "세계에서 가장 강력한 AI 칩"이라고 소개될 정도로 주목받았다.

Ascend 910은 TSMC 7nm+ 공정으로 생산되었지만, 미국이 제재로 단절되었고 이후 개량형 개발이 지속되면서, Ascend 시리즈 업그레이드에 막대한 투자를 했다. 2022년 Ascend 910B의 성능이 엔비디아의 2020년형 A100 GPU와 비슷한 수준으로 평가되었다.

Ascend 910C의 성능은 엔비디아의 최신 H100에 필적하는 수준이며, 출시이전에 중국 빅테크 기업들이 7만 개의 주문을 했다고 월스트리트 저널이 보도했는데 이는 중국 내 수요가 그만큼 절박하다는 뜻이기도 하다. 미국의 제재로 계속 다운그레이드 되는 GPU라도 사야만 하는 절박한 중국 빅테크들 입장에서 Made in China AI 칩에 거는 기대는 클 수밖에 없을 것이다.

그러나 화웨이의 AI칩 개발은 결코 순탄치 않다. 설계 실력은 있지만, 문제는 생산 공정의 한계다. EUV 노광기 등 첨단 장비를 들여올 수 없던 중국 파운드리는 7nm 이하 미세공정 수율이 극도로 낮았다. 실제로 2023년 중반 기준 Ascend 910B 칩의 수율이 약 50% 수준이라, 화웨이가 초기 계획했던 물량을 절반 가까이 줄였다는 보도가 있었다. 그러나 2023년 9월, 7nm급 Kirin 9000S 칩이 탑재된 최신 스마트폰 '메이트 60'를 기습 출시하며 공개한 사양은 7나노 반도체였고, 해외 전문가들도"설령 수율은 낮더라도, 제재 속에서 이 정도 기술을 구현했다는 것 자체가 중국 반도체 산업의 큰 진전"이라고 평가했다. 분석 결과도 SMIC의 N+2 공정(개량된 7nm)을 활용한 것으로, EUV 없이 다중 노광Multi-patterning으로 7nm급 생산한 것은 미국의 제재가 오히려 중국의 기술 자립을 가속한 것이다. 다만 서방 진영에서는"제재를 더욱 강화해야 한다"는 목소리가 높아졌고, 실제로 2023년 10월 미국은 앞서 언급한 AI칩 H800/H20 추가 규제를 내놓으며 대응했다. 기술 일보 진전에 제재 일보 강화로 맞서는 치열한 추격전이 전개되고 있는 것이다. 화웨이는 2024년 생산 제로였던 910C를 2025년에 양산할 예정이라고 밝혔다. 또한 910C의 성능 목표치는 엔비디아 H100의 약 60% 수준으로 알려져 있다. 만약 그것이 사실이라면 미국 제재 5년 만에, 화웨이가 완전 독자 기술로 첨단 칩을 양산해낸다는 중대한 전략적 의미가 있으며, 이런 기술 돌파가 계속된다면, 향후 몇 년 내 엔비디아 최고 성능 칩에 버금가는 중국산 AI칩이 등장할 가능성도 완전히 배제할 수 없다. 물론 엔비디아는 여전히 중국 AI칩 시장을 절대적으로 장악하고 있다. 미국이 허용한 낮은 사양의 H20 칩도 2024년 들어 오히려 H20 주문이 급증했다. 화웨이와 다른 국가의 기술기업은 다르게 봐야 하는 이유는 미국이 최선을 다한 제재에 맞서는 화웨이는 중국에게 0에서 1을 만드는 회사다. 이는 1에서 10, 100을 만드는 과정과는 다르다. 미시적이고 상업적인 효율과 이익의 차원이 아니다. 국가 안전과 국가 전략적 차원의 거시적이고 당위성을 가지는 것이다. 그래서 수율이 낮고 생산효율이 떨어져도 그대로 밀고가는 것이다.

운영체제 HarmonyOS와 소프트웨어 생태계 구축

화웨이의 또다른 대응 전략은 소프트웨어와 서비스 부문의 독자화이다.

미국 정부의 화웨이 제재로 2019년 5월 구글의 안드로이드 업데이트 대상에서 제외된 화웨이는 8월에 자체 준비해 온 "홍멍"(鴻蒙, Harmony)OS를 공식화했다.

IoT 기기 전반을 아우르는 운영체제로 설계된 Harmony OS는 2021년 6월부터 중국 내수용 신형 스마트폰에 탑재하기 시작했다. 유럽 등 해외판매 디바이스는 오픈소스 안드로이드를 쓰되, 국내판은 독자적 OS의 투트랙 전략으로, 점진적으로 스마트폰 사용자들을 구글 생태계 밖으로 끌어내려는 시도였으며 결과는 성공적이었다.

2021년 중반 0이던 Harmony OS의 중국 스마트폰 점유율은 2023년 중반 약 10%까지 상승하면서 iOS-안드로이드 체제에 균열을 낸 제3의 스마트폰 OS로 부상하고 있다. HarmonyOS의 등장은 중국의 디지털 생태계 구축이라는 전략적 목표와 맞닿아 있다. 화웨이는 구글 플레이스토어에 대응하는 자체 앱 마켓(App Gallery), 구글 맵 대안 Peal Maps, 검색 서비스 Petal Search 등 광범위한 소프트웨어 생태계를 내놓았고 또 개발자 지원을 위해 Developer Advocates 프로그램으로 전 세계 개발자들을 끌어 모아 쿤펑(Kunpeng) CPU, Ascend AI 칩, Harmony OS, Huawei Cloud 등 자체 기술 스택으로 모바일부터 클라우드까지 모든 것이 화웨이 안에서 돌아가는 환경을 구축하려는 것이다. 2025년 6월 시장조사기관 카날리스는 2024말 기준으로 하모니 OS를 탑재한 스마트폰 1.03억 대, 태블릿 2,100만 대가 출하되었으며, 특히 2024년에만 4,600만 대의 스마트폰과 1,050만 대의 태블릿을 출하했고, PC는 420만 대(노트북 380만 대 포함)가 판매된 하모니OS의 성공 요인으로는 AI 통합과 멀티 디바이스 협업 기능을 꼽았다.

또한 최근 화웨이의 사업 포트폴리오 다변화에서 가장 중점을 둔 분야가 클라우드 컴퓨팅과 기업 대상 솔루션 사업이다. 2017년부터 클라우드 인프라 사업을 시작했지만 알리바바, 텐센트 등에 밀리다가, 2019년부터 클라우드 부문을 크게 강화하여 2024년 3분기 기준 중국 클라우드 인프라 서비스가 알리바바(36%)에 이어 2위(19%), 정부공공 부문 클라우드 사업은 1위다. 화웨이 클라우드의 강점은 직접 개발한 컴퓨팅 하드웨어와 소프트웨어를 통합 제공으로, 예를 들어 ARM 아키텍처 기반의 서버 CPU 쿤펑9Kunpeng9과 Ascend AI 가속기를 클라우드 데이터센터에 투입하여, 외국산 x86 CPU나 엔비디아 GPU 없이도 돌아가는 클라우드를 지향하는 것으로, 기술적으로는 성능은 부족하더라도, 자급형 클라우드 인프라의 구축으로 미국의 영향에서 자유로운 컴퓨팅 생태계를 구축하려는 것이다. 또한 화웨이는 클라우드 연계 산업별 맞춤 솔루션을 적극 개발했다. 예컨대 금융권을 위해 메인프레임을 클라우드로 이관하는 솔루션, 통신사를 위한 5G-MEC 클라우드 플랫폼, 지방 정부를 위한 스마트시티 클라우드 등을 출시하며 고객군을 넓혔다. 이처럼 화웨이 클라우드는 하드웨어부터 응용 솔루션까지 수직 계열화 경쟁력을 내세워 중국 내수 시장을 파고들었다. 데이터가 곧 경쟁력인 AI 시대에 화웨이가 클라우드에 집중하는 것은 방대한 데이터와 연산 자원을 자국에 쌓기 위한 전략이기도 하다. 미국이 클라우드 시장을 AWS(아마존), Azure(MS), GCP(구글)가 과점에 맞서서, 중국은 화웨이, 알리바바, 텐센트 등이 자국 데이터를 지키고 활용하는 체제를 만드는 것이다. 2025년 5월 미국 상무부 산업안전국(BIS)은 해외 AI 칩 수출통제를 강화하는 추가 조치를 발표했다. 첫째, "누구라도 화웨이의

Ascend 칩을 쓰는 것은 미국의 수출 통제를 위반하는 것"이다. 둘째, 미국의 AI 칩이 중국의 AI 모델 훈련과 추론에 사용될 경우 어떤 결과를 초래할 수 있는지를 대중에게 경고하는 것이다. 셋째, 미국 기업들에게 공급망 이전 전술transfer tactics로부터 어떻게 보호할 것인지를 안내하는 지침이다.

여기서 첫째 조항을 반대로 생각해보면, 중국 이외의 다른 나라에서 이미 화웨이 Ascend 칩을 사용하고 있다는 것인데, 화웨이 홈페이지에는 제품의 '지역'별 성공 사례는 70페이지에 이른다. 어림 대략으로 100~200여 건의 AI 솔루션이 여러 국가 및 지역에서 이뤄진 내용을 소개하고 있다. 또한 화웨이는 25년 4월 중순 안후이성 우후(芜湖)시의 '화웨이 클라우드 에코시스템 대회'에서 Cloud Matrix 384을 공개했는데, 이 CM 384는 어센드 910C AI칩 384개를 결합한 수피노드로 공간과 선력을 최적화하여 시스템 아키텍처와 AI 성능을 극대화한 것이다. 이것은 하나의 시스템으로 수많은 서버와 연결 장비, 통신 장비, 소프트웨어, 그리고 사후 서비스까지 아우르는 복합체로, 수퍼 노드(Super Node, Hyper Node,)라고도 불린다. 중국어로는 超节点(차오지에디엔)이라고 한다. 개별 Ascend 910C AI 칩이 엔비디아의 H100 보다 성능이 떨어지는 것은 분명한 사실이지만 단일 칩의 성능이 다소 떨어진다고 해서, 384개 집합의 전체 성능이 떨어진다는 의미는 아니다. 반도체와 AI 분석 전문 기관 SemiAnalysis의 평가보고서는"Ascend 910C 칩을 기반으로 구성된 Cloud Matrix 384 솔루션은, 엔비디아 GB200 Grace-Blackwell MV L72 시스템과 직접 경쟁하며, 일부 지표에서는 엔비디아 제품보다 앞서 있다." 엔비디아 CEO 젠슨 황은 CM384가 자사의 NVL72 보다 앞선다고 말했다. 화웨이의 시스템은 칩 자체보다는 네트워크, 광학, 소프트웨어 측면에서 혁신을 이뤘다는 것이다. 화웨이의 전통적 강세 기술인 통신 기술, 광통신 기술, 소프트웨어 최적화, 또 구리선이 아닌 광섬유Feber optics를 사용하여 대역폭 효율을 극한까지 끌어올렸다고 한다. 물론 시스템 설계는 항상 트레이드오프가 존재한다. 화웨이는 불리한 단일 칩 성능을 커버하기 위해 통신, 광학, 소프트웨어로 보강한 결과 전력 소모량은 더 늘어난 것이다. 공간과 전력을 통해 AI 시스템 아키텍처 성능을 높였다는 것은 전력 소모량이 엔비디아 NVL72보다 크며, 냉각, 유지비용은 고객이 수용 여부를 결정해야 한다는 의미다. 클라우드 외에도 미래 신산업으로 다각화 전략의 하나가 자동차 산업이다. 화웨이는 스스로 자동차를 만들진 않지만, 전기차 업체와 협력하여 자율주행 기술, 차량용 운영체제HarmonyOS for Car, 전장부품 등을 공급하며 ICT+모빌리티 융합을 시도 중이다. 재생에너지 분야에서도 태양광 인버터 시장에 진출하여 세계적 점유율을 확보하고 있다.

중국에서의 화웨이는 기술 자립의 아이콘

미국의 전방위 압박 하에서 중국 정부와 국민은 화웨이 제재를 부당한 억압으로 인식하며, 화웨이의"고난 속 혁신" 스토리는"화웨이를 사주는 것이 애국"이라는 구호까지 등장할 정도이다. 화웨이가 스마트폰 칩과 OS를 자체 개발하여 메이트 60 출시 당시 중국 누리꾼들과 언론들은 화웨이를 추켜세웠고, 중국 정부 또한 화웨이를 앞세워 제조업 및 ICT 전반의 기술 업그레이드를 독려한다. 정부 보조금도 화웨이를 비롯한 첨단 기업에 집중 투입되고 있다. 2022년 말 중국 정부는 반도체 자립을 위해 1조 위안(약 200조 원) 규모의 지원 패키지를 발표했는데, 화웨이도 장비 국산화와 팹 건설 측면에서 수혜를 받고 있다.

또한 화웨이는 자국 공급망 기업들과 긴밀한 연합 전선을 구축했다. 2023년 메모리 업체 CXMT(合肥长鑫), YMCT(长江储存) 등과 협력해 고대역폭 메모리(HBM)를 국산화하는 프로젝트에 참여했다는 소식이 전해졌다. AI 칩의 특수 메모리 국산화에 화웨이가 구심점 역할을 맡고 있는 것이다. 이렇다 보니 화웨이를 둘러싼 중국 내부의 우려로 화웨이가 사실상 국가소유 기업처럼 변모했다고 지적한다. 2019년 이후 주요 의사결정과 프로젝트에 정부가 깊숙이 개입하고, 자금 지원과 인재 파견 등으로 정경유착 양상이 심화된다는 것이다. 화웨이는 명목상 직원 지분으로 운영되는 민영회사지만, 이제는 중국 정부의 전략 자산이 되었기에 완전한 시장 논리만 따르기는 어려운 면이 있다. 또 화웨이에 쏠리는 과도한 관심이 다른 민영 IT 기업에 역차별이 될 수 있다는 지적도 있다. 하지만 현재 분위기로는 우려보다는 그렇게 해야만 한다는 공감대가 훨씬 크다. 화웨이 사례는 개별 기업의 경영 이슈를 넘어 국제기술질서의 재편이라는 거대한 흐름의 일부다. 미국 입장에서 화웨이는 단순히 견제해야 할 해외 기업이 아니라 국제 규범과 동맹 네트워크를 총동원해서라도 막아야 할 전략적 경쟁자였다. 이 회사에 대한 미국의 제재는 향후 중국 첨단기업들에 대한 하나의 템플릿이 되었고, 중국은 이에 대응하는 자체 역량을 키우는 데 국가 역량을 기울이고 있다.

화웨이 사건 이후, 중국 기업들은 핵심 부품과 소프트웨어에서 Plan B를 마련하는 것이 일종의 필수가 되었고, 미국 및 동맹 기업들은 중국 시장을 의식한 다운그레이드 제품 전략을 고민하게 되었다. 또한 각국 정부는 통신망과 인공지능 인프라의 공급망 안전성을 국가 안보의 일부로 간주하게 되었다. 그렇다면 화웨이의 경쟁력에 대한 많은 평가들이 있고, 다른 의견들이 있겠지만 가장 객관적으로 볼 수 있는 것은 세계최고 경쟁자의 평가일 것이다. 엔비디아가 감독당국 SEC에 의무 제출하는 2024년 Form 10-K 내용에서 화웨이의 현재를 엿볼 볼 수 있다. 엔비디아의 글로벌 경쟁사 명단의 다른 글로벌 최고의 기업들로는 AMD, 퀄컴, 삼성 등이 있는데 이들도 5개 제품군 분류 중에 불과 1~2개 항목에만 들어가 있지만, 화웨이는 무려 5항목 중 4개 항목에서 엔비디아의 경쟁사로 명시되어 있다. 세계 최고의 엔비디아가 최다 영역, 최강의 경쟁사로 화웨이를 인정하고 있는 것이다. 그리고 2025년 8월 초 상하이에서 개최된 WAIC 2025에서 앞서 소개한 클라우드 매트릭스 384(CM384) 슈퍼노드의 실물이 공개되었고, 4일간의 행사 기간 내내 가장 인기를 끈 전시관이 되었다. 4일간 매일 몇 번이고 가서 실물로 보고 탐문한 CM384 자체의 크기도 볼만했지만, 16개의 서버랙 중 가운데의 4개 통신 서버랙, 그리고 그 속에 들어가는 것으로 추정되는 어센드 AI칩(현장 기술 인력들은 공식적으로 내용을 말할 수는 없다고 했다) 관련된 것들을 묻고 또 보면서, 그리고 동일한 제품을 만드는 경쟁사들이 화웨이는 급이 다르다는 평가를 하는 말을 들으면서 왜 화웨이가 중국의 기술 기업의 원탑인지를 알 수 있었다.

그럼에도 불구하고 화웨이의 운명은 여전히 불투명하다. 화웨이가 7nm를 해내면 미국은 3nm, 2nm로 더 앞서갈 것이고, AI 칩도 새로운 아키텍처가 계속 등장할 것이다. 이 끝없는 기술 레이스에서 살아남는 것이 화웨이의 과제다. 화웨이를 둘러싼 미·중 기술 패권 경쟁은 현재진행형이다. 이 경쟁의 향방에 따라 글로벌 기술 생태계는 새로운 균형점을 찾아갈 것이다. 과거에 트럼프 1.0에서 결과적으로 완전히 실패한 화웨이에 대한 제재가 2.0에서 또다시 이어지고 있고, 미국이 일개 회사를 이렇게 집요하게 봉쇄는 전무후무한 일이다.

손자병법의 "杀敌一千, 自损八百"(적 일천을 죽이려면, 팔백의 자기 병사를 잃어야 한다)이 지금 미국의 대 중국 전략이라고 생각한다. 아마 앞으로도 트럼프는 화웨이에 미사일 쏘는 것만 빼고는, 모든 수단을 동원해서 화웨이를 제재하는 것은 미국의 입장에서는 화웨이는 회사가 아니라 중국의 최첨단 무기 군단이 되어가고 있기 때문이다. 화웨이라는 거울을 통해, 우리는 국가·기업·기술의 삼중주가 만들어내는 국제정치경제의 한 단면을 보고 있는 것이다.

13

자율주행 기술의 춘추전국 시대

5년 전만 해도 중국의 자동차 업체의 자율주행은 거의 백지 상태였지만, 전동화와 스마트화로 전환되면서, ADAS(운전자 보조)를 비롯한 자율주행 기술이 경쟁의 핵심으로 부상했다. 실제로 2024년 신차 시장에서 L2급 ADAS 장착율은 년초 39%에서 년말에는 53%로 과반을 넘어서며 소비자들이 운전 보조 기능을 이미 받아들이기 시작했다.

자율 주행은 토종 완성차 업체, 첨단 ICT 기업 및 자율주행 스타트업 사이의 경쟁이다. 중국 자율주행의 현재와 미래를 알려면 "위소리극미"와 "와원마대지"를 알아야 한다. 사실 자율주행뿐 아니라 중국의 모든 첨단산업이 다 이들 회사에서 파생되거나 협력을 할 수

밖에 없을 것이라고 생각한다. 체화지능Embidied AI은 미래의 모든 디바이스에 필요하고 스마트카의 자율주행이 그것을 가장 앞에서 만들어 가고 있기 때문이다.

통상 완성차 업체 중 BYD를 제외한 5사를 "위소리극미"(蔚小理极米: 니오, 샤오펑, 리샹, 지커, 샤오미)로 호칭하고, 독립 솔루션 공급5 사는 "화원마대지"(华元魔大地: 화웨이, 원융치행, Momenta, DJI, 지평선)라고 부른다.

2024년 기준 L2 ADAS를 가장 많이 보급한 기업은 135.6만 세트의 BYD이다.

리샹(理想, Li Auto)은 50만 세트, 지리(吉利, Geely)가 40만 세트를 출하했다. 니오(蔚来, NIO), 샤오펑(小鹏, Xpeng) 등 신생 전기차 업체들은 첨단 자율주행 기능을 앞세워 기술 이미지를 구축해왔으며, 화웨이Huawei를 비롯한 ICT 기업은 자체 자율주행 솔루션을 완성차에 제공하는 전략으로 참여하고 있다. Momenta와 원룽치싱(元戎启行, DeepRoute) 같은 스타트업들은 완성차와 협력하여 고급 자율주행 키트를 공급하고 있다.

화웨이-ICT 거인의 자동차 자율주행 도전

화웨이(华为)는 '자동차는 만들지 않지만, 스마트카의 뇌와 신경계를 장악한다' 전략으로, 2019년 자동차 BU를 신설하며 본격적으로 스마트카 솔루션 개발에 뛰어들어 센서, 칩셋부터 소프트웨어를 포괄하는 "Huawei Inside" (HI) 모델로 여러 자동차 제조사와 협업 중이다. 다섯 개의 완성차 업체 협력 생태계는 오계(五界)로 불리며, 이를 통해 전기자동차 시장에도 이미 깊숙히 진출해 있다. 화웨이

'홍몽지행(鸿蒙智行, HIMA: Harmony Intelligent Mobility Alliance)'을 통해 여러 자동차 제조사들과 다양한 방식의 협력을 진행하며, 거기에 각기 다른 세계를 의미하는 계(界)를 붙여 각각의 브랜드를 구축하며 다른 시장 세그먼트를 겨냥한다.

문계(问界, AITO)는 화웨이와 세레스(赛力斯, SERES)의 합작으로 30~60만 위안(5,500만~1억 1천만 원)대의 가정용 스마트 SUV 시장을 주요 타깃으로 하고 있다. 문계 M5, M7, M9 등이 있으며, 그중 M9은 화웨이의 ADS 4.0 자율주행 시스템과 홍몽(鸿蒙) 인포테인먼트 시스템 5.0을 탑재한 플래그십 모델이다. 지계(智界, LUXEED)는 치루이(奇瑞, Chery)와의 공동 브랜드로, 25~40만 위안(4,600만~7,300만 원)대의 순수 전기 세단 및 쿠페형 SUV 시장을 겨냥하고 있다. 첫 번째 모델인 지계 R7은 출시 3개월 만에 25만 위안대 순수 전기 SUV 판매 1위를 기록했으며, 화웨이의 스마트 드라이빙 및 전동화 기술이 집약되어 있다. 향계(享界, STELATO)는 베이징차(北汽新能源, BAIC New Energy)와의 협력으로 고급 럭셔리 세단 시장을 목표로 한다. 향계 S9은 '이동 응접실' 컨셉으로, BMW 5시리즈 수준의 프리미엄을 지향한다. 존계(尊界, MAEXTRO)는 장화이(江淮, JAC)와 함께 개발한 브랜드로, 초고가인 백만 위안대 가격으로 벤츠 마이바흐를 타겟으로 한다. 상계(尚界, SAIC)는 상하이자동차(上汽集团, SAIC Motor)와 2025년에 새로 협력하여 젊은 층과 대중 시장을 겨냥해 출시할 브랜드로 첫 모델은 상하이차의 기존 페이란(飞凡, RISING AUTO)을 기반으로, 화웨이의 전자전기 아키텍처 및 스마트 기술 통합으로 17~25만 위안(3,100만~4,600만 원)대에서 2025년 가을에 출시될 예정이다.

기술 면에서 화웨이 ADS는 자율주행 안전성을 위한 다중 센서 융합Multi-Sensor Fusion 즉, 레이더+카메라+라이더LiDAR+초음파를 모두 활용하는 풀스택 솔루션으로 테슬라가 카메라 "비전Vision"전략과 대비된다. 자율주행 소프트웨어의 진화를 위해 화웨이는 막대한 클라우드 학습 인프라를 구축하여, ADS의 클라우드 학습 연산량은 7.5 EFLOPS, 일일 훈련 데이터는 3,500만km에 이른다. 또 출시 이후 현재까지 누적 주행 데이터 7.36억 km, 이 중 도심 주행만 1억 km 이상을 기록하는 등, 방대한 데이터 파이프라인을 통해 지속적으로 자율주행 AI 성능을 향상시키고 있다. 상용화 전략 측면에서, 화웨이는 "자동차를 만들지 않는다"는 원칙을 견지하며, 완성차 업체들과 전략적 제휴를 맺고 화웨이 인사이드(HI) 플랫폼을 심는 방식을 취하며, 자율주행 알고리즘과 소프트웨어만이 아니라, 차량 내 컴퓨팅 플랫폼, 센서, 연결통신, 인포테인먼트(HarmonyOS 기반 스마트 콕핏)까지 포괄하는 수직 통합 패키지로 제조사는 개발 기간을 단축하고 첨단 기술을 확보할 수 있지만, 화웨이 생태계에 의존하는 구조이기도 하다. 또 중국은 법규상 HD(고정밀) 지도 제작과 사용은 허가된 기업만 가능하기 때문에 화웨이는 ADS 3.0에서 이른바 "무지도 자율주행"의 솔루션을 구현하여 규제 허들을 넘어 전국적 확장을 도모하고 있다. 화웨이의 강점은 뛰어난 ICT 기술과 방대한 데이터로 빠른 기술 학습 사이클을 구축한 것이고, 약점은 완성차를 직접 만들지 않아서 시장 통제력 부족 혹은 정책 변화에 따른 제약 등이라고 할 수 있다. 그럼에도 불구하고 현재 화웨이는 자율주행 기술력을 기준으로 중국 내 최선두 그룹으로 평가받고 있으며, 전통 완성차의 스마트화 파트너로서 입지를 다지고 있다.

샤오펑(小鹏汽车, Xpeng)—전기차 신생기업의 자율주행 선도

신생 전기차 3인방(샤오펑, 니오, 리샹) 중에서 자율주행 기술에서 두각을 나타내는 샤오펑은 2014년 창업 당시부터 "미래 이동수단은 AI와 자동차의 결합"이라는 비전의 으로 10년간 대규모 투자를 통해 자율주행 기술을 자체 개발해왔다. 2019년 첫 양산차 G3 모델에 자동 발렛파킹 장착, 2021년 세계 최초로 라이다(LiDAR)를 탑재한 양산차 P5를 출시했다. 이러한 하드웨어 투자와 함께, XPILOT이라는 자율주행 소프트웨어를 개발하여, 2022년 광저우에서 국내 브랜드 최초로 "도시 NGP"City Navigation Guided Pilot 도심 자율주행 보조 기능을 구현한 통합 플랫폼 XNGP을 선보였고, 2023년 업계 최초로 HD 지도 없는 도시 NOANavigate on Autopilot 기술을 선보였다.

광둥성 등 일부 지역에 한정되었던 도시 NGP 기능을 1년 만에 중국 전역으로 확장시켜, 전국 고속도로망과 21개 성, 150개 지급시, 81개 현급시를 포함한 243개 도시의 도로망을 커버하여 사실상 중국 대부분 지역에서 자율주행 보조 운행이 가능하다.

이는 기존의 HD맵 제작·승인이 도시별로 필요하던 방식을 "라이트 맵" 접근으로 혁신한 결과로 최신 시스템은 HD 지도 없이 카메라와 레이더 등 센서만으로 도로 환경을 파악해 신속히 서비스를 확장할 수 있었다. 이런 기술적 자신감으로 CEO 허샤오펑(何小鹏)은 "2024년 XNGP로 전국 주요 도시 도로망 완전 커버"를 선언했고, 2025년에는 중국에서 다진 기술을 바탕으로 글로벌 시장을 겨냥한 자율주행 솔루션 개발에 나설 것임을 밝혔다. 또 알리바바 클라우드와 내몽골 우란차부에 중국 최대 규모의 자율주행 연산 데이터 센터를 구축하여, 방대한 주행 데이터를 처리하고 AI 모델을 학습시키는 기반을 마련했다. 이처럼 전용 슈퍼컴퓨팅 인프라와 클라우드 기반 훈련을 통해서 엔드투엔드 딥러닝 기술을 차량에 적용하고 있으며, 중국 최초로 대규모 자율주행 AI 모델을 양산차에 탑재했다. 자율주행 AI 훈련에 총 누적 10억 km 이상의 영상 주행 데이터를 활용했으며, 테스트 주행도 누적 646만 km를 수행하여 1,972개 도시 및 구(区)에서 도로 데이터를 수집했다. 아울러 시뮬레이션 테스트로 누적 2.2억 km 주행하여 5.8만 건의 전문 시나리오를 축적했다. 이러한 막대한 데이터로 학습된 XNGP 시스템은 업그레이드되면서, 엔드투엔드 자율주행 대형 모델을 클라우드에서 학습시키고 이를 차량 내 모델에 증류distillation하는 방식을 채택하고 있다. 또 "3망 합일"(XNet+XPlanner+XBrain) 구조는 시각인지부터 계획·제어까지 신경망으로 통합 및 진단이 가능한 형태로 설계되었다. 상용화 전략 측면에서 샤오펑은 기술력 자체를 상품화하며 첨단 자율주행 능력의 프리미엄 이미지를 구축 중이다. 2020년 샤오펑 P7 출시 당시 "중국판 테슬라"로 고속도로 자율주행 보조(NGP)를 강조, 2021년 P5에서는 "세계 최초 라이다 내장차"의 마케팅 전략은 자율주행을 중시하는 IT 얼리 어답터의 수요를 흡수하였다. 연구개발비 의 상당 부분을 자율주행에 투자하며, 회사를 자동차 제조사에서 소프트웨어 테크기업으로 정의하겠다고 할 정도로 AI 분야에 집중하고 있다. 샤오펑은 현재 중국에서 가장 앞선 자율주행 양산 적용을 이뤄낸 브랜드로 평가된다.

니오(蔚来汽车, NIO)—고성능 하드웨어로 안전지향 전략

샤오펑과 함께 중국 신세대 전기차 제조사의 대표 주자로 배터리 교환 시스템, 럭셔리 EV 이미지 등에 주력하며 사용자 경험을 강조해오면서도 자율주행에 대해서는 "신중하지만 포기하지는 않는"는 약간은 결이 달랐고, 창업자 리빈(李斌)은 과거 "레벨4 자율 주행은 아직 거품"이라는 견해를 밝히기도 했지만, 자율주행 R&D 투자는 지속해왔다. 2015년 바이두와 무인주행 협력을 시작하고, 2020년대에 자체 자율주행 팀을 구성하여 2021년 차세대 차량 플랫폼(NT2.0)과 함께 자율주행 패키지"NAD NIO Autonomous Driving"를 발표하며 기술 비전을 구체화했다. NAD의 핵심은 "Aquila(아퀼라) 슈퍼센싱"과 "Adam(아담) 슈퍼 컴퓨팅"의 하드웨어 스택으로, 최대 감지거리 500m의 장거리 라이다 1개, 8메가픽셀 카메라 7대, 4D 이미징 레이더, 12초음파 센서 등 총 33개의 센서, 엔비디아 오린(Orin) 칩 4개(1,016 TOPS 성능)로 방대한 센싱 데이터를 실시간 처리하는 최강 하드웨어 구성은"바퀴 달린 데이터센터"또는 "로보택시"라고 불린다. 이를 기반으로 Point-to-Point 자율주행을 실현한다는 계획이지만, 상용화 진행속도는 경쟁사 대비 신중하다. 2022년 출시된 신차들(ET7, EL7, ET5)은 NAD 하드웨어를 모두 탑재 했지만, 소프트웨어 기능 개방은 신중히 했다. 초기에 고속도로 NOP Navigate on Pilot 기능만 제공하고, 2023년에 NOP+ 베타 버전으로 고속도로 주행 보조 성능을 향상시켰고, 일부 사용자들에게만 도심 NOA 테스트를 시작했다. 공식적 도심 자율주행 보조 출시 시점을 공개하지 않았고, 샤오펑 같은 광범위한 도시를 적용하지는 못하고 있는데, 이는 기술력보다는 안전성과 완성도를 우선하는 기업 철학 및 규제 환경을 고려한 전략이다. 주행 기능 명칭에서도 "파일럿" 을 사용해서 보조 기능임을 강조하고, 레벨3 이상의 자율주행에 대해서는 법규 정비가 될 때까지 기다리겠다는 입장으로, 자율주행 기능을 추가 비용 옵션으로 제공하며, 너무 앞서가지 않는 수준에서 점진적으로 기능을 확대 적용하고 있다. 기술 경쟁력 면에서 니오의 강점은 하드웨어 인프라이며, 이는 추후 소프트웨어 업그레이드가 크게 향상될 잠재력이 된다. 모바일아이Mobileye와 전략적 파트너십을 맺고 해외에서 자율주행 솔루션을 활용한 로보택시 서비스를 준비하기도 했다. 이처럼 다각도의 기술 협력을 통해 글로벌 최고 수준 기술을 흡수하면서도"완벽에 가까운 안전성 확보 전에는 기능을 선불리 풀지 않겠다"는 원칙을 고수하고 있다. 샤오펑 등 경쟁사에 비해 주로 고속도로 주행 위주로만 데이터를 활용하는 신중한 접근으로 기술 트렌드에서 밀리는 것 아니냐는 지적도 있지만, 2024년 부터 자율주행 테스트를 중국 주요 도시에서 본격화하고 있으며, 자체 HD지도 구축하였고, 누적 판매 50여만 대를 통한 주행 데이터를 쌓으면서, 시뮬레이션과 클라우드 학습 역량도 강화하고 있다. 또 매출액 24%의 R&D 비중은 경쟁사보다 매우 높은 비중이다. 상용화 및 사업 전략은 프리미엄 브랜드 이미지로 자율주행을 부가가치 서비스로 포지셔닝하고 있다. 기본 ADAS 기능은 전 차종에 제공하면서, 고급 자율주행 패키지(NAD)는 유료 구독 서비스로 수익화를 계획하고 있다. 이는 기술 완성도가 높아질수록 새로운 수익원으로 작동할 것이며, 또 "안전이 럭셔리"라는 개념을 주입하여 브랜드 가치를 높이는 효과도 노리고 있다.

Momenta—데이터 플라이휠로 앞서가는 3rd Patry의 전문 솔루션 제공자

2016년 설립된 중국의 대표적인 자율주행 스타트업으로 "양발 전략"(Robotaxi와 양산차용 ADAS 동시 공략)을 표방해온 기업이다. 최근 2년 간 완성차에 도시 NOA 기능을 공급하는 독립된 자율주행 솔루션 회사로서 성과를 올렸다. 2023년~2024년 사이 중국에서 출시된 여러 브랜드 차량에 Momenta의 고급 자율주행 소프트웨어가 탑재되어 상용화된 결과 2024년 10월까지 Momenta의 도시 NOA 기술이 적용된 양산차 판매량이 11.4만 대로 같은 기간 독립 도시 NOA 솔루션 시장 점유율에서 60%로 1위, 화웨이 HI 가 30%로 2위다. 이는 중국 도심 자율주행을 구현한 차 10대중 6대가 Momenta 기술을 쓴다는 것이다. 글로벌 판매 Top10 완성차 업체 중 70% 가량이 Momenta를 파트너로 채택하여 벤츠, GM, 도요타 등이 Momenta에 전략적 투자를 했고, 지리, 상하이차(SAIC) 등 중국 토종 대기업들과도 협력 중이다. 2022년 1개 차종에 불과하던 Momenta 적용 양산 모델이 2023년 8개, 2024년에는 26개로 급증하는 등 현재 누적 130여 개 차종에 Momenta 솔루션이 적용된 것으로 알려졌다. Momenta 기술의 특징은 완전 자율주행 수준의 AI를 양산차 비용 구조에 맞게 최적화한 데 있다. 자체 개발한 엔드투엔드 자율주행 대규모 모델을 기반으로, 고정된 모듈식이 아닌 일괄 통합one-stage 방식의 자율주행 알고리즘을 구현했다. 대부분의 경쟁사가 인지-예측-계획을 분리한 two-stage 접근을 취하는 것과 달리, Momenta는 방대한 데이터와 연산이 뒷받침하는"end-to-end 통합 신경망"을 추구했다. 이는 인간 두뇌처럼 하나의 거대한 네트워크가 학습하며 복잡한 상황에 대처하는 것으로, 데이터의 양이 충분할 때 기존 규칙 기반 또는 모듈 조합 방식보다 뛰어난 성능을 보일 수 있는 것이다. 모델의 한계(설명 가능성 부족 등)를 보완하기 위해, Momenta는 내부적으로 데이터 관리 및 검증 체계를 구축하고 오작동시 신속히 개입해 개선하는 데이터 드리븐data-driven 개발 프로세스를 운영하고 있다. 이런 전략 덕분에 협력 완성차로부터 실주행 데이터를 지속 수집하여 클라우드 학습, OTA 업데이트 사이클을 빠르게 할 수 있고, 이는 곧 기술과 제품 경쟁력으로 이어졌다. 상용화 측면에서 Momenta는 완성차의 그림자 파트너로, 자체 브랜드 차량이 없는 대신, 여러 완성차의 백엔드 기술 파트너로서 기여한다. 예를 들어 상하이차, 지리차의 일부 차종에 Momenta의 도시 NOA 소프트웨어가 탑재되어 소비자에게 판매되지만, 겉으로 드러나는 브랜드는 완성차 기업인 B2B2C 모델로 완성차 의 요구에 맞춘 모듈화 솔루션 제공, 차량 플랫폼 통합 튜닝 작업 등을 수행한다. 기술적으로 카메라+라이다 센서 조합에 지도를 쓰지 않고도, 다양한 도로 환경에 신속히 대응 가능한 유연성을 보유했다. Momenta는 대규모 차량에 기술을 장착하여 데이터와 레퍼런스를 확보하며, 완성차 메이커는 막대한 R&D 비용과 시간을 아끼는 윈윈의 사업모델이다. Momenta는 빠른 양산 적용으로 매출 기반을 다지면서도, 도심에서 무인 로보택시 시범 서비스를 진행하며 L4 수준 기술을 연구하고 있고, 화물 트럭 자율주행(Plus.ai와 협업) 등도 모색하고 있다. 거대한 승용차 시장에서 당장 수익을 낼 수 있는 L2++ 수준 도시자율주행에 집중한 전략이 주효하여, 중국 정부도 이러한 상용화 성과를 긍정적으로 보고 지원하는 분위기다. 향후 화웨이 HI, 바이두 Apollo, 원룽치싱 등 유사 경쟁사들과 각축이 예상되지만, Momenta는 이미 경험치라는 우위가 확보된 히든 챔피언으로 기술력과 데이터 인프라, 다수 완성차와의 신뢰 구축을 바탕으로, 당분간 독립 자율주행 솔루션 1위 자리를 유지할 것으로 예상된다.

DeepRoute(元戎启行, 원룽치싱)―로보택시 기술의 양산차 이식

선전(深圳)의 자율주행 스타트업으로, 로보택시 기술 개발로 먼저 이름을 알렸으나, 최근 완성차용 솔루션 영역으로 확대 중이다. 2019년 설립 이후 선전시, 2021년 우한(武汉)에서 공개도로 자율주행 서비스를 시범 운영하는 등 L4 수준 기술력을 쌓아왔다. 1만 달러대의 도시 자율주행 구현이 가능한 "저가형 L4 솔루션"등의 기술력을 바탕 으로 2023년 양산차 시장에 뛰어 들어, 2024년 3월 창청자동차(长城汽车)의 프리미엄 브랜드 Wey(魏牌)의 신차에 HD맵을 쓰지 않는 도시 NOA 기능을 공급하였다. 2024년 말에는 창청자동차로부터 1억 달러의 전략 투자를 유치하며 기존 Momenta와 화웨이가 주도하던 시장을 치고 들어 갔다. 기술적으로 DeepRoute의 솔루션은 풀스택 자율주행 소프트웨어와 자체 개발한 일부 하드웨어로, 고성능 라이다 카메라를 조합한 센서팩과 AI 컴퓨팅 유닛을 묶어, 완성차의 차량 개발 시 통합이 용이한 키트 형태로 제공한다. 대표적으로 DeepRoute-Driver 2.0 팩키지는 라이다 2개와 8MP 카메라 7개, 엔비디아 Orin 기반 컴퓨팅 등의 구성을 1만 달러 이하 비용으로 구현하여 "업계 최저가 L4 솔루션"의 비용 절감형 설계로 완성차들이 옵션 가격을 크게 높이지 않고도 자율주행 기능을 넣을 수 있게 하였다. DeepRoute의 데이터는 Momenta나 화웨이에 비해선 초기 축적 단계지만, 자체 로보택시 실도로 주행에서 얻은 경험은 강점으로 꼽힌다. 안전을 위해 로보택시는 더 복잡한 상황을 다루므로, 거기서 다듬어진 알고리즘이 양산차에서 더 안정적인 성능을 낼 수 있다. 또 자율주행 규제가 비교적 유연한 선전시에서 수년간 충분한 도로 테스트를 쌓아온 점도 경쟁력의 원천이다. 이제는 중국의 스타트업들도 눈앞의 상용화 기회를 잡아 수익을 내면서 기술을 발전시키는 단계로 중국 자율주행 산업의 성숙도 상승을 의미하며, DeepRoute는 이러한 변화를 이끄는 새로운 경쟁자로 부각되고 있다.

BYD – '자율주행 평등화'전략과 파급 효과

비야디(比亚迪, BYD)는 자율주행 기술에 대해서는 한동안 보수직인 행보를 보였다. 왕촨푸(王传福) 회장은 이전에 "자동 주행은 껍데기"이라며 자율주행 열풍을 일축한 적도 있다. 그러나 2023년 초 BYD는 "전차량 스마트화 전략"을 발표하며 향후 스마트카 기술에 1,000억 위안을 투자할 것이라고 선언했다. 이는 니오의 연간 R&D 예산(약 134억 위안)이나 화웨이 자동차 부문의 누적 투자(300억 위안)와 비교해도 압도적인 금액이며, 자율주행 관련 R&D 인력도 2022년 100여 명에 불과했지만 지금은 중국 최대인 5,000명에 달한다. BYD는 "자율주행 평등화"(智驾平权)를 실현하기 위해 고속도로 NOA기능을 10만~15만 위안대 주력 차종까지 확대 적용하여, 기존에 고급차에만 들어가던 고속도로 자율주행 보조(네비게이션 활성 주행)를 저가 모델에도 적용하였다. 2024년 2월 7.88만 위안의 최저가 EV 모델인 해양 시리즈의 '해구(海鸥)'에서도 NOA와 자동 주차 등 고급 기능을 보급했다. BYD는 2023년 자율주행 분야의 인수합병과 인재영입을 통해, 자체 반도체 칩 설계까지 독자 역량 확보와 동시에 지평선Horizon Robotics의 AI칩 Journey 6와 엔비디아 Orin-X를 차량형 컴퓨터에 채택하여 중·고급 모델의 연산 플랫폼으로 사용하고, 일부 모델에는 화웨이의 레이더와 DJI의 고정밀 지도기술을 참고하는 등 최적의 조합을 끌어왔다. 이 모든 것들은"천신지안(天神之眼)" 자율주행 시스템으로 구체화되었다. 천신지안 A(DiPilot 600)은 프리미엄 브랜드 양왕(仰望)의 U8 등 100만 위안 초호화 모델로. 라이다 3개와 Orin-X 듀얼칩, 508 TOPS의 연산력으로 차량 주변 초장거리 감지와 최첨단 융합주행을 실현했다.

천신지안 B(DiPilot 300)는 20만 위안대 중견 모델로, 라이다 1~2개와 Orin-X 칩을 조합하여 고속도로 및 도시 NOA를 지원하고, 덴자(腾势) 등 모델에 탑재되었다. 천신지안 C(DiPilot 100)는 라이다를 뺀 카메라, 레이다, 센서로 구성된 보급형 시스템이지만, 고속도로 NOA, 발렛주차 등 기능이 가능하다. 7만~20만 위안의 저가 차량인 친플러스 DM-i, 해구 등에 탑재되었다. 이 천신지안 시스템의 사용자 수는 100만 명을 돌파했는데, 더 놀라운 것은 BYD가 자사의 자동 주차 시스템에 대해 '사고 발생 시 전액 보상'을 공식적으로 약속했다는 점이다. 이것은 기술적인 자신감이다. '천신지안' 시스템은 12개의 초음파 센서, 5개의 밀리미터파 레이더, 그리고 고정밀 카메라 배열을 통해 360도 전방위적 인식 능력을 제공하며, 이러한 하드웨어 구성은 동일한 가격대의 다른 차량들과 비교해도 확실한 경쟁 우위를 점하고 있다.

중국 정부도 신차의 절반 이상에 L2+ 자율주행을 탑재하도록 권장하고 있는데, 시장 1위인 BYD가 이를 견인하는 역할을 하고 있다. 현재 BYD는 레벨3 실현을 위한 법규 시범사업에도 참여하고 있으며, 추후 정책이 허용하는 대로 고속도로 Hands-off 주행이나 자가 주차 호출 등도 구현할 전망이다. 전체적으로, BYD의 자율주행 평등화 전략은 단순한 기술 도입을 넘어 산업 지형을 재편하면서, 중국 소비자들은 10만 위안짜리 차에도 자율주행 보조 기능을 기대하게 되면서, 업계 전체의 혁신 속도를 끌어올리는 효과를 냈다. BYD는 다소 늦게 출발했지만 거대한 내수기반과 속도전으로 판을 흔들고 있으며, 이것이 가능한 것은 그동안 쌓은 수직통합 역량과 원가 경쟁력 덕분이다.

중국 스마트카의 자율 주행 기술 경쟁은 이미 과열화 양상이다. 각 기업은 저마다의 강점과 전략으로 시장을 공략하며, 전체적인 기술 수준을 빠르게 끌어올리고 있다. 정부의 적극적인 정책 지원과 방대한 내수시장 데이터가 결합되어, 중국은 세계에서 가장 역동적인 자율주행 경쟁 무대가 되었다. 이는 기술 혁신과 보급에 있어서 긍정적인 면이지만, 동시에 안전과 규제라는 도전도 수반한다. 중국의 핵심 기업들이 펼치는 경쟁 구도 속에서, 앞으로 어느 전략이 주류가 될지, 그리고 정부 규제가 어떤 균형점을 찾을지에 전 세계 자동차 업계의 이목이 집중되면서 한지가 분명한 것은, 중국발 자율주행 혁신이 글로벌 패러다임에 큰 영향을 미치고 있으며, 이러한 경쟁이 지속되는 한 자율주행 기술의 진화 속도도 더욱 빨라질 것이라는 점이다.

14

고공경제와 저공경제

전통적 항공운송 산업은 고공경제(高空经济)라고 할 수 있다. 중국의 항공운송산업은 지난 수십 년간 비약적으로 성장하여, 2023년 중국 민항 업계의 운송용 항공기는 총 4,270대(여객기 4,013대, 화물기 257대)에 달하며, 거점 허브공항을 중심으로 항공 노선은 국내 4,500여 개, 국제 600여 개이며 지속 확대중이다. 중국 항공시장은 3대 국유 항공사를 중심으로 높은 집중도를 보이는데, 중국국제(CA, 国航), 중국남방(CZ, 南航), 중국동방(MU, 东航) 등이 각각 899대, 892대, 782대의 항공기를 운영하며, 여객 수송의 약 70%를 점유하고, 그 밖에 틈새 시장을 공략하는 하이난, 춘추 등 민영·지방항공사들이 있지만, 기본적으로 국유 대형 3사의 과점 구조가 중국 항공산업의 특징이다. 2023년 현재 전국에 254개의 민영 공항이 운영 중이며, 그 중 서부 고지대에 집중된 고원 공항은 44개(해발1,524m 이상 고원공항 20곳, 2,438m 이상 고고원공항 24곳)로 세계 최다이다. 티베트와 칭하이 등 서부 변방 지역에 활주로 고도가 높은 공항들을 지속적으로 건설·확장한 것은 교통 인프라 개선뿐 아니라 국경 지역의 군사·정치적 전략과 맞물려 있다. 지형·기후 여건상 건설 난도가 높은 고원 공항이지만, 국경 지역 통제력 강화와 낙후 지역 발전을 위해 막대한 자금을 투입해 왔다. 실제로 전문가들은 "만약 국경 통제를 강화하고 낙후 지역 교통을 개선하기 위한 목적이 아니었다면, 그 어떤 나라도 이처럼 비용이 많이 드는 고원공항을 건설하기 어려웠을 것"이라고 말한다. 이처럼 구축된 서부의 고고도 공항들은 국경에서 유사 사태가 발생할 경우 군 병력과 물자를 신속 투입함으로써 군사적 대세를 단번에 바꿀 수 있는 전략 거점으로 활용될 수 있음과 동시에 소수민족 지역의 경제 발전과 사회 안정을 도모하고, 중국 중앙정부의 영향력이 서부 변경까지 미치게 하는 중요한 기반이다. 기존 보잉·에어버스 독점에 도전하는 대형 여객기 C919는 중국상용항공기(COMAC)가 자체 개발한 150~190석급 제트 여객기로, 2007년 국가 프로젝트로 공식 착수되어 2017년 첫 시험비행, 2022년 9월 중국 민항국의 형식합격증(TC) 취득, 2023년 5월 동방항공 MU9191편으로 상하이-베이징을 성공적으로 비행했다. 중국 민항 역사상 처음으로 자국산 제트 여객기로 상업적 운항을 한 C919는 기술적· 산업적 두 측면에서 '0에서 1'을 돌파했다는 자체 평가를 하고 있다. 첫째, 항공기 자체 기술 측면에서 중국은 국제 표준의 민항기 개발 적합성 인증을 처음으로 받았다. 대형 여객기는 250만 개 이상의 부품과 복잡한 배선·관류 시스템으로 인한 개발 난도가 높아서, 글로벌 협력을 활용하여 역량을 구축과 동시에 핵심 부품 국산화도 추진되었다. 둘째, 산업 측면에서 중국산 항공기 제조 산업의 시작을 연다는 의미가 있다. 과거 중국의 민간 항공기 제조 경험이 전무했지만, C919의 상업 운항 돌입으로 자국 시장의 구매·운영 생태계가 조성되고 있다. C919는 3대 항공사를 포함한 32개 고객으로부터 1,000기 이상의 주문을 확보했다고 하며, 2024년부터 생산 속도를 높여 연간 수십 대 이상 양산 체제를 구축한다는 계획이다. 대형 민항기는 산업의 왕관 보석으로 불린다. 실제로 C919 사업에는 항공기 동체·날개 제작을 담당한 항공공업(AVIC) 산하 기업들부터 해외 합작을 통해 공급되는 엔진, 국내 전자·소프트웨어 기업들이 참여한 항전장비 등 수백 개의 업/다운스트림 업체들이 연계되면서 단지 하나의 비행기 기종이 아니라 애초에 중국에 존재하지도 않았던 거대한 새로운 산업이 탄생한 것이다. 대형항공기 국산화 추진은 첨단 소재, 현대제조, 고성능 동력, 전자정보, 자동 제어, 컴퓨팅 등 기초 과학기술 분야의 집단적 돌파구를 수반하며, 국가 종합과학 기술 역량과 제조 수준을 상징하는 사건으로 여겨진다. 대당 가격이 6.5억 위안(1억 달러)로, 본격 양산 및 납품되면 중국 항공기 부품 산업 전반의 파급 효과를 창출할 것으로 판단되며, 이를 통해 축적된 기술과 산업 네트워크는 향후 군용 수송기·대형 드론 개발 등으로 확장되어 중국 항공산업 전반의 경쟁력을 높일 것으로 전망된다.

또 한 가지 하늘 산업은 새로운 전략 산업으로 부상한"저공경제(低空经济)"이다. 전통 항공운송(공항-항공사-여객기 중심 고공경제)에 대비되는 개념으로, 1,000~4,000 미터 이하의 저고도 공역을 활용한 각종 신규 항공 활동과 그 산업 생태계를 포괄한다. 드론 및 전기수직이착륙기(eVTOL) 등 신개념 비행체로 사람이나 화물의 공중 이동, 항공촬영·물류·방재·응급구조 등 다양한 저고도 서비스를 하는 新경제 영역이다, 장기간 활용되지 못하던 저고도 공역 자원을 개발함으로써 경제 활동의 공간적 차원을 지상 2차원에서 공중 3차원으로 확장하는 것이다. 2021년 중국 정부의 「국가 종합 입체교통망 계획 요강」에서 저공경제 발전을 명시 했고, 2023년 12월 경제공작회의에서 전략산업 지정되었고, 2024년 3월 양회의 정부 업무보고에 저공경제가 들어갔다. 이후 2024년 12월에는 국가 발전개혁위원회 산하에 29번째부서인 "저공경제 발전사(低空经济发展司)"를 출범시켰다. 이렇듯 1~2년 사이 정책적 지원이 집중된 배경에는, 저고도 영역이 과거에는 군사적 통제로 묶여 발전이 정체되었던 반면, 드론 기술 혁신과 항공교통 관리 개선에 힘입어 이제는 경제 발전의 새로운 돌파구로 활용할 수 있다는 판단이 작용했다. 신설된 저공경제 발전사는 저공경제 발전 전략과 중장기 계획 수립, 관련 정책 제안과 부처 간 조정 등을 전담하게 되는데, 중앙정부 차원에서 이처럼 별도의 사급(司, 한국은 국) 조직을 만든 것은 매우 이례적이다. 그 주요 직능은 저공경제 발전전략과 계획 수립, 관련 정책 제정 및 주요 문제 조정으로 명시되어 있는데, 실제로 저공경제 발전에는 민항국(항공교통 관리·감독), 공군(공역 통제), 공업정보화부(제조산업 진흥), 응급관리부(안전관리), 교통운수부(교통체계 연계) 등 다수 부처의 이해관계가 얽혀 있다. 발개위는"저공경제는 당중앙이 내린 전략적 포석으로, 흩어져 있는 공역계획·감독, 기체 적합증명, 인프라 구축 등의 기능을 총괄 조율할 필요성에 따라 별도 부서를 신설했다"고 설명하는 등 저공경제 산업 발전이 전혀 다른 국면을 맞이하고 있다. 지방 정부들도 저공경제를 적극 추진하고 있다. 2024년 한 해 동안 무려 26개 성(省)·시의 지방정부 업무보고에 저공경제 육성 계획이 포함되었고, 각지에서 관련 정책을 경쟁적으로 쏟아내고 있다. 2024년 11월, 중앙공역관리위원회(中央空管委) 주도로 항저우, 선전, 허페이, 쑤저우, 청두, 충칭 6개 도시의 eVTOL 시범사업을 결정했다. 예컨대 항저우는 2022년 아시안게임 개최를 계기로 「항저우 저공경제 발전계획」을 수립하였고, 2024년 7월에는 정식으로 저공경제 발전 행동계획(2024~2026)을 공포하여 "저공경제 제1도시"를 목표로 각종 지원에 나섰다. 선전 시는 전국 최초로 저공경제 분야의 지방 입법을 선도하여 《선전 경제특구 저공경제 산업 촉진 조례》를 제정하고, 2024년 2월부터 시행하여 인프라 구축, 비행 서비스, 산업 응용, 기술 혁신, 안전 관리 등 제반 요소를 포괄적으로 규정함으로써, 저공경제 지방정부 차원의 첫 법률적 틀을 마련한 사례로 평가된다. 안휘성 허페이는, 2023년 7월 이항(亿航, E-Hang)과 국유 자본 합작회사를 설립하고, 이항 자율비행체 운항허가(OC)를 획득하는 등 도심 에어택시 사업 준비에 들어갔다. 이처럼 중국의 저공경제는 산업 생태계 형성과 시장 개척이 동시 추진의 초기 발전 단계에 접어들었다. 저공경제 산업은 여러 첨단 기술 요소들의 융합으로 이루어진다. 그 중에서도 가장 중요한 구성 요소는 신개념 항공기체와 이를 운영·지원하기 위한 디지털 인프라로 나눌 수 있다. 먼저 눈에 띄는 것은 eVTOL로 대표되는 차세대 비행체 기술이다. eVTOL은 electric Vertical Take-off and Landing의 약칭으로, 전기동력 수직이착륙 항공기로 드론과 헬리콥터의 장점을 결합한 형태로, 프로펠러나 로터를 통해 활주로 없이 수직으로 이착륙하고, 순항 시에는 수평 비행하는 새로운 개념의 기체다. 주로 전기 배터리를 동력으로 자율비행 혹은 원격조종 기술을 적용함으로써, 기존 헬기보다 구조가 단순하고 유지비용은 낮고, 자율 운항이 가능한 특징을 가지고 있다. 업계 추산으로는 완전 자율주행 전기화 구현 시, 운용 원가는 기존 헬리콥터의 20% 까지 내려갈 수 있다고 한다. eVTOL은 크기와 용도별로 다양한데, 1~2인승 소형 AAV(자율항공기)부터 4~6인승 에어택시, 화물 운송용 카고 드론, 나아가 20~30인승 지역소형항공기까지 개발이 모색되고 있다. 다음으로 드론(UAV, 无人机) 역시 저공경제에서 중요한 기술 축이다. 이미 다양한 상업 분야에 투입되고 있는 멀티콥터 드론들은, 도시 상공의 소화물 운송, 응급의료품 배송, 항공촬영 및 감시, 농약 분사 등 광범위한 분야에서 활용도가 증대하고 있다. 저공경제를 원활히 구현하려면 공역 관리 및 관제 시스템의 뒷받침이 필수적이다. 일반 항공General Aviation 및 UAM의 확산을 위해서는 현재 군이 상당 부분 통제하는 저고도 공역을 단계적으로 개방하고, 디지털 공역관리 플랫폼을 구축해야 한다. 중국 정부는 최근 저고도 공역 관제시스템과 비행서비스 플랫폼 등의 "소프트 인프라"를 개발하는 데 주력하고 있다. 항공교통관리국을 중심으로 전국 저공 비행 실시간 모니터링, 항공정보/기상/조난구조 통합 서비스망 등을 구상 중이며, 무인기 교통관리(UTM) 시범 플랫폼이 운영되고 있다. 특히 이번에 선정된 6개 시범도시에서는 고도 600m 이하의 공역 관할권을 일부 지방정부에 위임하여, 각 지자체가 일정 범위 내에서 자체적으로 저공비행을 관리·조정할 수 있게 할 예정이다. 이는 공역 관리 권한을 중앙 군사 기관에서 지방으로 이양하는 파격적인 조치로, 향후 저공 공역 개방의 중요한 전환점이 될 것으로 평가된다. 그러나 현재 중국은 공역 관리 권한이 민항국과 공군에 이원화되어 있고, 비행 승인절차가 복잡하고 엄격하여 상업 비행에 큰 제약으로 작용해왔다. 중앙 정부의 정책적 의지에도 불구하고 급증하는 수요와 제한된 공역공급 간의 큰 불일치로, 비행 계획을 신청하고 복잡한 절차를 거쳐야 하는 문제가 남아 있다. 현재는 실제로 저공비행기가 활용 가능한 공역은 1/3에 불과하여, 앞으로 군·민 항공기관 사이의 조율, 공역 구획의 재설정 및 단계적 개방이 필요하다.

또한 충전 인프라와 Vertiport 구축도 핵심 과제다. eVTOL운용을 위해서는 도심 곳곳에 이착륙장과 충전/배터리교체 시설이 마련되어야 한다. 이항EHang은 중국교통 건설정보기술그룹과 협력하여 주차장 겸 미니항공터미널 인프라를 도시 내 구축하고, 지상 교통과 공중 교통을 연계하는 입체 교통 환승 허브를 시험할 계획이다. 이러한 하드웨어적 인프라와 소프트웨어적 관제 시스템의 조화로운 결합이 일어나고 있으며, 또 수많은 스타트업과 기존 대기업들이 참여하여 산업사슬을 형성하고 있다. eVTOL 개발사는 EHang(亿航智能), Auto Flight(峰飞航空科技), Volant Aerotech(沃兰特航空), Windrider(御风未来), XPeng AeroHT(小鹏汇天) 등이 두각을 나타내고 있고, 국영 항공그룹(航天科工, 航天科技 등) 및 DJI(大疆)등 드론 강자들도 참여 중이다. 업 스트림은 원재료·부품 개발 및 공급 산업들이다. 각종 핵심 부품과 소재의 연구개발·제조 부문으로 반도체 칩, 고성능 배터리, 전동기/모터, 복합소재, 통신·항 법 장비 등 분야가 이에 속한다. 첨단 부품 성능은 곧 비행체의 성능과 직결된다. 중국은 배터리셀, 전동기, 전력전자 등 분야에서 강점을 지니고 있어 eVTOL 부품 국산화에 유리하며, 이러한 기술 축적은 전기차와 상당 부분 겹치는 영역으로 CATL(宁德时代), BYD, EVE(亿纬锂能) 등이 eVTOL 전용 배터리 개발에 착수했고, 와룽전구(卧龙电驱), 이노번스(汇川技术)등 모터·컨트롤러 기업도 시장을 노리고 있다. 미들 스트림은 비행기체 개발 및 인프라·서비스 산업으로 드론, 헬리콥터, eVTOL, 플라잉카 등 각종 저공 비행체의 설계·제조를 담당하는 완제품 기업들이다. 이항, 오토플라이트, 볼란트, 윈드라이더 등은 완제기(OEM) 업체로서 eVTOL 기체를 개발·양산하고, 중국전자과기그룹(CETC)이나 텐센트 등이 공역관리 소프트웨어를 연구하고 있다. 다운 스트림은 응용 서비스 산업으로 저공경제를 활용한 각종 응용 서비스 분야이다. 예컨대 도심 에어택시(UAM), 관광용 항공유람, 응급의료 이송, 물류 배송, 농림업 방제, 환경 모니터링, 항공 촬영/방송, 경비/치안 등 무궁무진한 비즈니스 모델들이 하류에 해당한다. 전자상거래 물류 기업이 드론 배송을 도입하거나, 관광지가 유인 드론 투어를 운영하는 식으로 다양한 업종과 융합될 수 있다. 순풍(顺丰) 등 택배기업이 드론 배송망을 실험하고 있고, 지리자동차와 광저우자동차 등 자동차 제조사도 플라잉카 스타트업에 투자하여 향후 자사 모빌리티 서비스에 접목하려 한다.

현재까지 중국의 저공경제 산업 사슬은 초기 단계지만 점차 완성도를 갖추어 가고 있다. 업계에서는 2025년을 eVTOL 상용화 원년으로 전망하면서, 그 이전에 핵심 기술 확보와 인증 취득, 초기 시장 선점 경쟁이 뜨겁다. 신생 항공기업들도 수백~수천억 원대의 투자를 유치하여 기체 개발과 시험 비행에 박차를 가하고 있다.

주요 기업으로 E Hang은 광저우가 본사로, 세계 최초로 완전 자율비행 AAV를 상장시킨 기업이다. 이항의 2인승 기체 EH216-S는 2023년 10월 중국민항국으로부터 세계 최초의 무인 항공기 형식합격증(TC)을 취득했으며, 이어 생산허가증(PC)과 단기체 감항증명(AC)도 획득하여 유일하게 '3증'(AC/TC/PC 등 항공기 감항인증제도는 뒤에서 별도 설명)에 2024년 무인항공기 운용허가(OC)까지 받아 4증 완비(AC+TC+PC+OC 四证齐全)한 eVTOL 기업으로 상용 비행서비스 개시 요건을 모두 충족하였다. 다만 현행 규정상의 운용허가는 "유인 비행이나 불특정 다수'운송'이 아닌, 관광·시험 목적 비행으로 상업화는 제한된 형태다.

AutoFlight(峰飞航空)는 상하이와 쑤저우에 거점을 둔 기업으로, 2022년 V2000 화물기 모델로 중국 첫 eVTOL TC 취득에 성공했다. 2024년 3월 개량형을 개발하여 두 번째 TC를 획득하고 현재 4인승 "Prosperity I" 에어택시 모델에 대한 감항 인증을 추진 중이며, 2026~2028년 사이에 유인 eVTOL 상용 서비스 실현을 목표로 하고 있다.

Volant(沃兰特航空)는 상하이 스타트업으로, 중국항공산업(AVIC) 출신 엔지니어들이 주도하고 있다. 이 회사의 VE25 5인승 eVTOL은 2023년 9월 CAAC로부터 유인 eVTOL 최초의 TC 심사 접수를 받으며 주목을 끌었고, 2024년 10월에는 적합성 심사 1차 회의를 완료하여 본격 인증 절차에 돌입했다. 남방항공 산하 통항사, Capital Airlines 등과 165대의 의향 주문을 체결하는 등 상용화 준비 중이다.

Windrider(御风未来)는 지리 자동차가 투자한 항공 기업으로, 2톤급 대형 eVTOL "M1"을 개발 중이다. M1 기체는 2024년 1월

CAAC의 감항 심사 접수를 받았고, 같은 해 6월 특별 조건 심의를 시작하여 2025년 화물기 버전 인증 취득을 목표로 하고 있다.

XPeng AeroHT(小鹏汇天)는 광저우샤오펑자동차의 플라잉카 부문으로, 2인승 "육지항모"(X3) 비행자동차를 개발해 2025년 출시를 예고하고 있다. 이 기업은 2023년 말 기준 3,000대 이상의 선주문을 받아 전세계 eVTOL 기업 중 최대 규모의 백로그를 확보했으며, 최근 민항 화남지역관리국에 X3 기체의 PC(생산허가) 신청을 접수시키는 등 발빠르게 움직이고 있다. 이처럼 민간 eVTOL 업체들이 속속 등장하고, BAT 등 IT기업과 전통 자동차기업도 가세하면서, 중국 저공경제의 산업사슬은 빠르게 확장·재편되고 있다. 중국 저공경제 전략의 또 다른 특징은 전기차 산업과의 기술·산업 융합이다. 중국은 지난 10여 년간 세계 최대의 전기차(NEV) 산업 강국으로 부상하면서, 배디리, 전기모터, 자율수행, 경량 신소재, IoT 등 분야에서 방대한 기술 축적과 산업생태계를 구축했다. 이러한 신에너지차의 성과를 항공 분야로 전이함으로써, 후발 주자인 중국 eVTOL 산업이 선진 항공강국을 따라잡을 수 있다는 계산이 깔려 있다. 실제로 모건스탠리 등 해외 IB들은"중국의 eVTOL 분야에서 두드러진 글로벌 경쟁우위로 2030년까지 50% 이상의 시장을 점유할 것"이라는 전망은 eVTOL 부품의 상당수가 전기차와 겹치고, 배터리·전동기·전자제어 등 3대 핵심 시스템은 중국 기업들이 이미 세계 선두권에 있기 때문이다. eVTOL의 부품 중 70~80%가 신에너지차 산업과 중복되며, 3대 시스템인 전기모터, 전자제어, 배터리도 전기차와 중복 활용된다. CATL, EVE, BYD 같은 등 중국 배터리 기업들은 eVTOL용 고성능 전지를 개발 중이며, 일부 제품은 에너지밀도 320Wh/kg, 10

분 80% 급속충전, 7,000회 이상 충/방전 수명 등 eVTOL의 요구조건을 만족시킨다. 또한 선전, 광저우 등지에서는 빌딩 옥상 헬리 패드나 유인 드론 정류장을 활용한 도심 항공터미널 개념도 실험 중이다. 또 자율비행 기술 역시 자동차 자율주행의 알고리즘과 센서 기술을 상당 부분 응용할 수 있다. 중국의 바이두, 알리, 화웨이 등 IT 기업들은 도심항공교통(UAM)에 필요한 운항관제 플랫폼, 클라우드 AI 교통관리, 두위성항법과 5G 통신 네트워크 연계 등에 투자하고 있다. 이는 산업 간 융합을 통한 "弯道超车(우회 추월전략)"의 기회를 노리는 것이다. 실제로 중국 정부는 전기차 배터리 교환소 기술 표준을 일부 드론·eVTOL 분야에 적용하는 방안을 검토 중이며, 여러 도시에서 전기차 충전망과 드론 기지 연계 실험이 이뤄지고 있다. 저공경제 산업의 안전성과 신뢰 확보를 위해 중요한 것은 항공기 감항 인증제도(适航认证)이다. 중국 당국은 민간 항공기 형식증명 및 감항증명 의무화를 엄격히 적용하여, eVTOL을 비롯한 모든 신형 항공기가 정식 상용화 전에 반드시 "3종 증명(三证)"을 갖추도록 규정하고 있다.

여기서 삼증이란 ① 기체의 안전한 설계 기준 충족을 인증하는 형식합격증(Type Certificate, 型号合格证), ② 양산 체계의 품질안전 기준 충족을 인증하는 생산허가증(Production Certificate, 生产许可证), ③ 개별 기체가 형식설계와 일치함을 인증하는 단기체 감항증명(Airworthiness Certificate, 单机适航证)을 가리킨다. 이들 TC, PC, AC를 모두 취득해야만 비행체가 합법적으로 판매·운용될 수 있으며, 나아가 운영사가 안전운항 능력을 증명하는 운항증명(OC)까지 받아야 본격적인 유상운송 서비스를 개시할 수 있다. 이러한 감항 인증은 항공 안전과 대중 신뢰 확보의 핵심 절차로서, 통상 수년에 걸친 복잡한 심사·시험 과정을 거치게 된다. FAA(미연방항공청)나 EASA(유럽항공청)도 eVTOL의 상업 운용을 위해 별도 인증기준을 마련 중인데, 중국은 민항국(CCAR-21 규정)에 근거하여 eVTOL 전용 감항기준(특별조건 방식)을 적용하고 있다. 2024년 3월 공업정보화부 등 4개 부처는《통용항공 장비 혁신응용 시행방안(2024~2030)》을 발표하여 "2030년까지 eVTOL 감항증명 완료 및 민생 분야 전면 융합"을 목표로 제시하며, 감항 취득을 정책적으로 지원할 뜻을 밝혔다. 그 후 실제로 중국의 eVTOL 인증작업은 빠르게 진척되고 있다. 앞서 살펴본 대로 이항EHang과 오토플라이트AutoFlight는 각각 2023년, 2024년에 TC를 획득했고, XPeng HT도 2025년 내 TC 취득을 목표로 하고 있다. 형식증명(TC)은 특히 난도가 높아 2~3년의 심사 기간이 소요되며, 생산증명(PC)과 감항증명(AC)은 상대적으로 수월하지만 TC 취득이 우선 전제되어야 한다. 현재 TC를 받은 기업은 이항과 오토플라이트 두 곳 뿐이다. 이러한 엄격한 감항 제도는 산업 초기 단계에서는 기업들에게 높은 장벽과 비용 부담으로 작용하지만, 장기적으로는 품질과 안전 담보를 통한 시장 성숙을 돕는 장치다. "감항 인증은 eVTOL 산업의 가장 높은 문턱이자 가장 큰 비용 요인"으로 현재 개발 중인 다수 기업들 중 일부는 인증 장벽을 영원히 넘지 못할 수도 있을 것이다. 그만큼 인증 획득에 성공한 기업은 경쟁자 대비 상당한 시간적·기술적 진입 장벽을 확보하게 된다. 중국 정부도 이를 인식하여, 2022~2023년에 민항 규정 개정을 통해 과거 운송항공 기준을 통항항공에 획일적용하던 규제를 완화 원칙을 도입했다는 점을 강조하고 있다. 예컨대 통항 기업 운영 허가와 항공기 등록의 이중 인증을 단일화하고, 30여 개 항공법규를 일괄 개정하여 기존 운송항공 위주의 규제를 통항 실정에 맞게 개선하여 2023년 약 5,059억 위안인 저공경제의 규모가 2025년 1.5조 위안, 2030년에는 2~3조 위안까지 성장할 전망이라는 분석도 나왔다. 이러한 인증 및 규제 체계 정비는 저공경제 산업이 "안전한 상업화", "조건부 상용화" 단계로 접어들었음을 의미한다. 즉 조건부로 제한된 형태나마 수익활동이 가능해졌고, 이를 기반으로 데이터를 쌓아 완전한 상용화로 나아갈 수 있는 징검다리가 놓인 셈이다. 앞으로 몇 년간 시범 운영을 통해 안전기준과 운영노하우가 축적되면, 중국의 저공경제는 보다 폭넓은 대중 시장으로 확산될 준비를 갖추게 될 것이다. 모건스탠리 등글로벌 IB들은 2030년경 전세계 eVTOL 시장 규모를 550억 달러(4천억 위안) 2040년 1조 달러(7.2조 위안), 2050년에는 9조 달러(약 65조 위안) 규모로 망하였다. 미국 FAA는 "UAM 시장은 결코 패배를 용납할 수 없는 미래 경쟁"이라고 규정하며 2023년 10월 특별연방항공규정(SFAR) 초안을 발표, 2025년 미내 eVTOL 상업운용 허가를 준비하고 있다. 유럽연합(EU)은 Horizon 2020 프로그램을 통해 드론·eVTOL의 도심 환경 통합을 위한 종합 지침을 마련했다. 일본, 싱가포르 등도 2030년 전후 실용화를 목표로 세부 실행계획을 수립했다. 이처럼 도심공중교통을 둘러싼 글로벌 경쟁은 이미 시작되었으며, 2020년대 중반부터 각국에서 초기 상용서비스가 속속 등장할 것으로 보인다.

국제 예측 기관들은 중국이 미래 eVTOL/UAM 시장에서 가장 큰 단일 시장이 될 것으로 보고 있다. 중국 민항 전문가들은 2050년경 세계 UAM 시장의 약 28%의 중국이 미주·유럽을 제치고 1위로 전망하며, 건스탠리는 2050년 중국 시장 규모를 2.1조 달러(약 15조 위안)로 추산하였다.

현재 중국에는 인구 1,000만 이상의 메가시티가 7곳, 500만 이상 도시가 14곳으로, 도시 간 중단거리 운송 수요도 폭발적으로 늘고 있다. 이는 UAM과 지역항공electric short-haul 교통이 활약할 수 있는 광대한 시장을 의미한다. 2024년 1월 중국 첫 저공경제 지방법이 시행된 선전시의 사례에서 보듯, 지방정부들은 각종 보조금, 파일럿 프로젝트, 수요 창출 정책을 준비하고 있다. 이처럼 막대한 내수잠재력과 정부의 집중 육성을 바탕으로, 중국이 향후 저공경제 분야에서 기술적 선도국이자 최대 시장으로 부상할 가능성은 충분하다. 앞서 인용한 분석대로 "중국은 eVTOL 분야에서 전세계 시장의 50% 이상을 점유할" 것이라는 전망은 다소 과장일 수 있으나, 25~30% 의 점유율은 현실적인 목표로 여겨진다. 실제로 포르쉐컨설팅은 "2030년 중국 eVTOL 시장점유율 25~30%, 세계 1위"를 예측했다. 물론 국제 경쟁도 녹록지 않다. 미국의 Joby Aviation은 2023년 이미 FAA로부터 시범운항에 필요한 부분인증을 얻어 상용 서비스에 성큼 다가섰고, Archer사도 2025년 도심항공 서비스를 계획 중이다. 유럽도 Volocopter 등이 2024~25년 파리올림픽, 오사카엑스포 등을 겨냥해 실증 서비스를 준비하고 있다. 하지만 중국의 비교우위는 제조원가 절감 능력과 빠른 규모확대, 그리고 통일된 내수시장이다. 중국 eVTOL 업체들은 자동차 업계 공급망을 활용한 대량생산으로 비용을 급속히 낮출 수 있고, 거대한 내수 덕분에 초기부터 대량 주문을 확보하고 있다. 실제로 2024년 11월까지 이항 1,500대, 샤오펑 3,000대, 볼란트 860대, 오토플라이트 500대 등 중국 기업 누적 주문량이 수천 대에 달해 시장의 뜨거운 반응을 입증했다. 이는 서방 스타트업들이 수십수백 대 선주문에 그치는 것과 대조적이다. 또한 중국 정부는 표준 수립과 인프라 구축을 중앙집권적으로 조정할 수 있어, 미국·유럽처럼 지역별 규제 파편화 없이 하나의 거대 단일 시장을 형성할 수 있다는 장점이 있다. 이러한 요인을 종합할 때, 향후 10~20년간 저공경제 분야에서 중국은 충분히 세계 선두 그룹을 형성할 수 있으며, 글로벌 시장에서 중·미 양강 구도를 이룰 가능성이 높다. 급격한 성장 잠재력만큼이나, 중국의 저공경제에는 풀어야 할 리스크와 과제도 적지 않다. 공역 개방 문제, 상용화 장벽(안전·비용), UAM 도시 통합 등은 대표적인 도전 영역으로 꼽힌다. 첫째, 공역 개방과 관리 체계 개선이다. 저공경제 발전의 최대 전제조건은 저고도 공역을 실질적으로 개방하는 것이다. 그러나 현재 중국은 공역관리 권한을 공군이 상당 부분 쥐고 있으며, 민항국과 군이 이원적 통제를 하고 있어 절차가 복잡하다. 비행 허가를 얻으려면 여러 부문의 승인을 거쳐야 하고, 임무·지역에 따라 跨地区、跨部门申报를 반복해야 하는 등 행정비용이 높다. 이러한 구조에서는 저공경제의 기동성과 신속성이 반감될 수밖에 없다. 한정된 공역 자원과 급증하는 수요 간의 불균형도 문제다. 공역을 충분히 공급하지 못하면, 초기에는 시범사업이 진행되더라도 수요 확대의 병목으로 산 발전을 저해하는 주요 요인으로 지적되고 있다. 이를 해결하려면 군·민 항공 당국 간 협력 메커니즘 구축과 함께, 저공 비행을 기존 민항 교통흐름과 분리 또는 조정할 공역 구조 설계가 선행되어야 한다. 최근 중앙군사위원회와 국무원이 무인기 조례를 공동 제정하는 등 협조 분위기가 조성되고 있고, 6개 도시 시범사업에서 부분적 공역 위임을 시작한 만큼, 향후 성과에 따라 점진적 개선이 이루어질 전망이다. 둘째, 상용화의 장벽과 안전성 이슈다. 저공경제가 개념에서 실제 산업으로 자리잡으려 면 경제성이 확보되어야 한다. 저공경제는 아직 초기 단계라 운영비용이 너무 높고, 대중 시장 형성이 부족하여 규모 효과를 내지 못하고 있는 상황에서 이미 진입한 기업들도 충분한 경제적 성과를 거두지 못해 사업 지속에 어려움으로 산업 발전의 악순환으로 이어질 수 있다. 따라서 기술 발전과 규모 확대로 비용을 낮추고 수익 모델을 발굴하는 노력이 시급하다. 또 안전성과 사회적 수용 문제도 상용화의 중대 장애 요인이다. 아무리 혁신적인 항공 서비스라도 사고 위험에 대한 우려와 불안이 해소되지 않으면 대중이 받아들이기 힘들다. 또 지역 당국이나 기관들 중에는 안전관리에 형식주의적 태도를 보여, 구호는 요란하지만 실질적 서비스 개선은 소홀한 경우도 있다는 시적이 있다. 이는 향후 안전문화 정착과 규제 당국의 서비스 마인드 제고라는 과제로 이어진다. 저공경제 분야는 아직 국제 표준이나 산업 표준이 미비하여, 각 기업이 제각기 기술을 개발하는 형국이다. 상호운용성interoperability 확보와 중복 투자 방지를 위해서는 표준화가 중요하다. 특히 충전 규격, 통신 프로토콜, 공중항로 표시, 탑승절차, 비상 대응 매뉴얼 등 분야에서 표준 마련이 시급하다. 아울러 인프라 측면에서는 일관된 품질과 안전 기준을 지켜야 한다. 셋째, 도심 항공교통(UAM)과의 연계 전략이다. 저공경제의 핵심 응용인 UAM을 효과적으로 구현하려면 기존 도시 교통체계와의 통합 및 협업 전략이 필요하다. 예를 들어, UAM이 성공적으로 뿌리내리기 위해서는 지상 교통수단과 환승이 편리해야 하며, 도심 내 인프라 입지 선정이 중요하다. 현재 항저우, 선전 등에서는 도심 항공교통(UAM) 시범 구역을 설정하고, 공항-도심 연계노선, 관광노선 등을 시나리오별로 설계하고 있다. 또한 멀티모달 교통 플랫폼 개발이 추진되어, 승객이 스마트폰 앱 하나로 지상 지하철과 공중 에어택시를 연계 예약·결제하고 환승 안내까지 받을 수 있는 원스톱 서비스 모델이 검토 중이다. UAM 운행에 따른 도시 공역 교통관리도 도전이다. 도심 상공에 가상 항로나 공중회랑을 설정하여 항공기들이 정해진 경로로만 다니게 하거나, 특정 고도(예: 300~500m)를 UAM 전용으로 배정하는 방안을 고려할 수 있다.

민간항공 고공경제 분야에서 C919 등 자체 기종 개발로 기술 자립과 산업 업그레이드를 도모하는 한편, 저공경제 영역에서는 eVTOL와 드론 등을 신성장동력으로 적극 육성하는 "투트랙" 항공 산업 발전전략이 전개되고 있다. 향후 5~10년은 이러한 신구 산업이 교차 발전하는 중요한 시기로, 중국 정부와 업계가 해결해야 할 과제들도 산적해 있다. 저공경제의 성공을 위해서는 공역 개혁, 안전 인증, 인프라 구축, 대중 수용성 제고, 그리고 지상-공중 통합 교통체계 마련 등 다방면의 노력이 필요할 것이다. 비록 난제들이 존재하지만, 중국은 전기차와 ICT 혁신의 경험, 강력한 정책 추진력을 바탕으로 저공경제 분야에서도 "弯道超车"를 실현하겠다는 포부를 보이고 있다. 이미 중국 정부 문건에서는 저공경제를 "신질 생산력(新质生产力)의 집약적 구현"으로 부르며, 미래 경제 발전의 핵심 위치에 놓고 있다.

15

휴머노이드 로봇 산업

한국 언론이 올해 갑자기 주목하기 시작한 상하이 WAICWorld AI Conference와 베이징 WRCWorld Robot Conference를 이미 수년째 다니면서 느끼는 것은 최근 1년 사이 중국이 급격한 기술 진보와 더불어 큰 자신감까지 내비친다는 것이다. 지난 4월 제1회 베이징 휴모노이드 로봇 하프 마라톤, 8월 베이징 로봇 운동회, 5월 항저우 휴머노이드 격투 대회 등 로봇이 있는 현장을 다 가서 보고 확인하는 것이 일상이 되었다.

전시회와 연계된 세미나는 배울 것이 참 많다. 대중을 대상으로 한 전시회와 달리, 전문가들의 영역인 세미나장의 입장권은 수십 배 비싸지만, 변해가는 기술을 배울 수 있다. 듣다가 지치면 전람회장으로 내려가 눈으로 직접 보고 엔지니어들에게 물어보는데, 이것도 꽤 공부가 된다.

지금까지 탐방한 중국의 로봇 기업만 30여 개가 넘는다. 현지 인맥 덕분이지만, 이들과의 교류는 많은 노력과 공부가 필요하다. 그렇게 하는 이유는 눈으로 잘 확인되지 않는 LLM과 AI 모델이 시각적으로 잘 구현되는 체화지능의 디바이스가 바로 휴머노이드 로봇이기 때문이다. 물론 문과 출신의 한계를 극복하기 위한 노력은 이런 식으로밖에 보완할 수 없다는 생각도 한다.

각설하고, 내가 적지 않은 휴머노이드 로봇 기업 탐방하고 관련 전시회와 세미나에 참여하고 지방 정부 산하의 휴머노이드 로봇 훈련장 등 현장을 둘러본 후에 내린 결론은 중국은 이미 이 산업의 생태계가 구비되었다는 점이다. 다시 말해서 로봇의 소프트웨어, 하드웨어 제조 등 거의 모든 필요 영역에서 중국은 이미 미국에 뒤지지 않으면서, 부품 분야에서도 자체 표준이나 프로토콜을 제정할 수 있는 능력까지도 갖추어 나가고 있다는 점이다. 다수의 증권사는 로봇 산업은 중국의 다음 10조 위안급(약 2,000조 원) 거대 산업이 될 것이며,"2025년은 휴머노이드 로봇 양산의 원년"이라고 평가했다. 과거 제조업의 왕좌가 자동차 산업의 것이었다면, 미래에는 아마도 로봇 산업이 그 자리를 차지할 가능성이 크다. 합리적 가격으로 성능과 품질도 뛰어난 중국 제조의 대표 산업인 EV와 또 직결되는 분야가 바로 많은 부품을 공유할 수 있는 휴머노이드 로봇 산업이다. 2025년 5.1절 곳곳에서 휴머노이드 로봇이 관광 가이드 역할을 맡는 등의 많은 뉴스들은 휴머노이드 로봇을 시각적으로 보여주면서, 생활의 모든 구석에 응용될 가능성을 열어가고 있고, 관련 보고서들이 쏟아지고 있다. 모건스탠리는 지난 1분기 〈휴머노이드 로봇 100〉이란 보고서에서 "휴머노이드 로봇은 향후 10년간 기술 투자 분야에서 가장 핵심적인 테마 중 하나가 될 것이며, 중국은 해당 산업 공급망의 비중은 무려 63%에 달한다"고 평가했다.

이 시장의 잠재 규모는 60조 달러로, 이는 현재 105조 달러의 GDP의 약 60% 수준이다. 2050년까지 중국 시장 규모를 6조 위안, 수량은 5,900만 대로, 이는 25년뒤의 중국은 24명당 휴머노이드 로봇이 1대라는 의미이다. 이 모건스탠리 보고서의 핵심 정보와 데이터를 바탕으로 본 몇몇 시사점이 도출된다. 첫째, 중국은 이미 이 산업의 가장 중요한 플레이어다. 중국의 경쟁력은 기술과 가격 두 가지 측면에서 확인되는데, 최근 5년 총 5,688건의 휴머노이드 로봇 관련 특허를 낸 중국이 미국(1,483건), 일본(1,195건)을 훨씬 앞선다. 또한 2024년 휴머노이드 로봇의 신제품은 51종에서 중국이 35종, 북미는 8종에 그쳤다. 둘째, 기술력 기반의 비용 우위 확보이다. TOP 100 기업 중 대표적 글로벌 기업인 테슬라는 Optimus를 2025년부터 자사 자동차 공장에 실제 투입할 예정이라지만, 소프트웨어를 뺀 Optimus 대당 제조 원가는 5~6만 달러에 달하는 반면 항저우의 스타트업 'Unitree Robotics'의 G1은 그 시작 가격이 약 1.6만 달러에 불과하다. 중국의 거대한 시장 규모가 휴머노이드 로봇의 제조 비용을 빠르게 낮추고 있는데, "테슬라가 Optimus 2세대의 원가를 2만 달러 수준으로 낮추기 위해 중국산 부품을 사용할 가능성은 매우 높고, BYD, Geely 등 중국의 대형 전기차 제조사들은 이미 Unitree의 휴머노이드 로봇을 공장 현장에 배치하고 있다. 투자자 입장에서 본다면 현재 휴머노이드 로봇은 0에서 1을 만들어가는 소위 테마 투자

단계이지만, 이 100개 기업들에서 이 분야의 미래 발전 가능성을 엿볼 수 있는 여러 실마리를 발견할 수 있다. 1백 위 순위 내에서 대만을 포함한 중국 기업이 35%, 미국도 35%로 사실상 '무승부'다. 모건 스탠리는 휴머노이드 로봇 산업 벨류 체인을 두뇌, 몸체, 통합기업의 셋으로 구분했다. 두뇌는 AI 칩, 소프트웨어, 반도체 등이고, 몸체는 산업용 핵심 부품, 통합 기업 완성형 휴머노이드 로봇을 개발·제조하는 기업이다. 그 중 "두뇌"에는 총 22개의 기업, 주로 기술 대기업 및 칩 설계 회사들 중 미국이 13개로 우위를 점한다. "신체"에는 구동기, 센서, 배터리, 아날로그 반도체 등 핵심 부품을 생산하는 총 64개의 기업 중 24개가 중국이다. "통합기업"은 총 자동차 제조사, 소비자 전자기업, 전자상거래·인터넷 기업 및 기존 로봇 제조사 등이 22개인데, 그중 10개가 중국 기업이다. 밸류 체인의 세 가지 주요 고리를 기준으로 보면, 미국 기업은 대뇌에 해당하는 소프트웨어 연구에 강점을 가지고 있으며, 중국 기업은 하드웨어 기술이 강하다. 자동차 기업들이 휴머노이드 로봇 기술을 연구·개발하는 것은 현재 주류 트렌드 중 하나로 광저우자동차(广汽), 샤오미(小米) 샤오펑(小鹏) 등이 선도적이다.

비용 측면에서 자동차 회사들이 휴머노이드 로봇 연구·개발에 참여를 기업의 제2 성장 곡선으로 간주하고 있다. 글로벌 자동차 판매 증가율이 2.4% 수준으로 둔화된 상황에서, 자동차 회사들은 신에너지 차량 등을 통해 신시장 개척을 시도하는 동시에, 휴머노이드 로봇을 통해 생산 비용을 줄일 필요도 있다. 중국 공업정보화부 산하 전자 제5연구소의 추산으로는 자동차 회사들이 휴머노이드 로봇을 연구·개발하는 데 드는 비용은 로봇 전문 기업보다 30% 이상 낮다고 한다. 기술 면에서 자동차 회사들은 로봇과 기초 기술이 매우 높은 수준에서 중첩되기 때문에 공급망 재사용이 용이하며 이종 산업 간 융합을 통해 기업의 기술력과 경쟁력 다변화 역시 기대할 수 있다. 제품 단가 면에서 보면, 칩보다 '신체' 부문이 훨씬 낮지만 '신체' 모듈 분야에는 가장 많은 기업(64개사)이 포진되어 있고, 특히 중국 기업들의 격전지이며, 그 중에서도 엑추에이터 부품 분야에는 16개의 중국 본토 기업이 전체의 25%를 차지하며, 밸류 체인의 중상류에 위치해 있다.

기업 밸류에이션 측면에서는 대체로 높은 수준이지만, 수익성 관점에서는 다른 '신체' 부문 기업들과 비교해 큰 두각을 나타내지 못하고 있다. 현재로서는, 투자자들이 장기적으로 기술 돌파구가 생길 것이라는 낙관적 기대와 실제 기업들의 수익성 사이의 불일치가 우려되는 상황이나. 어떤 산업이든 발전의 과정에서 '0에서 1'로 가는 길이 가장 어려운데, 전환점은 언제쯤 나타날 수 있을까? 또 다른 글로벌 IB인 골드만삭스는 거시적인 관점에서 "휴머노이드 로봇이 다양한 범용 과업을 수행할 수 있고, 높은 성공률과 안정적인 지속 작동을 보이며, 빠른 추론 능력까지 갖추게 될 때, 기술적 전환점이 올 수 있다."고 분석한다.

2027년부터 2032년 사이에, 휴머노이드 로봇 제품 출하량이 150만 대에 이르는 시점이 되면 AI 로봇은 효율성과 안정성을 동시에 확보하며 시장의 폭발기에 진입할 수 있을 것으로 예측한다. 모건스탠리는 향후 30년이 휴머노이드 로봇 시장의 폭발적 성장기로, 중국 시장 규모는 2025년 10억 위안에서 2050년 6,092억 위안까지 빠르게 늘 것으로 보고, 특히 2030~2034년 사이에는 연간 최대 140%의 빠른 성장의 가능성을 예측하고 있다. 미시적 관점에서 보면, 중국은 벨류체인의 배치, 수익성 확보, 기술 핵심 장벽 측면에서 더 많은 신뢰와 투자를 필요로 한다. 그러나 정책적 지원은 이미 시작되었다. "15차 5개년 계획" 기간 동안 중국의 로봇 산업은 빠르게 발전할 것이다. 또한 인재 측면에서 중국의 우위는 더 선명하다. 2024년 현재 중국의 대학에서 로봇 관련 전공 재학생 수는 무려 58만 명으로, 전 세계의 42%에 달한다고 한다. 또한 전 세계 로봇 분야 상위 100위 높은 피인용 학자들 중 중국 학자의 비율은 39%로, 3년 연속 세계 1위를 유지하고 있다.

지방정부 역시 재정이 어려움에도 불구하고 현재까지 중국 전역에 총 127개의 로봇 산업 단지가 건설했고, 지방 정부가 운용하는 산업 기금은 87개, 기금 총액은 2,000억 위안에 달한다. 중국은 이미 휴머노이드 로봇 분야에서 선도적인 위치를 점하고 있으며, 여기에 광대한 내수 시장과 풍부한 정책·인재 자원이 더해져 기술 발전을 위한 비옥한 토양을 형성하고 있다.

16

항저우의 육소룡

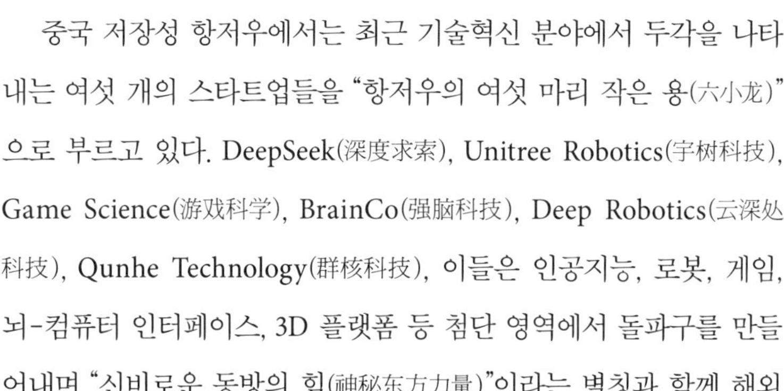

중국 저장성 항저우에서는 최근 기술혁신 분야에서 두각을 나타내는 여섯 개의 스타트업들을 "항저우의 여섯 마리 작은 용(六小龙)"으로 부르고 있다. DeepSeek(深度求索), Unitree Robotics(宇树科技), Game Science(游戏科学), BrainCo(强脑科技), Deep Robotics(云深处科技), Qunhe Technology(群核科技), 이들은 인공지능, 로봇, 게임, 뇌-컴퓨터 인터페이스, 3D 플랫폼 등 첨단 영역에서 돌파구를 만들어내며 "신비로운 동방의 힘(神秘东方力量)"이라는 별칭과 함께 해외에서도 큰 주목을 받고 있다.

이 여섯 마리 용이 중국에서도 많이 알려지기 이전인 2024년 하반기에 항저우 기업 탐방과 세미나를 가던 길에 이들을 곁다리로 찾아갔었다. 다 비상장사라서 약속 잡기가 더 녹록치 않았지만, 딥시크 덕분에 다들 갑자기 유명해지고 나서는 찾는 사람이 급증하니 회사 방문은 더 어려워졌다. 그래도 이들과 연계된 전후방 산업이 중국의 미래와 직결된다고 생각하고 2025년 상반기에만 각기 두세 번씩 기업 탐방을 하면서 그들의 기술 및 시장 경쟁력에 대한 분석 및 그들이 태생한 항저우의 생태계 구축의 배경을 살펴보는 노력을 기울였다. 먼저 이들 기업의 개요는 다음과 같다.

딥시크(DeepSeek, 深度求索)

현재 딥시크는 접속이 금지되었다 해도 과언이 아니다. 회사의 의지와는 상관없이 이미 미국의 AI 규제에 맞서는 첨병이 되어버렸기 때문일 것이다. 그런데 필자는 4년 전쯤 한국의 펀드운용회사의 중국 대표이사로 일하며 로컬에서 발행할 다음 상품으로 퀀트펀드를 검토하며 OS(외주) 운용사 중 하나로 DS의 모회사인 환팡량화(하이플라이어)와는 미팅을 했었는데, 그때도 이들은 AI로 트레이딩을 하기 때문에 시장 초과 수익을 낸다고 강조했던 것으로 기억한다. 퀀트 트레이딩을 하는 사모증권투자기금사(PFM)인 하이플라이어(幻方量化) 창업자 량원펑(梁文锋)이 설립한 AI 스타트업으로 범용 인공지능 대형 언어모델(LLM) 개발에 주력하며, 연구, 교육 등 다양한 분야에 AI를 응용하는 AGIGeneral AI 지향 기업이다. 자체 개발한 "DeepSeek-R1" 및 최신 모델 "DeepSeek-V3"가 대표적이다. DeepSeek-V3는 멀티 모달과 복잡한 추론을 지원하는 개방형 AI 모델로, 두 달 만에 557만 달러의 저비용 훈련한 결과를 내놓아 업계에 충격을 주었다. 이는 2,048개의 NVIDIA H800 GPU로 달성한 성과로, OpenAI GPT-4 대비 1/11 수준의 연산자원으로 동등한 성과를 냈다고 평가된다. 이러한 "AI계의 핀둬둬라는 비용 혁신은 글로벌 AI업계에 파장을 일으키면서 엔비디아의 주가에도 영향을 미쳤다. MLA Multi-head Latent Attention, Sparse MoE 등 혁신적인 모델 아키텍처, 지식증류 등의 기법으로 고효율·저비용 AI훈련을 실현했고, 특히 추론 비용을 100만 토큰당 1위안까지 낮춘 압도적 가성비의 모델을 선보였다. 오픈 소스로 커뮤니티와 산업 전반의 활용을 촉진하고 있으며, 별도의 상용화된 2C 앱 없이 플랫폼형 AI 기술 공급자를 자처한다. 창업 이래 외부 투자 없이 자체 자본으로 운영되고 있으며, 초기에는 투자 유치설이 있었으나 실제는 VC 투자를 받지 않은 독특한 사례로 알려져 있다. 2025년 1월, 딥시크의 AI 챗봇 "DeepSeek Assistant"가 미국 애플 앱스토어 무료앱 다운로드 1위를 기록했다. 해외 평가기관 Artificial Analysis가 DeepSeek-V3를 테스트한 결과 "현존 모든 오픈소스 모델을 능가"한다는 평가를 얻었고, 글로벌 AI 업계의 주목을 받아서 중국 AI의 가장 중요한 회사가 되었다.

유니트리(Unitree Robotics, 宇树科技)

창업자는 왕싱싱(王兴兴)이 2016년 8월 항저우 빈장(滨江) 구에 유니트리를 창업했다.

2021년 발표된 Go1는 소비자용 4족 로봇으로, 높은 기동성에 비해 가격이 저렴한 것이 강점이다. 12개의 고토크 모터를 장착하여 다양한 지형(모래, 자갈, 진흙 등)을 주행할 수 있고, 보스턴 다이나믹스의 Spot에 견줄만한 성능이지만, 가격은 20%에 불과해서 "로봇 샤오미"로 불렸다. 산업용으로는 B1/B2 시리즈가 있으며, 복잡한 야외 지형에서의 순찰 임무나 물류 운반에 특화된 대형 4족 로봇이다. 2024년에는 휴머노이드 로봇인 H1을 선보였다.

하드웨어 제조와 판매를 기본으로 하며, 로봇 플랫폼을 개방해 개발자 생태계를 구축하고 있다. 초기부터 红杉中国, 매트릭스 등 유수 VC 투자를 유치했고, 현재 기업가치 10억 달러가 넘는 유니콘으로 성장하였고, 전 세계 50여 개국에 제품을 수출하며 글로벌 시장을 개척하고 있다. 현재 글로벌 사족 로봇 시장의 60%를 차지하고, 기술력 면에서 보스턴 다이나믹스와 경쟁하는 구도를 형성했고, 가격경쟁력으로 시장을 지속 확장 중이다. 각종 국제 무대에서 공연으로 주목을 받았는데, 2021년과 2025년 중국 CCTV 춘절 갈라쇼에서 선보였고, 2022년 베이징 동계올림픽 개막식과 2023년 미국 슈퍼볼 경기 전 쇼에도 등장했다. 2024년 말 공개한 B2-W 로봇 개의 시연 영상은 일론 머스크가 직접 공유하며 세계적 화제를 모았다.

게임사이언스(Game Science, 游戏科学)

2014년 설립. 창업자는 펑지(冯骥)로, 텐센트 산하 게임스튜디오에서 인기 MMORPG 〈투전신(斗战神)〉 개발을 주도했던 베테랑 개발자다. 펑지와 핵심 멤버들은 텐센트를 떠나 독립 게임 스튜디오를 차렸고, 이후 항저우로 이전하여 본격적으로 대형 프로젝트에 착수했다. 고품질 비디오게임 개발. 특히 AAA급(트리플A급) 대작 게임을 중국 자체 역량으로 만들겠다는 목표로, 고사양 액션 RPG를 제작하고 있다. 대표작은 액션 RPG 〈흑신화: 오공〉(Black Myth: 黑神话·悟空)이다. 이 게임은 언리얼엔진5(UE5)로 개발된 차세대 그래픽과 서유기 신화를 재해석한 콘텐츠로, 발표 초부터 국내외 게이머들의 폭발적 관심을 끌었다. 2024년 8월 글로벌 출시를 앞두고 사전 정보만으로도 전 세계적인 화제작이 되었다. 중국 독립 게임 스튜디오의 새 기준을 세운 업체로 평가된다. 그간 중국 게임산업은 모바일 게임이나 외산 IP 위주의 중소작에 치중해왔으나, 흑신화: 오공은 중국산 AAA 게임의 돌파구를 마련한 주역으로 불린다. 중국 게임 개발 역량을 각인시켰고, 기술적·예술적 완성도로 "동방 신화"를 세계 게임시장에 선보이는 계기를 만들었다는 평가다. 핵심 인력들은 텐센트 게임즈 출신으로, 상업적 성공과 개발 노하우를 두루 갖춘 인재들이다. 항저우로의 이전 결정은 2019년 겨울 이뤄졌는데, CEO 평지는 "항저우의 분위기와 인재 환경이 게임 개발에 최적"이라며, 중국미술학원이 위치한 항저우의 예술·애니메이션 인재 풀이 게임의 예술적 완성도를 높이는 데 도움이 된다고 밝혔다. 실제로 흑신화 프로젝트는 항저우 지역 인재를 적극 흡수하여 진행되었고, 결과적으로 항저우를 중국 게임 창작의 새로운 중심지 중 하나로 부상시키는 데 일조했다.

브레인코(BrainCo, 强脑科技)

창업자 한비청(韩璧丞)는 한국 카이스트에서 재료공학을 전공한 후, 미국으로 가서 하버드 대학 뇌과학 박사과정 중에 중국 유학생 팀과 함께 창업했다. 보스턴의 하버드 혁신 랩에서 2015년 설립했으며, 3년 뒤인 2018년 핵심 기술진과 함께 항저우 위항(余杭) 구 AI 타운으로 회사 본거지를 옮겼다. 비침습적 뇌-컴퓨터 인터페이스(BCI) 기술 연구개발 및 상용화에 주력한다. 뇌파 등 생체신호를 활용하여 인간과 기계의 연결을 구현하는 제품들을 개발해왔으며, 의료 재활

부터 교육, 로봇의 제어까지 다분야 응용을 추구한다. BrainRobotics 스마트 의수는 근전도(EMG) 신호를 통해 사용자의 뇌-신경 신호를 해석하여 의수를 정교하게 제어하는 기술로, 손가락 미세 동작까지 가능해 세계 최초 직관적 신경 제어 상용 의수라는 평가를 받았다. 2020년 양산에 성공하여 사지 절단 장애인들에게 보급하여, 세계 최초로 신경 신호 기반 의수 상용화를 이뤄냈다. 스마트 의족은 암벽등반을 할 수 있는 시연을 보이기도 했다. 교육 분야 제품으로는 Focus라는 집중력 훈련 헤드셋이 있다. 학생의 뇌파를 실시간 모니터링해 집중도를 측정하고 훈련할 수 있는 기기로, 중국 일부 학교에서 시범 활용되어 큰 관심을 모았다. 첨단 BCI 기술의 제품화에 집중하면서 의료·교육기관과 협력해 실용화를 꾀한다. 설립 초기 MIT/하버드의 지원을 받으며 출발한 덕에 미국과 중국 양쪽 시장을 모두 겨냥했고, 실제로 미국, 유럽 시장에도 제품을 출시하였다. 누적 투자액은 2억 달러 이상으로 평가되며, 기업가치 약 15억 달러의 유니콘 기업이다. 초기에 하버드 혁신 랩 최초의 중국인 팀으로 선정되며 주목받았고, 2017년 미국 타임지에서 뽑은 "올해의 최고 발명품" 목록에 집중력 헤드셋이 포함되면서 유명세를 탔다. 이후 중국 정부가 뇌과학 및 BCI를 전략적 미래산업으로 지정하면서, 브레인코는 국내 정책적 지원과 관심도 등에 힘입어 중국 BCI 업계의 대표 기업으로 성장했다. 특히 2023년 Neuralink 등 글로벌 업체들의 BCI 경쟁이 가열될 때, 브레인코는 비침습 방식으로 현실적 성과를 내고 있다는 점에서 중국식 인간-기계 인터페이스 솔루션의 모범사례로 꼽힌다. 미국 보스턴에 R&D 거점을 유지하면서 중국과 미국을 잇는 글로벌 혁신 네트워크를 활용하고 있으며, 향후 의료 재활 영역 등에서 FDA 승인 이후 국제 시장 진출을 본격화할 전망이다.

딥로보틱스(Deep Robotics, 云深处科技)

2017년 설립. 창업자는 주추국(朱秋国)으로, 저장대학교(ZJU) 기계전자 및 제어공학을 전공한 공학박사 출신이다. ZJU 부교수로 재직하며 휴머노이드 로봇 연구를 하다가 창업에 뛰어들었다. 회사명 "구름 깊은 곳(云深处)"은 장자(莊子)의 어구에서 딴 것으로, 깊은 곳에서 이상의 싹을 틔운다는 의미를 담았다. 지능형 로봇 개발, 특히 4족 보행 로봇과 응용 특화 로봇에 집중하며, 전력 설비 순찰, 응급 재난구조, 물류 등 산업용 로봇 솔루션을 제공한다. 한마디로 "현장형 로봇"에 강점이 있는 기업으로, 극한 환경에서도 임무를 수행하는 로봇 플랫폼을 개발해왔다. 대표 4족 로봇 시리즈로 "쥐잉(绝影)"이 있다. 쥐잉 X20은 20kg 적재능력과 영하의 눈밭이나 험준한 산악 지형 등 극한 환경에서 안정적으로 동작하도록 설계되었다. 2024년에는 첫 휴머노이드 로봇 "DR01"을 발표하여, 다년간 축적한 균형 제어 기술을 적용하기 시작했다. 또한 2024년 11월 "산먀오(山猫)"라는 사륜 구동 하이브리드 로봇을 공개했는데, 바퀴 달린 다리로 산악 지대를 기어오르는 독특한 형태로 화제가 되었다. 핵심 기술 중 하나는 자체 개발한 "유연 관절" 기술로, 로봇의 각 관절에 유연성을 부여해 충격 흡수와 균형 유지 능력을 높인 점이다. 이를 통해 기존 딱딱한 로봇의 한계를 극복하고, 사람이나 동물처럼 부드러운 움직임과 견고함을 양립시켰다. B2B 산업 솔루션 제공 형태가 강하다. 전력회사, 공공기관 등과 협업하여 로봇을 현장에 도입하는 프로젝트를 다수 수행했는데, 예컨대 국가전망(전력망) 공사 및 남방전망과 파트너십을 맺고 변전소 순찰 로봇을 보급하였다. 또한 석유화학 플랜트, 지하 철도 등 위험 환경에서 인간을 대체하는 로봇을 제공하며 안전과 효율을 동시에 향상시키는 비즈니스를 전개한다. 투자 측면에서는 주로 산업 배경의 펀드와 지자체 지원을 받았으며, 2023년 기준 기업가치 수억 위안 규모로 빠르게 성장 중이다. 산업용 사족로봇 분야의 선두주자로, 2023년 말 싱가포르 전력청에 4족 로봇 줘잉 X30이 터널 내 전력설비 점검을 맡기는 계약 등 해외 전력시스템에 처음 진출하는 성과를 거두는 등 유니트리와 함께 중국 로봇 기술의 시장 경쟁력을 보여주고 있다.

매니코어(Manicore, 群核科技)

2011년 설립. 공동 창업자는 황샤오황(黄晓煌), 천항(陈航), 주하오(朱皓) 3인으로 모두 미국 UIUC(일리노이대) 출신 젊은 엔지니어들이 실리콘밸리 경력을 접고 귀국하여 항저우에서 창업한 케이스다. 회사 법인명은 "Qunhe(群核, 무리의 핵)"이고, 초기부터 서비스명 "Kujiale(酷家乐)"로 알려졌다.

클라우드 기반 3D 공간 디자인 소프트웨어 개발 및 플랫폼 운영. 구체적으로 인테리어 디자인과 홈퍼니싱 분야의 3D 설계 플랫폼을 제공하며, 부동산, 가구, 건축 인테리어 업계에서 쓰이는 온라인 설계 도구+솔루션을 만든다. 쿠자러라는 웹 기반 3D 인테리어 설계 소프트웨어가 대표적이다. 사용자는 브라우저에서 간단히 주택 평면을 입력하면 벽지, 가구 배치, 조명 등 요소를 선택하여 가상 인테리어 시뮬레이션을 할 수 있고, 10초 안에 고화질 렌더링 이미지를 얻을 수 있는 AI "원클릭 렌더링"이 핵심 기술로 기존 몇 시간 걸리던 인테리어 CG 작업을 단숨에 처리하여 디자인 프로세스의 혁신을 이뤄냈다. 플랫폼에는 5천만의 전세계 등록 사용자가 있으며, 중국 내 인테리어 업체의 90% 이상이 활용할 정도로 표준 툴로 자리잡았다. 축적된 데이터 측면에서도, 2024년 기준 3.2억 개 이상의 3D 모델과 매월 7,780만의 활성이용자, 200여 개국/지역에서 서비스는 쿠자러 플랫폼이 지난 14년간 쌓아온 세계 최대 규모의 실내 3D 공간 데이터베이스이자 AI 시대의 공간지능 자산으로 평가된다. 최근에는 방대한 3D 데이터를 활용해 로봇의 가상 Dojo(도장)로 삼는 등 AI 로보틱스와의 융합을 시도 중으로, 가상 실내공간에서 로봇이 사물을 인식·이동하도록 학습시키는 등, AI+3D 플랫폼의 새로운 가능성을 열고 있다. B2B2C 플랫폼으로서, 일반 소비자들도 무료/유료로 설계 툴을 쓰지만 가구 제조사, 인테리어 업체들을 연결해주는 커머스 생태계를 구축하여, 설계한 방에 어울리는 가구를 즉시 구매하거나, 시공 업체 견적을 받을 수 있게 하여 플랫폼 내에서 수익화하고 있다. 현재 기업가치는 10억 달러를 넘어 유니콘 반열에 들어섰으며, 클라우드 소프트웨어 영역에서 중국을 대표하는 SaaS 기업 중 하나이다. 3D/VR 기술 역량은 현재 메타버스와 AI 시대의 핵심 자산으로 인정받아, 단순 인테리어 툴 기업을 넘어 공간지능 솔루션 기업으로 진화 중이다.

이 여섯 기업은 각기 다른 분야에서 출발했지만, 공통적으로 첨단 기술의 독자개발과 새로운 시장 개척을 통해 성장했다는 점에서 맥을 같이 한다. 각자의 전문 분야에서 획기적인 기술 혁신을 이루어냈으며, 이러한 기술력이 곧 기업 경쟁력의 원천이 되고 있다. 기업별로 두드러지는 독자 기술, 돌파 성과, 그리고 글로벌 수준에서의 비교우위와 기술적 의의를 분석한다.

정리한 바와 같이, 항저우 육소룡 기업들은 각자 획기적인 기술 혁신 포인트를 보유하며 중국은 물론 세계 시장에서 두각을 나타냈다. 이들의 공통점은 학계와 산업의 연결, 오픈 이노베이션, 가성비 전략, 그리고 문화와 기술의 결합 등을 통해 후발 주자임에도 선구적 돌파를 이뤘다는 것이다. 하지만 항저우 육소룡의 성공 뒤에는 지방정부의 적극적인 지원 정책과 중앙정부의 전략적 육성 기조가 중요한 역할을 했다. 오랫동안 알리바바 같은 인터넷 기업의 본거지로 "인터넷의 도시"로 불려온 항저우는, 2010년대 후반부터 산업구조 다변화와 첨단기술 육성을 시정(市政) 최우선 과제로 삼았다. 특히 2017년 저장성 및 항저우시는 "기존 산업 안주 탈피"를 선언하고, 과감히 과학기술 혁신에 집중 투자하는 정책적 전환과 지원이 육소룡 기업들의 탄생과 성장을 촉진한 것으로 평가된다. 항저우와 저장성은 미래 유망기술 분야 선제 투자로 주목받는다. 일례로 2017년 저장성은 전국에서 가장 먼저 로봇 트랙에 뛰어들었다. 당시 거의 알려지지 않았던 브레인코(강뇌과기)에 주목하여, 2018년에 항저우 위항구 미래과기성의 투자유치팀을 미국 보스턴으로 직접 파견했다. 이들은 하버드 연구실에 있던 한비청 대표를 방문해 "이 기술의 미래를 함께 열자"며 수시간에 걸쳐 비전과 지원방안을 논의했고, 세심한 준비와 열정으로 창업자의 마음을 움직였다. 결국 브레인코 팀은 항저우의 프로포즈를 받아들여 하버드를 뒤로하고 2018년에 항저우에 서 정착을 하였다. 이런 뒷 이야기는 춘추전국시대의 고사에서 유래한 사자성어 백락식마(伯樂識馬, 뛰어난 천리마와 이를 알아

보는 감별사 백락의 고사)의 현대 항저우 버전으로 회자되고 있다. 이처럼 "선제적 발굴 + 정주 지원" 모델은 이후 항저우의 기술유치 전략으로 확립되었다. 실제로 게임 사이언스도 2019년 항저우 이전 시 인력 재배치에 도움을 받았고, DeepSeek의 량원펑도 저장대 출신 인연으로 항저우에 법인을 세울 때 시의 협조를 얻은 것으로 알려졌다. "좋은 기술과 인재가 있다면 1만 km 밖이라도 찾아간다"는 것이 항저우시 투자촉진국의 모토로, 이러한 적극성 덕에 각지의 창업자들이 항저우를 기회의 땅으로 인식하게 되었다. 원스톱 행정 및 보육 서비스를 시작했다. 유치된 기업이 뿌리내릴 수 있도록 "보모식(保姆式) 서비스"를 제공했다. 브레인코의 창업팀이 처음 중국에 왔을 때 회사 등록, 허가 취득 등 관공서 업무를 1:1 도우미가 밀착 지원하여 며칠 내 모든 절차를 끝냈다. 또한 입주 공간 마련, 특허 출원 지원, 직원 주기 획보 등 생활·경영 전반에 걸친 맞춤형 지원이 뒤따랐다. "햇볕과 비를 책임질테니, 튼튼히 자라기만 하라"는 구호를 내걸고, 정부 직원들이 기업의 어려움을 정기적으로 듣고 해결사 역할을 했다. 이러한 친기업적 환경은 스타트업들이 연구개발에 전념할 수 있는 기반이 되었으며, 특히 R&D 주기가 길고 리스크는 큰 하드테크 분야 기업들에게 결정적인 도움이 된다는 평가다. 예컨대 브레인코는 개발 초기 판로 개척에 애를 먹자 항저우시 장애인 연맹이 스마트 의수를 선구매하여 장애인들에게 보급해주었고, 라이브 커머스 행사를 연결해 제품 홍보도 도왔다. 유니트리는 빈강구에서 로봇 테스트 시설 공간 제공 및 인근 대학과의 연결을 지원했고, 딥 로보틱스는 저장대 캠퍼스 인근에 시범 테스트베드(石虎山基地)를 조성해 연구와 시연을 동시에 할 수 있게 했다. 이러한 맞춤형 행정 지원은 많은 기술 창업자들이 "항저우에서는 정부가 진심으로 우리 성공을 도와준다"고 느끼게 했고, 이는 창업 생태계 선순환으로 이어졌다. 또 대학·연구소와 기업의 협력을 촉진하기 위한 혁신 단지들을 조성했다. 대표적인 것이 "환 저장대 인공지능 산업벨트"로 불리는 石虎山 AI 혁신 기지다. 저장대학 주변에 위치한 이 단지는, 저장대 교수·졸업생 등이 창업한 12개의 혁신 스타트업과 31개 초기 기업이 입주해 있다. 딥 로보틱스를 비롯한 다수 육소룡 기업들이 여기서 대학 연구성과를 바로 제품화하는 환경을 누렸고, 대학의 석박사 인턴과 인력 공급도 용이했다. 저장대 자체도 학교 차원에서 AI 연구원, 机器人辅導(로봇 가속 프로그램) 등을 운영하며 인재를 해당 기업에 매칭해주었다. 그 결과 딥 로보틱스의 창업자 주추국처럼 대학 교수에서 창업하는 CEO로 자연스럽게 역할 전환이 가능했고, 학생들도 교실 옆에 스타트업이 있으니 연구결과를 사업화하려는 분위기가 생겼다. 이 외에도 항저우 빈강구에는 하이테크 산업 개발구가 조성되어 유니트리, 알리바바 다모 아카데미 등 여러 기업·연구기관이 모여 있고, 위항구 AI Town은 브레인코 같은 AI 기업들의 거점이 되었다. 이러한 클러스터 전략은 지식의 집적과 공유를 일으켜, 기업들이 서로 아이디어를 교류하고 인재를 쉽게 확보하도록 돕는다. 또한 국가 차원에서도 국가급 AI 시범구, 로봇 혁신센터 등을 항저우에 설립하여 중앙정부 연구자금이 지역 혁신 벨트에 투입되도록 지원했다.

R&D 자금 및 세제 지원 등 자금 지원 면에서도 항저우는 과감했다. 2023년 말 육소룡 기업들이 화제가 되자, 2024년 1월 항저우시는 기존 산업정책 자금의 15.7%를 재편성하여 AI, 휴머노이드 로

봇 등 미래 산업에 집중 투입한다고 발표했다. 이는 수백억 위안 규모 예산을 신기술 스타트업 지원에 쓰겠다는 것으로, DeepSeek이나 유니트리 같은 기업이 더 많이 나오도록 정책 자금 투입을 가속화했다. 항저우는 이미 "3+N 산업펀드 클러스터"를 조성하여 과학 신펀드, 혁신펀드, M&A펀드 등 테마로 민관 공동 펀드를 운용해왔는데, 여기에 기술성과 사업화 펀드를 추가로 만들어 "초기-중기-성장" 단계별 맞춤 투자를 늘리겠다는 것이다. 이러한 투자 유도정책으로 DeepSeek도 2024년 중 정부의 GPU 클러스터 지원을 받았고, 브레인코는 국내 투자 라운드에서 지방정부 출자펀드로부터 자금을 조달 받았다. 또한 세금 감면, 인건비 보조 등의 재정 인센티브도 주어지는데, 항저우시는 국가급 첨단 기술기업으로 인증 받은 기업(신규 연 2,000개 이상 목표)에는 법인세 감면과 보조금을 지급하고, 유니콘/리틀자이언트 기업으로 선정되면 추가 포상금을 지급하는데, 항주 육소룡 기업 대부분이 이미 이런 혜택을 받고 있다. 정부-산업 연계 프로젝트로 중앙정부 차원에서도 혁신 기술을 활용한 공공 프로젝트에 육소룡 기업들이 참여하도록 유도했다. 예컨대 국가전망은 딥 로보틱스와 협력해 스마트 전력 순찰 시스템 구축 시범사업을 전개했고, 교육부는 브레인코의 집중력 헤드셋을 일부 학교의 스마트 교실 프로젝트에 채택했다. 또한 중앙 군사위원회 산하 조직이 유니트리의 로봇을 특수부대 훈련에 시험 도입하고, 중앙방송국(CCTV)이 유니트리·딥로보틱스 로봇을 춘절 행사에 등장시키는 등, 공공부문에서 이들 기술을 쇼케이스하는 장을 열어주었다. 이는 기술 기업 입장에서 신뢰성과 인지도 상승에 큰 도움이 되었고, 정부도 자국 기술로 공공서비스 개선이라는 목표를 달성하는 윈윈 효과를 거두었다.

항저우 육소룡의 부상은 단순히 한 도시의 성공 사례에 그치지 않고, 중국 전역의 하이테크 산업 담론과 정책 방향에 파장을 일으켰다. 2024년 말~2025년 초 육소룡 기업들의 성과가 연이어 공개되자, 중국 대중과 언론은 이를 묶어 "신비한 동방의 힘(神秘东方力量)"이라 부르며 크게 주목했다. 이는 중국이 인터넷, 모빌리티 등 일부 분야에서만 두각을 나타내던 것에서 더 나아가, AI·로봇·뇌과학·게임 등 광범위한 첨단 분야에서 일류 성과를 낼 수 있음을 보여준 사건이었다. 특히 DeepSeek가 서구 주도였던 AI 대모델 경쟁에서 기술적 한방을 날리고, 유니트리·딥로보틱스의 로봇이 세계 유저들에게 놀라움을 선사한 것은, 중국 내 기술인들에게 큰 자부심과 동기부여를 주었다. 그간 중국 하이테크 산업은 "모방과 추격" 이미지가 강했으나, 육소룡 사례는 "원천기술 혁신도 가능하다"는 인식을 확산시켰고, 이는 각지 스타트업들과 연구진의 사기를 진작시켰다. 온라인상에서는 "이젠 실리콘밸리 못지않은 혁신이 항저우에서도 나온다"는 평가와 함께, 과학기술에 대한 사회적 관심이 높아졌다. 실제로 2025년 초 중국 검색엔진 바이두의 과학기술 관련 검색량이 전년 대비 크게 증가했고, 대학 졸업생들의 이공계 스타트업 취업 선호도도 상승했다는 통계가 있다. 육소룡 기업들의 성공담이 롤모델로 자리하면서, 중국 젊은 엔지니어들 사이에 "나도 제2의 육소룡을 만들어보자"는 분위기가 조성된 것이다. 육소룡 중 대학 기술 출신의 혼합소유 형태인 Deep Robotics외의 나머지 5개는 순수 민영 기업이다. 이는 과거 중국에서 국가 주도의 대형 연구소나 국유 기업이 첨단기술을 이끌던 것과는 달라지고 있는 것이다. 항저우 민영 부문의 혁신 역량이 증명되자, 중국 산업계와 정책 당국은 민영 하드테크 기업에 대한 신뢰와 지원을 확대하기 시작했다. 예컨대, 2025년 국가과학기술상 등에 민영기업 출신 과학자들이 적극 추천되고, 국가 연구개발 프로젝트 수행기관으로도 스타트업들이 포함되는 등 변화가 보인다. 한 경제평론가는 "항저우 육소룡의 약진은, 기술혁신은 민영경제가 더 잘할 수 있음을 보여줬다"고 평하며, 이는 중국 과학기술정책이 민간의 창의를 활용하는 방향으로 전환해야 한다는 논지로 이어졌다. 실제로 중앙정부는 2025년 민영기업 혁신 1000개 지원 계획 등을 발표하며, 첨단 분야 민간기업들을 체계적으로 지원하는 정책을 내놓았다. 요컨대, 육소룡은 중국 하드테크의 민영화 추세를 이끄는 중요한 분기점이 되었다.

육소룡 기업들이 각기 다른 기술 영역에 걸쳐 있는 점도 주목할 부분이다. AI, 로봇, BCI(Brain-Computer Interface 뇌-컴퓨터 인터페이스), 게임, 3D 플랫폼 등 상이한 분야에서 성과가 나왔다는 것은, 중국 첨단 산업의 포트폴리오가 다변화되어, 특정 분야에 편중된 위험을 줄이고 기술 생태계에 탄탄한 기반을 마련하고 있다는 것이다. 특히 AI와 로봇의 결합, BCI와 의료의 결합, 3D 플랫폼과 제조의 결합 등 교차영역 혁신이 활발해지는 계기가 될 것이다.

육소룡 사례는"이종 기술 간 융합이 전혀 새로운 부가가치를 창출한다"는 인식이 확산되었고, 실제로 2025년 들어 중국 투자자들은 AI+Robotics, BCI+Healthcare 등 융합 테마 스타트업에 관심을 높이고 있다. 또 중국 각 도시들도 자신들의 강점을 살려 여러 분야를 키우는 다축 발전 전략을 채택하기 시작했다. 예컨대 광둥성은 AI와 반도체, 신에너지차를 3대 축으로, 베이징은 AI와 제약, 공간 기술을

3대 축으로 밀겠다는 식이다. 이는 항저우 육소룡이 선보인 다양한 트랙에서의 성공 방정식이 전국으로 퍼진 결과라 할 수 있다.

육소룡 신드롬이 일자, 자연히 다른 지역에서는 "왜 하필 항저우인가?"라는 대대적인 벤치마킹이 일어났다. 광둥성 서기 황쿤밍은 "화웨이가 천개 산업에 디지털 기술을 불어넣고, DeepSeek은 미국 AI 거인을 흔들어 연쇄효과를 냈다. 유니트리의 로봇은 춘절 연환무대에 올랐다. 광둥은 더 분발해야 한다"고 강조하는 등 여러 성(省)의 수뇌부들이 직접 육소룡을 언급하며 분발을 촉구하는 것은 매우 이례적이며, 이는 곧 타지역의 혁신 정책 재점검으로 이어졌다. 항저우의 "대학-정부-민간" 삼위일체 혁신 모델은 다른 지역으로 확산될 가능성이 높다. 특히 성도(成都), 시안(西安) 등 주요 대학이 있는 도시가 항저우를 벤치마킹해 "환 대학 혁신벨트" 조성을 서두르고 있다. 이런 움직임이 성공한다면, 다원적 혁신 거점 체제로 전환할 수 있다. 항저우 자체도 지역 경계를 넘어 장강삼각주(长三角) 일대 연계 강화, 예컨대 인근 도시 닝보, 자싱 등과 첨단산업 협력 구역을 만들어, 항저우의 기술기업이 이 지역에 생산기지나 지사를 세우면 인센티브를 주는 정책이 검토 중이다. 이는 항저우 모델을 주변 도시로 확장하여 지역 블록 혁신 허브를 형성하려는 시도다. 항저우도 스포트라이트를 받자 "우리 도시는 담담히 할 일 한다"는 태도를 보이면서도, 정책적 실리 챙기기에 나섰다. 앞서 언급한 신산업 지원금 15.7% 재편성 같은 발표를 연초에 내놓고, 2025년 2월 시 1분기 중대 프로젝트 일괄 착공식을 열어 290억 위안 규모의 27개 혁신 프로젝트를 동시에 시작했다. 여기에는 위항구 난후(南湖) 연구성과 전환단지(22.2억 투자), 빈강구 스마트 센싱 기술혁신센터 등 굵직한 인프라들이 포함되었다.

한편 광둥 성은 2025년 2월 "과학기술 광둥" 특별정책을 발표, AI와 로봇 분야에 대규모 펀드 투입과 글로벌 톱 인재 100명 영입 등을 결정했다. 베이징시는 중관촌 포럼 등을 통해 "우리도 '작은 용'들을 키워내겠다"며 대학-기업 연계 강화와 행정절차 간소화 패키지를 내놓았다. 선전시는 애초부터 중국 혁신의 상징이었지만, 최근 좀 주춤하다는 평가를 받아왔는데, 2025년 들어 로봇, 반도체 기업에 대한 입주보조 2배 확대, 정부주도 반도체 펀드 결성 등 공격적 행보를 보이고 있다. 이처럼 "포스트 항저우 육소룡"을 겨냥한 지방정부들의 정책 업그레이드 경쟁이 시작되었다. 지역별 '작은 용' 발굴 등 일부 지역 언론들은 자기 지역의 스타트업들을 'X소룡'에 비유하는 기사가 나오고 있다. 예를 들어 시안(西安)에서는 2025년 봄 "시안 3小龙"이라며 우주항공, 반도체 설계, 연료전지 등 신생기업을, 청두(成都)는 "게임·드론 분야의 쌍룡(双龙)"이라며 혁신기업을 조명했다. 이는 육소룡 이후 각 도시들이 자기만의 혁신 영웅담을 만들고자 하는 움직임으로, 과거 개혁개방 초기 "광둥 모델 vs 상하이 모델" 식의 발전 모델 경쟁의 구도가 생겨날 조짐으로 건강한 경쟁을 촉진할 수도 있겠지만, 또 무리한 모방이나 과열과 거품이 될 가능성도 크다. 언론들도 "각지에서 앞다투어'용 찾기(寻龙诀)'에 나섰지만, 혁신은 단기간 이벤트가 아닌 꾸준한 생태계 조성이다"며, 항저우 장기주의의 본질을 배워야 한다고 지적했다. 과거엔 기업이 정부 지원책을 "찾아다니는" 구조였다면, 항저우는 최근 "亲清在线·정책 슈퍼마켓"이라는 디지털 플랫폼을 구축해 정책이 알아서 기업을 찾아가는 방식을 도입했다. 기업 데이터베이스와 지원책을 매칭시켜, 해당 조건에 부합하는 기업이면 자동으로 보조금이 나가도록 하거나, 신청 절차 없이 혜택을 받을 수 있게 한 것이다. "무신청 즉시지급(免申即享)" 원칙이 대표적이다. 이는 항저우 같은 도시의 시도가 다른 도시에도 파급되어, 전체적인 정부-스타트업 관계 개선으로 이어질 전망이다. 실제로 2025년 상반기 중 여러 도시가 항저우 모델을 참조해 온라인 정책 매칭 시스템을 개발하거나, "유사 시책 원스톱 창구"를 설치하는 등 친(親)환경 조성에 나서고 있는 것도 육소룡 신드롬의 영향이라 할 수 있다.

항저우 육소룡의 성공 뒤에는 단기 이익보다 장기 목표에 집중 전략이 있었다. 예를 들어 DeepSeek는 당장 수익화가 아닌 기술 완성도를 우선했고, BrainCo도 10년에 걸쳐 제품을 연마한 "긴 호흡"이 있었으며, 중국의 벤처투자 업계도 변화 조짐을 보인다. 2023년까지 모바일 인터넷 붐에 익숙해진 투자자들이 2024년 이후 AI·로봇 등 딥테크로 눈을 돌리면서, 수익 회수 기간을 길게 잡는 펀드들이 늘어났다. 또한 "耐心资本(인내자본)"이라는 키워드가 등장해, 기술 변화의 속도에 맞춰 천천히 자라는 기업을 기다려주는 자본이 필요하다는 담론이 확산되었다.

항저우의 사례는 이러한 인내 자본이 열매를 맺는다는 것을 증명해 보였고, 이에 중국 국유·민간 자본 모두 딥테크 장기 투자를 하나의 새로운 표준으로 받아들이는 추세다. 만약 이 흐름이 계속된다면, 중국에서 더 많은 스타트업들이 긴 시간 속에서 제2, 제3의 육소룡이 각지에서 등장할 토양이 만들어지는 셈이다.

항저우 육소룡 기업들이 국제적으로 주목받으면서, 중국과 글로벌 기술강국들 간 경쟁 구도도 변화하고 있다. AI 분야에서

DeepSeek의 돌풍은 미국 OpenAI, Meta 등에게 새로운 도전자의 부상을 알렸고, 실제로 OpenAI의 전략에 중국발 오픈소스 움직임이 변수로 고려되기 시작했다는 분석이 있다. 로봇 분야의 Boston Dynamics, Tesla 등이 중국의 Unitree, Deep Robotics를 의식하지 않을 수 없게 되었다. 이는 기술 패권 경쟁 측면에서 중국에 유리한 요소이지만, 반대로 기술 규제와 견제가 심해질 것이다. 실제로 2023년 말 미국은 대중국 반도체·AI 부품 수출통제를 강화하며, DeepSeek가 사용한 H800 GPU도 제재 리스트에 올랐다. 이러한 압박은 중국 기술기업들이 자력으로 더 혁신하도록 자극할 수도 있지만, 동시에 글로벌 협력의 단절을 초래할 위험이 상존한다. 그래서 항저우 육소룡 기업들은 각자 방식으로 국제 교류를 유지하고 있다. 브레인코는 미 보스턴 연구실을 지속 운영 중이고, Game Science는 언리얼 엔신의 에픽게임즈와 협업하며, Deep Robotics는 싱가포르, 유럽 파트너들과 프로젝트를 진행한다. 이러한 "글로벌 교류 네트워크"를 유지하는 것이 향후 중국 기술생태계에 매우 중요할 것이다. 육소룡의 성공에 고무된 중국이지만, 지속 가능성에 대한 도전도 존재한다. 첫째, 인재풀의 유지다. 현재 항저우는 저장대, 중국미술학원 등으로 인재 공급이 원활하지만, 이들이 장기적으로 지역에 머물 수 있도록 삶의 질, 보상체계 등을 개선해야 한다. 베이징, 상하이 등으로 인재가 흡수되지 않게 항저우 자체 매력을 계속 높여야 하는 것이다. 둘째, 버블과 리스크 관리다. 혁신 붐이 일며 혹시 과도한 중복투자나 거품이 생길 우려가 있다. 이를테면 AI, 로봇기업에 지원이 쏠리면 기술 상용화 실패 시 충격이 클 수 있다. 정부는 포트폴리오 다양화와 리스크 분산을 염두에 두고 정책을 설계해야 한다.

셋째, 규제와 윤리다. BCI나 AI 등은 윤리 문제나 안전 이슈가 수반된다. 브레인코의 학생 집중력 헤드셋은 한때 학생 사생활 침해 논란이 있었고, AI 모델의 보안 취약성도 제기된 바 있다. 중국 당국은 혁신을 장려하되 이러한 새로운 리스크에 대한 선제적 규제 프레임을 구축해야 한다. 마지막으로, 지역 형평성 이슈도 있다. 국가 차원에서 지역간 기술격차 완화 정책을 병행하지 않으면, 향후 사회경제적 불균형이 심화될 여지가 있다.

결론적으로 항저우 육소룡은 중국 기술혁신사의 한 획을 긋는 사건이며, 중국 기술 생태계가 인터넷 중심에서 하드테크·원천기술 중심으로 전환하는 상징적 사례다. 항저우 모델은 장기적 안목, 개방형 협력, 지역특화 전략으로 요약되며, 이는 앞으로 중국 각지에 응용될 것으로 보인다. 향후 수년간 중국에서는 이러한 새로운 혁신 거점들이 "제2의 육소룡"을 배출하고자 경쟁할 것이며, 중앙정부도 이를 중국식 현대화의 동력으로 적극 활용하려 할 것이다. 국제적으로는 중국의 기술 경쟁력이 보다 다층적이고 창의적인 형태로 드러나, 기존 글로벌 기술 질서에 도전하면서도 상호 보완의 기회를 만들 가능성이 있다.

항저우 육소룡 기업들이 계속 성장해 세계적인 기업으로 도약할지, 아니면 일시적 이벤트에 그칠지는 더 지켜봐야 하겠지만, 이들은 중국의 혁신 DNA 변화를 보여주는 증거로 평가받고 있다.

차이나 디퍼런트

변하는 중국, 달라질 투자

1판 1쇄 발행 2025년 10월 10일

지은이 신형관
브랜드 경이로움
출판총괄 안대현
편집 홍대욱
마케팅 김윤성
디자인 studio forb

발행인 김의현
발행처 ㈜사이다경제
출판등록 서울특별시 강남구 테헤란로33길 13-3, 7층(역삼동)
홈페이지 cidermics.com
이메일 gyeongiloumbooks@gmail.com(출간 문의)
전화 02-2088-1804 **팩스** 02-2088-5813
종이 다올페이퍼 **인쇄** 재영피앤비
ISBN 979-11-94508-58-8 (03320)